本书为国家社科基金重大项目"坚持马克思主义在意识形态领域指导地位的根本制度研究"（项目编号：20ZDA017）的阶段性研究成果

本书获中共黑龙江省委党校（黑龙江省行政学院）学术著作出版项目资助

教育哲学视域下
教育强国的建设理路研究

JIAOYU ZHEXUE SHIYU XIA
JIAOYU QIANGGUO DE JIANSHE LILU YANJIU

于东超　著

人民出版社

目　录

绪　论

一、选题依据

"教育是国之大计、党之大计。"教育强国是强国建设的主要标志与核心支撑。开启教育强国建设新征程，要紧紧围绕新时代新征程的新任务、锚定实施科教兴国战略新布局、聚焦重大战略任务新部署，明确教育工作的使命担当；要认清教育事业在落实高质量发展总体要求方面存在的差距，认清教育工作进入新发展阶段面临的突出问题，把准新时代新征程的主要任务；要准确把握中国式现代化的本质和原则，开创中国式教育现代化建设新局面。党的十八大以来，以习近平同志为核心的党中央高度重视教育发展问题，就教育在实现民族复兴伟业中的基础性、战略性地位，就中国教育改革发展的方向、目标定位、实践路径与组织制度保障等发表了一系列重要讲话。习近平总书记关于教育的重要论述是在回应和解决这个大变革时代如何办好人民满意教育的过程中形成的，深刻地回答了教育工作的方向性、根本性、全局性、战略性问题，是新时代中国特色社会主义教育事业改革与发展的理论指导与基本遵循。

党的二十大报告对"实施科教兴国战略，强化现代化建设人才支撑"进行专章阐述，对教育、科技、人才在全面建设社会主义现代化国家新征程中所肩负的重要使命进行阐释，并作出战略部署。党的二十届三中全会也提出，教育、科技、人才是中国式现代化的基础性、战略性支撑。必须深入实施科教兴国战略、人才强国战略、创新驱动发展战略，统筹推进教育科技人才体制机制一体改革，健全新型举国体制，提升国家创新体系整体效能。从全会公报中，我们可以读出进一步全面深化教育综合改革的战略重点。2025 年是贯彻全国教育大会精神、落实教育强国建设规划纲要的关键之年，也是"十四五"收官和"十五五"谋划之年，更是面向十年建成教育强国全面布局、高位推进之年。2025 年的全国教育工作会议指出，要以习近平新时代中国特色社会主义思想为指导，总结工作、分析形势，统一思想、凝聚共识，围绕组织实施教育强国建设规划纲要，安排布置年度重点任务，确保教育强国建设高起点布局、高质量推进。近日，中共中央、国务院印发了《教育强国建设规划纲要（2024—2035 年）》，面向到 2035 年建成教育强国的目标，对加快建设教育强国作出全面系统部署。党的二十大报告指出，未来五年，是全面建设社会主义现代化国家开局起步的关键时期。教育工作要积极应对中国式现代化的基本要求，积极推进教育现代化发展，为全面推进中华民族伟大复兴提供重要战略支撑。"教育哲学视域下教育强国的建设理路研究"这一选题旨在深入分析领会教育强国建设的时代责任与历史使命，通过对教育哲学学科的梳理，以及对马克思主义中国化教育思想史的学习，围绕习近平总书记关于教育的重要论述，把握教育强国建设的理论构成，并以教育哲学为视角，从中体会教育强国建设理论所蕴含的哲学原理，从而对教育哲学视角下的教育强国建设有所省思，认识教育的本质和任务，探求教育强国建设的现实路径，对教育强国建设作出系统性解读，为在社会发展实践中更好地推动中国式现代化建设服务。

（一）国内相关研究的学术史梳理及研究动态

1.国内学者的学术史梳理

（1）教育哲学视域下教育本质的多元阐释

从社会发展视角考察教育，处于不同社会、同一社会不同发展阶段的学校，形成了不一样的教育目的、教育内容、教育方法。"教育本质"是教育理论研究中十分重要的基础理论问题之一，对推进中国特色教育学科理论建设产生了积极影响。

教育本质是教育基本理论研究的一项基础性课题，回顾与审视新中国成立以来我国教育本质研究的主要特点，运用马克思理论阐述教育本质，是研究教育强国的重要内容。

新中国成立初期，教育的主要目的是培养无产阶级接班人、新中国的新主人。这一阶段的教育本质研究是回答教育如何以及怎样更好地服务于无产阶级政治的需要。1958年，我国更加明确提出"教育为无产阶级的政治服务，教育与生产劳动结合"①的工作方针。当时探索新教育制度建构，重点是关注教育与政治的关系、教育与群体的关系以及教育与生产劳动的关系。这一观念对以后的教育理论与教育实践产生了深刻的影响。

新中国成立初期教育学界关于"教育是什么""教育的本质是什么"的认识，是在确定教育本质是上层建筑的基本观点上展开的。同时，由于与苏联同属社会主义阵营，我国教育学科的理论研究、实践改革受到苏联教育思想的影响。

当时，全国教育界全面学习苏联的教育思想，苏联对教育本质的基本观点影响了国内教育界。特别是苏联在1951—1952年展开的"关于

---

① 《建国以来重要文献选编》第11册，中央文献出版社1995年版，第490页。

作为社会现象的教育的专门特点的争论"，对国内教育界影响更为深刻。1952 年 4 月，以《关于作为社会现象的教育的专门特点的争论总结》发表在《苏维埃教育学》杂志上。这篇文章认为教育具有历史性和阶级性，是为巩固和发展新社会服务的，因而要强调教育是上层建筑的结论，尽管文章也强调教育要与社会生产相联系，是劳动力再生产的手段之一。但是，教育与生产相联系，则受制于意识形态。这篇文章很快被译成中文，并在《人民教育》1952 年第 7 期、第 8 期刊登，作为教育科学研究的最新成果在国内教育界传播。这样，对教育本质形成了以下基本观点：教育是上层建筑，在阶级社会中，教育具有阶级性；在社会主义社会里，学校是实施无产阶级专政的工具。自此，这一观点逐渐受到国内教育界的认可。

改革开放以后，计划经济体制的束缚被破除，我国逐步探索与建立了中国特色社会主义市场经济体制。2002 年 11 月，党的十六大报告指出，我国社会主义市场经济体制初步建立。在改革开放进程中，教育本质研究也进一步发展和深化。

第一，教育本质是生产力。1978 年，党的十一届三中全会开启了改革开放伟大进程。在这样的背景下，"社会生产力"成为一项重要的研究课题，其中包含着对生产力构成要素以及如何提高生产力等问题的研究。教育成为劳动力再生产的手段，因而许多研究者提出教育本质是社会生产力的观点。1978 年，于光远发表《重视培养人的研究》一文，率先提出教育本质不能与上层建筑画等号。于光远指出，在教育这种社会现象中虽然包含有某些属于上层建筑的东西，但是整个说来，不能说教育就是上层建筑。这篇文章对当时把教育本质理解成是上层建筑的论断提出了质疑，文章中论述教育本质是生产力的基本观点。他在《重视教育经济学，改进教育工作》一文中通过论述教育在促进社会国民经济发展中的作用，认为教育劳动是生产劳动的一个组成部分，提出教育劳动者是生产劳动者观点，并且指出，教育跟自然科学和技术一样都属于社会生产力的范畴，这是马克思主义的观点。于光远的文章发表之后，教育理论界反响强烈。有研究者通过分析教育推动人类社会历史发展中的作用阐述这一观点，认为教育是存在于人类社会始终的一种复杂的社会现象，是不同社会形态下所共有的产物。也有研究者从加强市场经济建设，推动政府管理社会职能与观念转变的角度论述教育本质是生产力。

随着社会生产力的不断发展，生产社会化程度不断提高，高新科学技术对经济的影响作用不断增强。这就要思考如何认识和处理教育本质中的生产力属性。也有研究者对教育本质是生产力的观点提出了质疑，认为这种观点指出了教育与生产力之间的相互联系，这是有意义的。也有研究者指出生产力只是教育的部分属性，教育本质只能说一半是生产力，一半是上层建筑。[①] 也有研究者不同意教育本质是生产力的观点，也不同意教育本质一半是生产力，一半是上层建筑的观点。认为教育的生产力属性只是教育的非本质属性。洪宝书在《关于教育本质的理论研究》一文中提出，把教育本质分属生产力与上层建筑不妥，教育不可能同时具有两种不同的本质属性。眭文龙在《教育本质管窥》一文中指出，对教育本质是生产力的观点所作的逻辑分析是不当的，教育本质是生产力观点的动因是看到现代社会生产力发展与现代教育关系越来越密切，教育是培养人，而劳动力又是生产力一个最活跃的因素。

第二，教育本质的多种属性论。张德辉在《浅析教育本质的二重性》一文中指出，教育本质具有双重属性，一部分属于非物质的观念形态，即精神文化；另一部分则属于物质形态，诸如教育劳动者、教育对象、教育

---

① 参见刘楚明：《教育辩证法》，教育科学出版社 1994 年版，第 11—12 页。

组织形式、语言文字、科学技术以及提高劳动者知识技能的手段等，因而提出教育具有生产力属性和意识形态属性。北京师范大学成有信教授在《社会主义教育本质是大生产性和阶级性的统一》一文中指出，社会主义教育本质是大生产性与阶级性的统一。教育本质是由人类社会发展需要决定的，作为人的教育活动，则与当时社会的生产力生产关系发展状况密切相连，也要为生产力与生产关系矛盾的革新创造条件，因而产生了教育的两个社会职能，即生产和再生产劳动力的职能、培养和训练社会人的职能。这样，教育的目的应当使一代新人成为与生产力相适应的劳动者和与生产关系相适应的社会人的统一体。教育的这两个职能决定了教育本质的两个方面：生产和再生产劳动力的职能决定了教育适应生产力的特性，这就是教育的生产性或教育的生产本质；培养和训练社会人的职能表现了教育适应生产关系的特性——这就是教育的社会性。对教育本质双重性的探讨思路，其实是看到了教育职能与教育功能的多重性，避免把教育的政治功能当作教育唯一的功能，这样理解教育本质的认识思路看到了教育的复杂性、教育职能的多重性，是理性审慎思考教育问题的体现，反映了研究教育思想方式的创新与进步。但是，这种观点只是指明教育职能、教育功能的多重性，并没有揭示决定、制约影响教育职能、教育功能多重性现象的关键因素。

第三，教育本质是社会实践活动。针对教育的生产力本质和教育的上层建筑本质的基本观点，有研究者提出教育本质是人类社会实践活动。依据马克思主义经典作家的论述，人类的一切社会活动按照活动客体的不同，可以划分为社会生产活动、社会生活活动和社会组建活动三大类。社会生产活动是以物为客体的活动，包括各种各样的物质资料的生产劳动以及自然科学的研究和实验。此类活动的本质体现了人类社会和自然界之间的关系，作用在于为人类社会的各种各样的活动提供物质资料基础和其他条件。社会实践活动是以人类个体为客体的活动，包括各种的社会生活服务活动以及人体科学与人文科学的研究和实验。此类活动的本质体现了人类社会和人类个体之间的关系，它的作用是为实现人类社会各种各样的活动目的提供必要途径和可能的便利条件。社会组建活动是以人类社会的种种社会关系为客体的活动，包括一切有关维护、发展、调整或变革某种社会关系的社会组建活动以及社会科学的研究和实验。综上所述，我们可以在生产力和生产关系、经济基础和上层建筑两对基本范畴之外，找到理解教育本质的新思路，这就是社会实践活动领域。陈一百、孔棣华在《试论教育本质的三种属性》一文中，在认同教育本质是社会实践活动的前提下，提出了对这个论点不同的表述，比如把教育本质表述成是社会劳动能力的生产实践活动。这种观点认为教育是一种生产，是一种劳动力的再生产，是社会劳动能力的生产实践活动。把教育本质确定是社会实践活动，重要原因是反对从精神生产或精神观念层面理解教育本质，反对把教育本质看作精神生产，只有承认教育是人类社会实践活动，才能触及教育的本质。

第四，教育本质是社会遗传机制。重视教育与经济关系，发挥教育在国民经济发展中的积极作用，培养适应社会经济活动的劳动者，由此强调教育的生产力本质属性的合理性。然而，随着改革开放不断深入，社会主义市场经济体制日益完善，国家经济实力不断增强，全社会开始关注到经济之外的因素，比如文化道德、法律、生态等因素在社会发展中的价值，对单纯追求经济增长的发展模式提出了新的看法。从文化传承机制的角度阐述教育本质，其意义是有助于把握教育的整体职能。人类社会走向现代化、发展现代文明，经济发展只是社会发展目标之一，更为关键的工作是要考察如何使经济建设、政治建设、文化建设、社会建设、生态文明建设得到整体和谐发展。从文化角度阐述教育本质，强调教育在人类文化传承、创新、变革中发挥的独特作用，这有助于完整把握教育功能、教育价值。但是，也有研究者指出从文化视野考察教育本质的局限。从人类文化、文明的积累和积淀角度阐释教育本质，前提是正确理解文化、科学，既不能从科学主义立场确定传授知识是教育的本质属性，也不能从人本主义维度把教育本质抽象成人性改造与精神观念的培育。所以，理解教育，要结合教育的社会基础，不应回避教育受到特定意识形态影响的事实，要充分认识到教育受到现实社会政治、经济、文化等客观条件的制约。

第五，对教育本质是上层建筑观点的新认识。改革开放初期开展的教育本质观讨论，核心问题是反思"教育本质是上层建筑"的观点。教育不仅同经济基础、上层建筑有着密切的联系，而且教育还同社会生产力、科学文化和社会生活等复杂的社会现象有着密切的联系。也有研究者提出，要全面、完整、客观地理解教育是上层建筑的观点。高时良在《论教育的本质属性》一文中列举了关于教育本质讨论的不同观点，肯定教育本质是上层建筑的观点。他认为改革开放以来，对教育本质是上层建筑的观点产生了不同看法，如教育是上层建筑；教育属于社会生产力，不是上层建筑；教育部分属于上层建筑；教育是独立的社会实践；教育是生产性和阶级性的统一；等等。

第六，对教育本质研究思路的反思。运用历史唯物主义和辩证唯物主义考察教育的本质问题，同时廓清对教育本质的认识，是推动中国特色教育学科发展、繁荣中国特色教育学理论的基本要求。教育本质是教育理论研究中十分重要的基础理论问题之一，是教育学科建设的基础性课题。随着社会发展多元化，多元文化与多元化的思想方式影响着教育本质研究。研究者不再满足于把教育本质归结为某一属性，而是强调研究教育本质需要全面、完整地反思教育本质研究思路的合理与否。研究者指出了教育本质研究中存在的最主要问题：一是社会本位与个人本位相持不下，难以在研究中寻求一个更广的视域；二是试图在教育与政治、教育与经济、教育与人等非此即彼的视角中寻求教育本质的答案，缺乏教育本质研究的"立体感"。既往研究思路着眼于从一个视角、一个维度分析教育本质，或者从政治的角度、经济的角度、人性的角度等，而教育活动的主体，无论是教育者还是受教育者，都是生活在社会中的现实的个人，是一个又一个具有丰富需求的个人，包括政治、经济、道德价值、艺术审美、人际交往情感等需要。此外，在教育本质研究中，尚存在着研究思路简单化的现象，比如把教育属性、教育的质和教育的本质混为一谈。因此，有研究者指出，教育本质研究首先要非常明确地区分本质、教育本质、教育功能等概念的差异，准确把握教育本质的词源解析，这样才能通达教育本质的基本内涵。教育本质与科学的教育概念是一致的。但是，也有研究者强调，区分本质、教育本质、教育功能等概念的差异，对研究教育本质来说，是十分重要的工作，而且在此前提下，就能够整体、完整地理解教育的本质，以避免只强调教育的某一属性或某些属性代替对教育本质的完整把握。

（2）教育强国的概念生成

新中国成立之初，培养什么样的人，成为教育事业面临的首要问题。马克思和马克思主义教育思想是中国教育学科建设的指导思想和理论基础。新中国成立后，我国教育学界对苏联教育思想进行了系统研究，在批判和继承苏联教育学的基础上，如何正确认识和把握意识形态对教育的影响及其内在规律，成为当时教育思想研究面临的重要课题。社会政治需要推动了教育思想研究的发展，促进了教育研究在社会主义建设事业中地位的提高和作用的发挥，为教育研究提供了广阔的空间，也给教育工作带来新的生机和活力。

改革开放以后，邓小平同志提出的"三个面向"成为教育改革和发展的指导思想，揭示了现代教育具有的发展性、国际性和未来性的主要特点，阐明了中国教育发展的客观要求和教育改革的总方向及总目标。这一时期更加重视教育同经济社会发展密切结合，为社会主义现代化建设作出了人才支持与知识贡献，并将其作为21世纪教育的改革与发展方向。2007年，党的十七大报告提出，要全面贯彻党的教育方针，坚持育人为本、德育为先，实施素质教育，提高教育现代化水平，培养德智体美全面发展的社会主义建设者和接班人，办好人民满意的教育。党的十八大以来，我国教育事业取得历史性成就、发生历史性变革，我国已建成世界上规模最大的教育体系，教育现代化发展总体水平跨入世界中上国家行列。党的十八大、十九大报告都强调要全面贯彻党的教育方针，落实立德树人根本任务，发展素质教育，培养德智体美全面发展的社会主义建设者和接班人。党的二十大报告列"实施科教兴国战略，强化现代化建设人才支撑"专章，对教育、科技、人才在全面建设社会主义现代化国家新征程中所肩负的重要使命进行阐释，并作出战略部署。

教育强国是"教育救国""教育兴国"的历史延伸，教育强国概念经历了从学术概念到政策概念再到国家意志体现的过程，其深意在于国家将"教育强国——科技强国——人才强国"联系在一起，是新时代中国式现代化的教育表达。"教育强国"概念的提出对近年来中国教育的发展产生了深远的影响，因此有必要从概念提出的背景和发展的过程来分析这一概念本身的特征，这也是我们研究教育强国内涵的基础。

一是教育强国是一个中国本土概念。"教育强国"这一概念产生于20世纪末。从其产生之日起，它就被赋予了强烈的国家责任感和使命感：人们希望在世界教育体系中做强我国教育，提升其整体实力；而且希望教育应在提升国家整体实力的过程中发挥更重要的作用。因此，"教育强国"这一概念体现着强烈的本土化倾向，源于在当今世界教育格局中我国的赶超要求和强烈发展意愿，体现的是中国看待自身高等教育的出发点、价值观以及所蕴含的期望。

二是教育强国是一个政策目标概念。从 1949 年之前的"教育救国"到 1949 年之后的"教育兴国"，再到改革开放特别是 20 世纪 90 年代中期之后的"科教兴国"以及党的十八大以后正式提出的建成"教育强国"，这是对不同历史时期教育发展所担负的国家责任和使命的高度概括和凝练表达。正如前面所说的那样，由于教育强国是个本土概念，体现着国家和民族对教育所寄予的期望，因此它本身就带有战略性和政策性的意义。

三是教育强国是一个充分体现新发展理念的综合性概念体系。"教育强国"概念包含多种维度和视角，不能用单一的维度简单地概括、说明教育强国的内涵。第一，"教育强国"概念的综合性首先体现在与"教育大国"概念的内涵对比之中。教育大国仅包含教育规模这一单一维度，规模大即可称为教育大国，体现为"量"的一面。但教育强国则不同，其内涵除了包括一定的规模特征外，更包括质量、结构、效益、制度，教育的创新性服务供给、人才培养以及教育治理能力、教育国际影响力等多个维度，体现"量"和"质"的统一。第二，从现有对教育强国内涵的研究也可看出教育强国内涵的综合性。众多学者对教育强国内涵的理解都有其合理之处，但因视角的差异，对这一概念产生了不同的解释，由此可见其概念内涵的综合性和体系性。

2. 国内学者的研究现状

学者们从不同的视角进行大量的研究，形成了一批重要的学术著作和论文。

（1）对习近平总书记关于教育的重要论述的研究。研究主要对习近平总书记关于教育的重要论述作出系统性解读，回答如何用习近平总书记关于教育的重要论述指导教育工作实践，比较有代表性的研究有：《深入学习习近平关于教育的重要论述》（2019）、《习近平总书记教育重要论述讲义》（2020）、《深入理解和牢牢把握习近平总书记关于教育重要论述的两个精髓要义》（2020）等。这些著述根据习近平总书记关于教育的重要论述内容，阐明了新时代中国特色社会主义教育发展方向、路径、方针、原则等一系列方向性根本性战略性问题。

（2）教育强国的建设研究。一是新时代加快建设教育强国的重大战略意义研究，比较有代表性的研究有：张力《试论加快教育现代化、建设教育强国的战略意义》（2018）、刘国瑞《在新起点上推进高等教育强国建设》（2018）、怀进鹏《加快建设教育强国》（2022）等。二是教育强国的总体方向和重点任务。以习近平同志为核心的党中央高度重视教育工作，开启了加快教育现代化、建设教育强国的历史新征程。比较有代表性的研究有：靳诺《坚持扎根中国大地办教育》（2021）等。三是教育强国的实现路径研究。推进中国式教育现代化，建设高质量教育体系，从教育大国走向教育强国，要坚持党对教育的全面领导，坚持优先发展教育，把办好人民满意作为教育导向，全面加强思想政治教育、深化教育领域的综合改革。比较有代表性的研究有：胡钦晓《学术视野下的高等教育强国建设路径》（2018），薛二勇、李健《建设教育强国的基础、要义与路径——党的二十大关于教育强国建设的战略分析》（2023）等等。

（3）马克思主义教育思想理论研究。结合马克思主义中国化理论建设与中国特色社会主义改革实践的需要，依据马克思主义的本质理论分析教育本质观，把教育本质划分成三个层次：教育的类本质、种本质和亚种本质。教育的类本质是指人类社会特有的一种有意识、有目的的实践活动。教育的种本质是指教育是一种有意识、有目的地培养人、影响人、改造人的活动。教育的亚种本质是指根据影响人、改造人的深度、强度、广度和培养人的高度等划分教育的不同形式、类型，它们各有自己特殊的本质。结合这样的认识，教育本质在于以文化传递的手段去开发人的本质力量，提高和增强人的生命本质力量。在特定的社会政治、经济、文化与教育环境中，人们认识与把握教育本质的程度是有差异的，使教育本质的实现形式、表现类型呈现多样化的特点。人就是活生生的、现实的人，教育使命是对人的改造，是使受教育对象最终成为主动改造社会、服务社会变革与发展的自由自觉的社会主体。因此，人的自由本性的实现不是抽象与虚幻的观念的臆想或猜测，而是融入一切社会关系认知、改造、建构之中，这也是人解释世界与改造世界的社会实践活动。所以，从人类认识世界与改造世界的实践活动的视角理解教育对人的意义，凸显教育的本质是实现人的自由本性，正如马克思在《神圣家族》中对青年黑格尔派观点的批判，认为他们只承认"自我意识"，与自己的臆想与幻影打交道。舒志定《马克思教育思想的当代阐释》（2013），从历史观、实践观、劳动生产等视角对马克思主义教育思想进行全面阐述，论述了教育思想的本质，石中英重探马克思、恩格斯的教育与生产劳动理念，也有许多新的诠释。

二、研究内容

（一）研究对象

本书系统梳理了中外教育思想史和教育哲学史，以教育哲学原理为视角，将习近平总书记关于教育的重要论述作为理论支撑，把哲学方法用在基本的教育观念上，以构建中国教育哲学自主知识体系支撑教育强国建设，对教育强国建设作出系统性解读。

（二）研究思路

本书坚持以习近平新时代中国特色社会主义思想为指导，从教育哲学维度把握教育强国建设的哲学意蕴，从而探索加快教育强国建设的现实路径。第一章是教育与哲学概述。教育哲学学科是哲学与教育学的交叉学科，了解教育哲学学科发展对于把握教育强国建设具有重要意义。本章梳理了改革开放后中国教育哲学学科的发展，进一步厘清教育与哲学的关系研究，并从时间脉络把握新中国成立以来党的教育方针变迁。第二章是教育哲学理论研究。中国的教育哲学研究要把马克思主义基本原理同中国具体实际、同中华优秀传统文化相结合。这是我们在探索中国特色社会主义道路中得出的规律性认识。古今中外思想家们的哲学论述也包含着教育论述的部分，而他们有关教育的见解也常常以自己的哲学主张为根据，并以此构成了中外教育思想史的主要内容，也为教育强国建设提供了理论启示。第三章是教育强国建设的理论体系。我们要坚持以习近平新时代中国特色社会主义思想为指导，坚持党对教育事业的全面领导，深入贯彻习近平总书记关于教育的重要论述，深刻理解《教育强国建设规划纲要（2024—2035年)》（以下简称《纲要》)。《纲要》以习近平新时代中国特色社会主义思想为指导，深入贯彻全国教育大会精神，紧扣中央关心、群众关切、社会关注，坚持目标导向、问题导向和效果导向，总体上坚持以"三大属性"为思想主线、以"六大特质"为主要特征、以"八大体系"为基本结构、以正确处理"五个重大关系"为关键要求的编制思路，将全国教育大会部署全面体现为重点任务，将改革贯穿全文，突出教育、科技、人才一体统筹部署，推出一系列创新举措，推动我国从教育大国向教育强国的系统跃升。第四章是教育强国建设的教育哲学维度。教育哲学作为一种给教育行动赋予意义形式的活动，基于主体论给教育中的个体赋形，确认人是教育对象的意义；基于认识论给教育实践赋能，依托于感性活动为教育面向生活世界奠基；基于价值论给教育现实性赋值，把握置于生活世界的教育活动的价值取向，促进教育内在目标的实现，把握教育强国建设的哲学意蕴。第五章是以中国教育哲学自主知识体系支撑教育强国建设。加快构建中国特色哲学社会科学，归根结底是建构中国自主的知识体系。新时代，中国教育发展的目标聚焦于建设教育强国。如何在教育理论层面上总结中国经验与中国方案，是构建中国特色教育哲学自主知识体系的关键问题。

（三）重点、难点

本研究的重点：一是通过对马克思主义中国化教育思想的理论梳理，特别是对习近平总书记关于教育的重要论述的研究，对教育强国的理论基础和理论体系做了全景认识；二是从教育哲学的理论视角对教育强国作出解读，是要把哲学方法用在基本的教育观念上，对教育强国的哲学视域有了进一步认识；构建中国特色教育哲学自主知识体系，以增强中国教育哲学知识体系的影响力，促进对教育实践发展的引领，以及对教育实践中的中国经验、中国知识和中国故事进行新的书写。

本研究的难点是教育强国建设的内容极为丰富，并且是一个开放动态的理论体系，可能会出现研究不够全面的现象。

（四）主要目标

一是厘清教育强国的理论体系。深刻把握马克思主义中国化时代化教育思想的主要内容，明确教育强国的内涵维度，梳理教育强国的理论体系；二是解读教育强国的教育哲学视域。教育哲学作为一种给教育行动赋予意义形式的活动，从"人——感性活动——生活世界"的角度，促进教育内在目标的实现；三是构建中国特色教育哲学自主知识体系。在教育哲学理解教育强国建设的研究基础上，回归教育发展的现实问题，试图将理论转化为客观的实践指导，以构建中国教育哲学自主知识体系支撑教育强国建设。

（五）创新之处

1. 从学术思想上来讲，一是构建中国教育哲学自主知识体系。要做到扎根中国大地办教育，就要有中国文化认同和国家认同，结合教育哲学原理发展高质量教育，找到适合中国教育发展的基质特色，加快建设教育强国，构建中国话语体系，提升中国教育的国际影响力，这也与知识经济时代的国际教育趋势相一致。二是要从主体论、认识论以及价值论的视角来加以考察。对教育强国建设的哲学基础的研究，以马克思主义教育思想基本原理与立场为基础，积极回应当代社会教育发展中的重大问题，教育强国建设的哲学维度主要包括三个层面：（1）基于主体论，给教育中的个体赋形，确认人是教育对象的意义，阐明培养教育主体的目的；（2）基于认识论，给教育实践赋能，依托于"感性活动"为教育面向生活世界奠基，从而为个体的教育目的寻找内在的起点与依据；（3）基于价值论，给教育现实性赋值，把握置于生活世界的教育活动的价值取向，阐明学校存在之根由，揭示教育在整个社会结构中的合理秩序，促进教育内在目标的实现。三是系统梳理了中外教育思想史和教育哲学史，以教育哲学原理为视角，将习近平总书记关于教育的重要论述作为理论支撑，把哲学方法用在基本的教育观念上，并进一步围绕当代我国教育强国建设的要义体系进行详尽阐述，结合强国建设的教育哲学视域，进一步探寻教育强国的建设路径，实现我国的强国目标。

2. 从学术观点上来讲，一是从教育哲学视角出发，把握教育与哲学的关系，梳理我国教育强国建设的理论体系，厘清教育强国的内涵维度，特别是从新的历史方位出发，促进教育高质量发展，既要顺应全球共同趋势，又要兼顾我国的具体国情，积极应对推进中国式现代化的基本要求，积极推进教育现代化发展，为推进中国式现代化提供重要战略支撑，才能看出建设教育强国的特殊性、必要性和迫切性。二是从教育哲学意蕴角度揭示教育的本质和目的。以唯物史观为基础，把教育与现实人类社会历史创造活动融合在一起，把塑造全面发展的社会主体确立为学校教育目的，从社会发展视角考察教育，从人与教育相互关系中考察教育的本质与功能，并从马克思研究生产劳动的关联中阐明生产劳动的本质，展示了一种生存论意义上谈及人的劳动态度与价值的思路，明确我们要开展什么样的教育，并进而得出教育造就人的全面发展的基本结论。三是以中国教育哲学自主知识体系支撑教育强国建设。进入新时代，我国教育哲学知识体系的构建要转向以国家为中心，凸显中国教育哲学知识体系的中国经验的理论提升和总结，为世界贡献中国教育智慧和中国教育方案。

3. 从研究方法上来讲，一是采用了文献与历史研究法。大致梳理了中西方教育发展史和教育哲学思想的体系脉络，把握教育强国建设的理论基础。二是采用了整体与综合分析法。从马克思主义中国化时代化教育思想出发搭建了教育强国理论体系框架，并且将教育强国的要义体系层层阐述。三是采用了理论与实践相结合分析法。把握教育强国的理论要义，把哲学方法用在基本的教育观念上，以中国教育哲学自主知识体系支撑教育强国建设。

第一章　教育与哲学概述

教育哲学是哲学与教育学的交叉学科，中国教育哲学是以马克思主义为指导，传承中华优秀传统文化，以马克思主义哲学观点和方法研究教育基本问题的学科。人们对于教育与哲学关系的理解也随着教育哲学学科的发展不断深化和明确。

第一节　改革开放后教育哲学学科的发展

古代诸子百家思想蕴含了丰富的教育哲学内容，但这些思想并未学科化。新中国成立后，党和国家高度重视教育事业发展，为中国教育哲学进一步发展提供了丰润的土壤。

1978 年 12 月，党的十一届三中全会开启了改革开放的历史新时期。1979 年初，国家科委、教育部和林业部在北京联合召开全国高等学校科学研究工作会议。根据这次会议的精神，教育部、中国社会科学院联合召开全国教育科学规划会议，决定重新开设"教育哲学"这一学科。1982 年，北京师范大学黄济的《教育哲学初稿》出版。黄济所著的《教育哲学初稿》是新中国成立后第一部教育哲学专著，对建设马克思主义教育哲学学科，具有开创意义和作用。这本书对教育哲学学科建设影响也很大，不仅对教育中的根本理论问题，结合马克思主义哲学、西方哲学以及中国古代哲学三个方面汲取思想资源进行哲学思考，而且关注到传统的知识论和教学、道德论和道德教育、美和美育等基本内容以及当时教育发展所面临的基本理论问题，如教育与社会发展、教育与人的发展、教育目的等，甚至还讨论了教育哲学与教育科学的发展关系问题。该书综合各家教育哲学体系之长，以马克思主义为指导，立足实际，凸显了中国教育哲学的实践取向，为中国教育哲学和教育实践的发展指明了方向。1986年，中国教育学会教育学分会教育哲学专业委员会成立。2020年，中国教育学会正式批准教育哲学研究分会为其二级学会，为中国教育哲学事业的发展和国际交流提供了更广阔的平台。

第二节　教育与哲学的关系

对于教育哲学的研究，最先应厘清的就是教育与哲学之间的关系，两种学科交叉的不同研究方式，一种观点是看作哲学在教育中的应用，另一种认为是作为教育的哲学，对于教育哲学的认识落脚点不同也划分了不同的教育哲学体系。

一、教育哲学的研究方式

作为哲学与教育学交叉的产物，教育哲学是哲学与教育的交叉学科。一种从哲学的观点论教育，将哲学的原理、思想、方法运用于教育，使教育哲学成为哲学在教育领域的应用学科。范寿康的《教育哲学大纲》表现出哲学在教育中的应用。直到现在，本体论与教育、人性论与教育、价值论与教育、道德哲学与教育、认识论与教育、美学与教育等，一直是教育哲学中的经典课题。另一种把教育的一般问题、基本问题提升到哲学的高度，进行哲学分析和抽象概括，建构教育的哲学。1933 年出版的姜琦的《教育哲学》就试图探讨教育的本质论、目的论、方法论、价值论。改革开放之后，黄济在他的《教育哲学初稿》中指出，马克思主义教育哲学的研究对象，应当是以辩证唯物主义和历史唯物主义作为指导思想，对教育中的一些根本问题从哲学的高度做一些根本的研究和探讨。这两种学科交叉的不同方法，前者以哲学视角研究教育，立场在哲学，因此成为哲学的教育应用；后者对教育进行哲学分析，立场在教育。两种方法也各有侧重，前者作为哲学的应用，以哲学为逻辑，生成哲学知识和理论；后者作为教育的哲学，以教育实践为逻辑，为教育实践问题服务。教育哲学建设初期，学者们多运用哲学思想、观点、方法进行教育演绎。随着学科的发展，教育哲学作为一个有独立研究对象、独特内涵的学科，越来越强调对教育实践的关注，为教育实践服务，从而使自身成为实践哲学。[1]

二、哲学在不同领域的教育应用

哲学在不同领域有不同的主题，与教育密切相关的哲学主题有论理学、美学和伦理学。论理学的对象是真，伦理学的对象是善，美学的对象是美。因此，范寿康的《教育哲学大纲》在论述了教育与哲学的关系后，选取了哲学中的论理学、伦理学和美学。吴俊升同样认为，教育哲学是应用哲学的一种，即把哲学的基本原则应用到教育的理论和实施方面。[2] 他的《教育哲学大纲》第一编为绪论，讨论哲学与教育的关系，确立教育哲

---

[1] 参见冯建军：《创新发展新时代中国教育哲学》，《中国社会科学报》2020 年 2 月 20 日。
[2] 参见吴俊升：《中国教育需要一种哲学》，《大公报》1934 年 11 月 5 日。

学的性质与研究意义；第二编为教育哲学的根本问题，以哲学中的主题为纲，以各哲学流派对这些问题的解答为目的，进而述评对教育的影响及其教育主张。范寿康与吴俊升的教育哲学相比，吴俊升的教育哲学真正体现了哲学的教育运用，哲学味道更浓，但吴俊升也意识到，"本书是从普通哲学的派别的叙述，归结到教育的应用的。这种办法当然免不了一个缺点，即是偏重了哲学的系统而忽视了教育本身的体系"①。但吴俊升的《教育哲学大纲》之所以还采用先讲哲学后讲教育这种做法，是因为如果不从浅显处把教育的哲学基础说清楚，"教育"根本没接触过"哲学"。

三、教育哲学体系阐述

1. 叙述各哲学流派对相关主题的阐述及其教育应用

关于这一研究的著作，一部是拉斯克（Rusk）的《教育的哲学基础》，这部书阐述了哲学上的三大流派，即自然主义派、理想主义派和实用主义派。另一部是德国人贺夫的《教育哲学》。这部书分三卷，第一卷是自然主义、社会主义、国家主义的哲学与教育学；第二卷是个人主义、唯智主义、唯意主义和一元主义的哲学与教育学；第三卷是专述天主教的教育学。② 新中国成立前，我国学者自编的有王慕宁的《现代西洋各派教育哲学思潮概论》（华风书店，1932），全书共五章，分别为现代教育哲学思潮、新康德派之教育思潮、实利主义派之教育思潮、文化教育学派之思潮、现象学派之教育思潮，并对每个学派进行评析。姜琦的《现代西洋教育史》（商务印书馆，1935）在西洋教育史中介绍西方教育哲学流派，认为教育哲学和教育史有密切的关系。一方面，我们研究教育哲学的时候，不得不

---

① 吴俊升：《教育哲学大纲》，福建教育出版社 2011 年版，"自序"。
② 参见吴俊升：《教育哲学大纲》，福建教育出版社 2011 年版。

从教育史角度去考察各个时代教育哲学的缘起、变迁，并预测其新趋势；另一方面，在研究教育史的时候，也不得不从教育哲学尤其是从现代教育哲学的观点去批评各个时代教育学者的教育学说，以估量它的价值。所以，作者自己说他在《现代西洋教育史》里面所发表的意见，多少是属于"教育哲学"的范围。①

2. 对教育问题的哲学思考，把教育问题上升到哲学高度，进行哲学思维提升

这一时期，属于此种教育哲学的著作有：萧恩承著的《教育哲学》（商务印书馆，1925）、姜琦编著的《教育哲学》（上海群众图书公司，1933）、林砺儒著的《教育哲学》（开明书店，1946）。这些著述除了讨论哲学与教育的关系外，主要的问题集中在教育本质论、教育目的论、教育价值论、教育方法论。

3. 把前面观点混杂在一起编排

在混合体系中，张栗原的《教育哲学》（生活·读书·新知三联书店，1949）比较典型。它分为前后两编，前编共六章，分别是引论、教育学的诸问题、哲学的诸体系、唯物论的教育哲学、观念论的教育哲学、唯用论的教育哲学；后编原本是写七章，分别是导言、教育本质论、教育目的论、教育价值论、教育方法论、当代教育哲学的主潮、当前中国的教育哲学问题。教育哲学之于教育科学，正如哲学之于科学一样，是居于领导地位的。教育哲学的任务在于研究教育理论上一般的原理或原则，为各个教育研究部门提供理论依据。② 他对教育哲学的认识，偏重"教育之哲学"③。

---

① 参见姜琦：《现代西洋教育史》，福建教育出版社 2011 年版。
② 参见张栗原：《教育哲学》，福建教育出版社 2008 年版。
③ 参见冯建军：《二十世纪上半叶中国教育哲学的初创及其贡献》，《当代教育与文化》2020 年第 1 期。

第三节　新中国成立以来党的教育方针变迁

党和国家的教育方针随着时代的变迁也在不断地改进和完善。新中国成立之初，培养什么人的问题，成为教育事业面临的首要问题。

一、新中国成立初期党的教育方针的政策基点

从新中国成立到改革开放之初，马克思主义教育思想研究备受关注，原因是马克思主义教育理论是中国教育学科建设发展的指导思想和理论基础。

1949 年 9 月，中国人民政治协商会议第一届全体会议通过的《中国人民政治协商会议共同纲领》明确规定："中华人民共和国的文化教育为新民主主义的，即民族的、科学的、大众的文化教育。人民政府的文化教育工作，应以提高人民的文化水平、培养国家建设人才、肃清封建的、买办的、法西斯主义的思想、发展为人民服务的思想为主要任务。"[①] 为了贯彻这一方针，1949 年 12 月，教育部召开第一次全国教育工作会议，明确了新中国教育工作的目的，即"为人民服务，首先为工农兵服务，为当前的革命斗争与建设服务"。这一目的作为我国新民主主义教育方针，确立了新中国成立初期我国教育的政策基点。

1953 年 6 月，过渡时期总路线正式提出，中国开始了农业、手工业和资本主义工商业的社会主义改造，开始由新民主主义向社会主义过渡。1956 年，我国生产资料所有制的社会主义改造基本完成，为满足社会主

---

① 《建党以来重要文献选编（1921—1949）》第 26 册，中央文献出版社 2011 年版，第 766 页。

义建设的人才需要，我国社会主义教育方针逐步明确。1957年2月，毛泽东同志在《关于正确处理人民内部矛盾的问题》中提出："我们的教育方针，应该使受教育者在德育、智育、体育几方面都得到发展，成为有社会主义觉悟的有文化的劳动者。"①1958年，毛泽东同志提出，"教育必须为无产阶级政治服务，必须同生产劳动相结合"②，即"两个必须"。1958年9月，中共中央、国务院发出的《关于教育工作的指示》中明确提出，"党的教育工作方针，是教育为无产阶级的政治服务，教育与生产劳动结合"，同时指出教育的目的是"培养有社会主义觉悟的有文化的劳动者"。③这是新中国成立后，中央文件中关于教育的表述首次冠以"教育方针"。这一方针与1957年提出的教育方针结合起来，形成1961年《教育部直属高等学校暂行工作条例（草案）》（即"高教六十条"）。"教育必须为无产阶级政治服务，同生产劳动相结合，使受教育者在德育、智育、体育几方面都得到发展，成为有社会主义觉悟的有文化的劳动者。"这一教育方针于1978年正式载入《中华人民共和国宪法》，为我国社会主义教育事业指明了前进的道路和发展的方向。

新中国成立后，我国教育学界对苏联教育思想进行了系统研究，特别是在批判和继承苏联教育学的基础上，运用各种理论武器对杜威等人的学说进行了批判。在这种情况下，应该正确认识和把握意识形态对教育的影响及其内在规律。社会政治需要推动了教育思想研究的发展，促进了教育研究在社会主义建设事业中地位的提高和作用的发挥，为教育研究提供了广阔的空间，也给教育工作带来新的生机和活力。

---

① 《毛泽东文集》第七卷，人民出版社1999年版，第226页。
② 《建国以来重要文献选编》第19册，中央文献出版社1998年版，第68页。
③ 《建国以来重要文献选编》第11册，中央文献出版社1995年版，第490、491页。

二、改革开放后党的教育方针的时代指引

党的十一届三中全会以后，党和国家确定了社会主义现代化建设的根本任务和中国特色社会主义教育方针，用积极的态度应对教育改革实践中提出的新要求，并逐步形成教育思想研究的新思路和新方法。马克思主义教育思想是我们党在教育理论研究和教育实践中坚持的指导思想。马克思主义理论是推动中国特色社会主义事业发展的指导思想。我们要坚持把马克思主义理论同中国具体实际相结合，历史和现实表明，中国共产党的教育具有鲜明的中国特色。邓小平同志十分重视马克思主义教育思想的指导地位，坚持教育发展的正确政治方向。他在 1978 年 4 月 22 日的全国教育工作会议上的讲话中明确提出，要使教育工作有更快的发展，学校应该永远把坚定正确的政治方向放在第一位。但这并不是说要把大量的课时用于思想政治教育。学生把坚定正确的政治方向放在第一位，政治觉悟越是高，为革命学习科学文化就应该越加自觉，越加刻苦。[1]邓小平同志指出，要把青少年培养成为忠于社会主义祖国、忠于无产阶级革命事业、忠于马克思列宁主义毛泽东思想的优秀人才。[2]1983 年 10 月，邓小平同志提出："教育要面向现代化，面向世界，面向未来。"[3]"三个面向"成为改革开放新时期教育改革和发展的战略指导思想。"三个面向"揭示了现代教育具有的发展性、国际性和未来性的主要特点，阐明了中国教育发展的客观要求和教育改革的总方向及总目标，在教育方针认识上实现了由"教育为无产阶级政治服务"到"教育必须为社会主义建设服务"的思想升华和历史飞跃。1987 年，党的十三大首次提出了"百年大计，教育为本"，深刻论

---

① 参见《邓小平文选》第二卷，人民出版社 1994 年版，第 104 页。
② 参见《邓小平文选》第二卷，人民出版社 1994 年版，第 106 页。
③ 《邓小平文选》第三卷，人民出版社 1993 年版，第 35 页。

述了教育在国家发展中具备的基础性、先导性作用。这一论述得到举国上下的关注，也积极推动了中国教育和中国经济社会的发展，意义重大且深远。

邓小平同志从论述现代社会中科技、教育同经济、政治、文化、国防、党的建设的辩证关系入手，继而提出了实现社会主义现代化要靠科技、靠教育的论断。教育要为培养"四有"新人服务，为改革开放和社会主义现代化建设事业提供良好的政治环境，就要求我们把科学技术作为第一生产力来看待，重视人才培养，坚持科教兴国战略，改革教育体制，同时也要坚持教育与国民经济的发展相协调。邓小平同志继承并发展了马克思、恩格斯从发展大工业机器生产出发来探讨教育与生产劳动相结合的思想，要求我们在教育与生产劳动结合方面有新的发展，使教育事业同国民经济发展的要求相适应，同时也实事求是地立足中国现实。教育对推动我国改革开放以来经济建设取得辉煌成就起到了积极作用。邓小平教育理论为深化教育领域改革指明了方向，成为我国社会主义教育事业发展的理论指南。

党的十三届七中全会通过的《中共中央关于制定国民经济和社会发展十年规划和"八五"计划的建议》提出，"继续贯彻教育必须为社会主义现代化服务，必须同生产劳动相结合，培养德、智、体全面发展的建设者和接班人的方针"[①]。1993年，中共中央、国务院颁布的《中国教育改革和发展纲要》重申了"教育必须为社会主义现代化建设服务，必须与生产劳动相结合，培养德、智、体全面发展的建设者和接班人"的方针。1995年，江泽民同志在全国科学技术大会上的讲话中强调，要全面落实科学技术是第一生产力的思想；加速科技进步；培养造就大批德才兼备的科技人

---

① 《十三大以来重要文献选编》（中），人民出版社1991年版，第1398页。

才；加强党对科技工作的领导。1998 年 5 月 4 日，江泽民同志在庆祝北京大学建校一百周年大会上发表重要讲话，着重指出五四运动的精神最根本的是中华民族的爱国主义精神。我们的大学应该成为科教兴国的强大生力军。我国要有若干所具有世界先进水平的一流大学。教育应当与经济社会发展紧密结合，为现代化建设提供各类人才支持与知识贡献，并将其指向21 世纪教育改革与发展的方向。1998 年 6 月 1 日，江泽民同志在会见出席中国科学院第九次院士大会、中国工程院第四次院士大会的部分院士时强调，迎接未来科学技术的挑战最重要的是要坚持创新、勇于创新。创新是一个民族进步的灵魂，也是国家兴旺发达的不竭动力。单纯依靠技术引进永远难以走出技术落后之困境，必须把技术创新机制的建立作为社会主义市场经济体制建立的重要目标来抓，科学技术人员则是新生产力的重要开拓者、科技知识的重要传播者、社会主义现代化建设的骨干力量，落实科教兴国战略的关键在于人才。1999 年 6 月 15 日，江泽民同志在第三次全国教育工作会议上的讲话中指出，教育在增强综合国力中具有基础性地位；当今的国际经济、科技竞争，越来越围绕人才和知识的竞争展开；劳动力素质和科技创新能力不高，已经成为制约我国经济发展和国际竞争能力增强的一个主要因素；各级各类教育都要把全面推进素质教育、提高受教育者的全面素质，作为教育工作的战略重点；各级党委和政府要切实把教育作为先导性、全局性、基础性的知识产业和关键的基础设施，摆到优先发展的战略重点地位。这些论述体现了江泽民同志关于科教兴国战略、确立教育优先发展战略地位、党的教育方针、推进教育创新、加强思想政治教育、教育与经济和社会发展的关系、中国特色社会主义教育体系等方面的观点，准确地体现了江泽民同志在教育方面的重要理论贡献和独特的创新成果，具有深远的历史意义及较高的现实价值。

党的十六大报告再次重申，要全面贯彻党的教育方针，坚持教育为社会主义现代化建设服务，为人民服务，与生产劳动和社会实践相结合，培养德智体美全面发展的社会主义建设者和接班人。党的十七大报告提出，要全面贯彻党的教育方针，坚持育人为本、德育为先，实施素质教育，提高教育现代化水平，培养德智体美全面发展的社会主义建设者和接班人，办好人民满意的教育。《国家中长期教育改革和发展规划纲要（2010—2020年）》同样肯定中国特色社会主义教育事业取得的显著成绩，并谋划了中长期教育改革与发展的指导思想，指出要推进中国教育的改革与发展，必须高举中国特色社会主义伟大旗帜，以邓小平理论和"三个代表"重要思想为指导，深入贯彻落实科学发展观，实施科教兴国战略和人才强国战略，优先发展教育，完善中国特色社会主义现代教育体系，办好人民满意的教育，建设人力资源强国。

三、新时代党的教育方针的总要求

党的十八大报告指出，"全面贯彻党的教育方针，坚持教育为社会主义现代化建设服务、为人民服务，把立德树人作为教育的根本任务，培养德智体美全面发展的社会主义建设者和接班人"[1]。2015年12月，全国人大常委会审议通过修改的《中华人民共和国教育法》，将教育方针规定为：教育必须为社会主义现代化建设服务、为人民服务，必须与生产劳动和社会实践相结合，培养德、智、体、美等方面全面发展的社会主义建设者和接班人。2018年9月10日，习近平总书记在全国教育大会上发表重要讲话指出："我们要在党的坚强领导下，全面贯彻党的教育方针，坚持马克

---

[1] 胡锦涛：《坚定不移沿着中国特色社会主义道路前进，为全面建成小康社会而奋斗——在中国共产党第十八次全国代表大会上的报告》，人民出版社2012年版，第35页。

思主义指导地位，坚持中国特色社会主义教育发展道路，坚持社会主义办学方向，立足基本国情，遵循教育规律，坚持改革创新，以凝聚人心、完善人格、开发人力、培育人才、造福人民为工作目标，培养德智体美劳全面发展的社会主义建设者和接班人，加快推进教育现代化、建设教育强国、办好人民满意的教育。"① 习近平总书记在全国教育大会上的重要论述，系统科学地阐释了建设新时代中国特色社会主义教育理论体系的重要意义和路径方法。党的十九大报告全面系统地提出了新时代党的教育方针的总要求。党的二十大报告列"实施科教兴国战略，强化现代化建设人才支撑"专章，对教育、科技、人才在全面建设社会主义现代化国家新征程中所肩负的重要使命进行阐释，并作出战略部署。2023—2027 年，是全面建设社会主义现代化国家开局起步的关键时期。高等教育要紧紧围绕推进中国式高等教育现代化的现实需要和职责，积极推进教育现代化发展，为推进中国式现代化提供重要战略支撑。助力实现中华民族伟大复兴的中国梦，是高等教育现代化与中国式现代化同向同行的时代责任。基于我国国情，国家始终在统筹国内国际两个大局、统筹推进国家治理现代化与人的全面发展中设计和推进重大战略转型。国家战略与教育现代化在动因、目标与策略方面具有高度的协同性，国家战略目标、战略部署规制着教育现代化的目标定位、战略发展。

---

① 习近平：《论教育》，中央文献出版社 2024 年版，第 5—6 页。

第二章　教育哲学理论研究

教育哲学的产生源于人类哲学思想与教育活动的内在关联。从历史上看，人类哲学思想与教育活动的关系一直是比较密切的。一个基本的历史事实是，古代和近代哲学家一般都从事教育工作，他们的哲学论述中包含着教育论述的部分，而他们有关教育的见解也常常以自己的哲学主张为根据，并以此构成了中外教育思想史的主要内容，也为教育强国建设提供了理论启示。我们要坚持以马克思主义为指导，坚持把马克思主义基本原理同中国具体实际相结合，同中华优秀传统文化相结合，借鉴吸收人类一切优秀文明成果。

第一节　马克思主义教育哲学

马克思主义教育哲学是当代教育哲学中最具综合性、批判性、实践性和人民性的教育哲学。从理论构成来说，马克思主义教育哲学包括两个有机的组成部分：一部分是从马克思主义经典作家的视角对教育的一些根本问题进行的精辟论述；一部分是后世思想家、理论家、教育家以马克思主义的立场、观点和方法为指导，结合自己所在国家的经济社会和教育发展情况，对各自面临的教育根本问题所进行的分析和论述。这两部分结合在一起，构成了马克思主义教育哲学丰富的思想体系。

一、马克思主义经典作家的教育哲学思想

马克思、恩格斯高度关注教育问题，致力于对教育问题的社会基础和实践条件进行历史的、现实的和具体的批判，并就教育的性质、目的、内容、原则等提出自己的理论主张。这些构成了马克思主义教育哲学的基本内容。

（一）关于社会存在与社会意识的关系和教育的性质问题

马克思、恩格斯在《德意志意识形态》中明确提出："思想、观念、意识的生产最初是直接与人们的物质活动，与人们的物质交往，与现实生活的语言交织在一起的。"[①] 在《〈政治经济学批判〉序言》中，马克思进一步明确指出："物质生活的生产方式制约着整个社会生活、政治生活和精神生活的过程。不是人们的意识决定人们的存在，相反，是人们的社会存在决定人们的意识。"[②] 作为人类精神生产的一种特殊形式，教育活动自然也是如此。对任何教育现象的理解不能停留在神秘的、抽象的或生物学的层面，必须放到真实的社会历史背景下加以审视。正是从这个角度出发，马克思、恩格斯在《共产党宣言》中回应资产阶级有关教育的责难时深刻提出："你们既然用你们资产阶级关于自由、教育、法等等的观念来衡量废除资产阶级所有制的主张，那就请你们不要同我们争论了。你们的观念本身是资产阶级的生产关系和所有制关系的产物，正像你们的法不过是被奉为法律的你们这个阶级的意志一样，而这种意志的内容是由你们这个阶

---

① 《马克思恩格斯文集》第 1 卷，人民出版社 2009 年版，第 524 页。
② 《马克思恩格斯文集》第 2 卷，人民出版社 2009 年版，第 591 页。

级的物质生活条件来决定的。"①马克思、恩格斯的这一论断，为深入认识资本主义社会中的教育问题和无产阶级夺取政权后如何开展社会主义教育提供了思想指南。

（二）关于主体、实践和教育的价值取向问题

实践在马克思主义哲学中具有非常重要的地位。"从前的一切唯物主义（包括费尔巴哈的唯物主义）的主要缺点是：对对象、现实、感性，只是从客体的或者直观的形式去理解，而不是把它们当做感性的人的活动，当做实践去理解，不是从主体方面去理解。"②其结果就是，主体既不能通过实践确证自己的存在，也不能通过实践来解放自己。马克思、恩格斯对人的本质的理论、意识形态的理论、再生产理论、阶级斗争理论、国家理论、道德理论、美学理论等的丰富论述，也从不同的侧面为深刻认识作为社会实践的教育现象提供了理论指导和方法论指导。马克思主义认为，教育工作尤其是被压迫阶级的教育工作根本的价值取向就是要唤醒被压迫者的实践和斗争意识，消灭私有制，实现社会主义和共产主义。

（三）关于人的片面发展、全面发展和教育的目的问题

在马克思主义诞生之前，思想史上有关教育目的的论述几乎都是孤立的、抽象的和理想化的，从未将教育目的与社会生产和生活实际的状况结合起来论述。在《资本论》中，马克思深刻地考察了人类历史上从工场手工业到机器大工业过渡时期分工的发展及其社会经济后果，对人自身的普遍性影响。"机器劳动极度地损害了神经系统，同时它又压抑肌肉的多

---

① 《马克思恩格斯文集》第 2 卷，人民出版社 2009 年版，第 48 页。
② 《马克思恩格斯文集》第 1 卷，人民出版社 2009 年版，第 499 页。

方面运动，夺去身体上和精神上的一切自由活动。"①在马克思看来，造成工人阶级这种片面甚至畸形发展状况的，不单单是机器大工业生产，更为根本的是资本主义制度。马克思的这些论述，找到了解释人的片面发展、畸形发展的经济根源、制度根源及其解决之道——促进生产劳动同智育和体育相结合。"未来教育对所有已满一定年龄的儿童来说，就是生产劳动同智育和体育相结合，它不仅是提高社会生产的一种方法，而且是造就全面发展的人的唯一方法。"②

二、马克思主义教育哲学思想的传播与发展

马克思主义经典作家对教育问题的上述哲学论述连同其整个的思想体系形成之后，就伴随无产阶级和社会主义的运动从欧洲大陆不断地向世界其他地区传播，广泛而又深刻地影响了世界其他地区的社会革命与教育实践。

在欧洲开展工业革命、发展资本主义经济、逐步建立现代教育制度的时候，俄国还处在沙皇的统治之下，在政治上、经济上、文化上和教育上都处于相对落后的地位。当马克思主义传播到俄国这块广袤的土地上时，俄国革命家、理论家和教育家给予了其高度关注。列宁基于俄国社会革命的实践，在理论上继承并发展了马克思主义学说，形成了列宁主义，为俄国无产阶级革命和苏联社会主义建设提供了理论指导。列宁主义也是一个博大精深的思想体系。就教育工作而言，与马克思、恩格斯一样，列宁不是就教育论教育，而是将教育放在无产阶级革命和社会主义革命与建设的大背景下来讨论，对教育的价值有着清醒的认识。关于教育的价值，

---

① 《马克思恩格斯文集》第 5 卷，人民出版社 2009 年版，第 486—487 页。
② 《马克思恩格斯文集》第 9 卷，人民出版社 2009 年版，第 339—340 页。

列宁认为，教育是通向光明、自由和解放之路，人民群众被剥夺了受教育的权利，就等于被剥夺了获得光明、求取知识、获得自由和解放的权利。关于教育的性质，列宁和马克思、恩格斯一样，鲜明地指出教育工作或学校工作的政治性质，反对教育脱离政治的主张。他说："谁想把这种'教育'当作一个特殊口号，把它跟'政治'对立起来，根据这种对立建立特殊派别，用这个口号去号召群众反对社会民主党的'政治家'，谁就会不可避免地一下子滑入蛊惑宣传的歧途"①。他尖锐地指出："事实上，学校完全变成了资产阶级阶级统治的工具，它浸透了资产阶级的等级观念，它的目的是为资本家培养恭顺的奴才和能干的工人。"②基于这种认识，他继承了马克思、恩格斯在《共产党宣言》中有关教育阶级性的思想，明确提出，"我们办学的事业同样也是一种推翻资产阶级的斗争。我们公开声明，所谓学校可以脱离生活，可以脱离政治，这是撒谎骗人"③。基于上述关于教育价值和性质的论述，列宁非常重视工人阶级的社会意识教育。他认为，在这个过程中，教师的作用不可或缺。他对教师提出了殷切的希望和要求："教师大军应该向自己提出巨大的教育任务，而且首先应该成为社会主义教育的主力军。"④应当说，这样的教师观在世界教育史上还是首次被提出来的。

五四运动前后，许多先进知识分子，经过深思熟虑和反复思考，通过不同的途径，走上马克思主义的道路。在中国早期的马克思主义思想运动中，李大钊起着主要作用。1919 年 9 月到 11 月，李大钊在《新青年》上连续刊文，介绍自己的马克思主义观，他强调教育是一定社会经济基础

---

① 《列宁全集》第 10 卷，人民出版社 1987 年版，第 336 页。
② 《列宁全集》第 35 卷，人民出版社 2017 年版，第 77 页。
③ 《列宁全集》第 35 卷，人民出版社 2017 年版，第 77 页。
④ 《列宁全集》第 34 卷，人民出版社 1985 年版，第 392 页。

之上的上层建筑，随着经济基础的变革而发生变革；在阶级社会里，教育总是为统治阶级服务的，因而必然地具有阶级性。"不改造经济组织，单求改造人类精神，必致没有效果。不改造人类精神，单等改造经济组织，也怕不能成功。"①基于这样的立场，中国早期的马克思主义者对一些人所提倡的"教育独立""教育清高""教育救国"说进行了猛烈的批评。陈独秀指出："在私产制度之下的教育，无论倚靠政府不倚靠政府，全体，至少也是百分之九十九有意或无意维持资产阶级底势力及习惯，想在这种社会状况之下实现善良教育而且是普遍的，我想无人能够相信。"②他反问说："所谓教育独立，是不是离开社会把教育界搬到空中去独立或是大洋〔中〕去独立？"③这些论述可以帮助广大工农群众认识到教育问题与社会问题之间的内在关系。

中国共产党成立之后，党的早期领导人渐渐地认识到教育活动是在现实社会系统中的。他们认为，新民主主义教育、社会主义教育就是要将大众的教育、人民的教育作为根本的价值方向。中华人民共和国成立后，教育的人民性被明确提出。在教育目的问题即教育培养什么人的问题上，1957年，毛泽东同志在《关于正确处理人民内部矛盾的问题》中明确提出："我们的教育方针，应该使受教育者在德育、智育、体育几方面都得到发展，成为有社会主义觉悟的有文化的劳动者。"④改革开放以来，党和国家始终坚持教育的人文性与社会性的统一，把教育为人的自由全面发展服务与为社会主义现代化建设服务统一起来；在教育价值方面，强调教育的育人价值、社会价值、国家价值和人类价值的统一，并且把立德树人作为教

---

① 《李大钊文集》第三卷，人民出版社1999年版，第35页。
② 《陈独秀文集》第二卷，人民出版社2013年版，第187页。
③ 《陈独秀文集》第二卷，人民出版社2013年版，第322页。
④ 《毛泽东文集》第七卷，人民出版社1999年版，第226页。

育的基础性价值；在教育目的方面，确立培养德智体美劳全面发展的社会主义事业建设者和接班人的根本目的；在教育内容的选择方面，强调弘扬社会主义核心价值观，弘扬中华优秀传统文化，用好红色文化，发展社会主义先进文化等，进一步丰富了中国特色社会主义教育的内容体系；在教育战略方面，提出科教兴国和教育优先发展的战略，把加快教育现代化、建设教育强国作为实现中华民族伟大复兴的基础工程。

马克思主义教育哲学思想在中国的传播与发展对中国特色社会主义教育产生了深远影响。党的十八大以来，习近平总书记审时度势，高瞻远瞩，继承和发展了马克思主义教育哲学思想。习近平总书记关于教育的重要论述深刻分析了教育事业面临的新形势、新挑战、新问题，是指引当前和未来我国教育改革发展的基本遵循和行动指南。

三、马克思主义教育哲学思想与当代社会

马克思主义教育哲学与整个马克思主义思想体系一样，产生了深远的影响，为世界各国的教育实践提供了强大的理论指导。当前，世界百年未有之大变局加速演进，世界之变、时代之变、历史之变以前所未有的方式展开。马克思主义教育哲学如何回应新时代的新情况、新挑战、新问题，需要教育哲学工作者进行进一步的思考。

（一）时代趋势

从全球趋势来看，人口、信息、知识、资本等快速流动，资源共享和竞争将达到新的高度。马克思、恩格斯在 19 世纪的预言成为现实："资产阶级，由于开拓了世界市场，使一切国家的生产和消费都成为世界性的了。……过去那种地方的和民族的自给自足和闭关自守状态，被各民

族的各方面的互相往来和各方面的互相依赖所代替了。"① 社会信息化主要表现为信息技术的革命在深刻影响社会生产、交往、管理等领域之后，对以学校为主体的教育体系的影响将不断深化，成为塑造未来教育与学习观念、课程与教学服务方式、教师职前教育和在职培训模式以及教育治理方式变革的关键性因素，"信息素养"成为读、写、算之后又一种应对信息社会的核心素养。文化多样化主要指随着经济全球化、社会信息化和城镇化进程的加快，各种不同的文化传统、价值观念和生活方式将出现在同一时空下。传统文化和价值观念的合理性与正当性在新的时代背景下被重新讨论。不同文化和价值观念之间的比较、竞争、冲突和新融合不可避免。

进入 21 世纪以来，在信息科学、生命科学、制造科学、能源科学、空间科学、海洋科学等领域里出现的一系列原创突破为前沿技术、颠覆性技术提供了更多创新源泉。为应对新一轮科技革命的趋势，必须加快科技强国建设，加大创新人才培养的力度，实施创新驱动发展战略。习近平总书记指出："纵观人类发展历史，创新始终是一个国家、一个民族发展的重要力量，也始终是推动人类社会进步的重要力量。"② 随着经济社会发展，人自身的需要、自由、尊严和权利等越来越成为关键的价值维度。以人为本已经成为各种新的发展理论的共同价值基石。防止和克服狭隘的功利主义、消费主义所带来的人的发展问题，成为各种公共政策理论所追寻的共同伦理目标。马克思、恩格斯在《共产党宣言》中所提出的"每个人的自由发展是一切人的自由发展的条件"③ 的光辉论断正在被越来越多的国家所认可和接纳。

---

① 《马克思恩格斯文集》第 2 卷，人民出版社 2009 年版，第 35 页。
② 《习近平谈治国理政》第二卷，外文出版社 2017 年版，第 267 页。
③ 《马克思恩格斯文集》第 2 卷，人民出版社 2009 年版，第 53 页。

（二）时代挑战

上述趋势对于马克思主义教育哲学构成的挑战主要表现为：在这种新的时代背景下，马克思主义教育哲学的立场、观点和方法有没有过时？还有没有解释力和指导力？从西方社会来说，资本主义的基本矛盾并没有得到解决，由此引发的社会各阶级之间的矛盾并未得到解决，经济危机和由此引发的社会危机不断出现。从这个角度来看，马克思主义对资本主义社会的分析和有关教育问题的哲学论述依然有其时代价值，是当今人们分析西方社会各种问题的主要理论框架。例如，在今天，对于教育实践活动社会性质的认识，依然是西方批判理论家们分析西方社会发展与教育发展关系的一个基本理论出发点。从这个角度来说，不熟悉马克思主义对于教育问题的哲学论述，就不能很好地理解西方教育存在的问题。至于马克思主义所创立的历史唯物主义方法论和观察人的发展状况的视角，就更没有过时，不仅没有过时，而且仍然是今天我们审视包括教育问题在内的广义文化问题、人的发展问题的指导思想。如今，一些教育理论研究者强调就教育论教育，从教育内部看教育。这种主张有其合理之处，对于提高教育管理、实践和决策的专业化水平大有裨益。但是，从方法论来说，这种主张割裂了教育与社会的关系，反而不能帮助人们认清教育问题、人的问题的社会本质，更不能指导教育改革实践走向正确的方向。

（三）马克思主义教育哲学的发展

从马克思主义历史唯物主义和辩证唯物主义的世界观和方法论出发，我们能够很好地审视现实的人的问题和教育的问题，更好地引导教育改革走向正确的方向。随着时代的发展，马克思主义教育哲学也在发展，在我国主要体现在三个方面：一是在思想理论方面，自觉以马克思主义中国化时代化的最新成果为指导，不断提高我们的马克思主义理论水平；二是在科学基础方面，吸收了当代科学尤其是与教育实践密切相关的认知科学、信息科学等领域的新成果，丰富了马克思主义教育哲学的科学内涵；三是在研究对象方面，着眼于建设中国特色、世界水平的现代教育体系，不断扩展马克思主义教育哲学研究的新领域，实现马克思主义教育哲学的新发展。

第二节　中国传统教育哲学

中国拥有悠久的教育历史。许多思想家都从各自的哲学立场出发，对教育普遍性问题进行阐发，蕴含丰富的中国智慧。

一、中国传统教育哲学思想

先秦是儒家教育哲学的奠基期。管子曾阐述百年树人的思想："一年之计，莫如树谷；十年之计，莫如树木；终身之计，莫如树人。一树一获者，谷也；一树十获者，木也；一树百获者，人也。"[①] 在"百家争鸣"的大格局下，秦汉至隋唐时期是中国传统儒家教育思想的发展期。宋明时期，儒学复兴，并再度成为教育上的主导思想。这一时期的儒学多以"理"为本体论，故称"宋明理学"。理学有两大派，一派坚持"天理"的本体地位，故称其为理学；另一派力倡"心即理"，实质上就是"心本论"，故称其为心学。宋明理学实质上完善了儒家教育哲学的理论体系。中国儒家思想经历了数千年时间的洗礼，是中国传统思想文化的主流。传统儒家教育思想是一个内容丰富的思想库。《论语》《大学》《中庸》《孟子》《荀子》《管子》

---

① 《管子·权修第三》。

等论著中包含着丰富的教育哲学思想。

（一）传统儒家教育哲学思想的基本理念

道德教育是中国教育包括家庭教育的重要内容，儒家教育哲学思想强调以人为本。《礼记·学记十八》说："玉不琢，不成器。人不学，不知道。"意思是人的德性需要教养，道是做人之基，德是为人之本。"求木之长者，必固其根本；欲流之远者，必浚其泉源。"传统儒家思想始终将学习和修炼作为人之根本，自始至终倡导持续学习、自我提升，即《礼记·学记十八》所谓："'念终始典于学。'其此之谓乎。"而"仁者爱人"，是经典儒学的逻辑起点和理论支点，支撑着传统儒家教育思想的演变与发展。从根本的意义上说，经典儒家哲学就是以"仁"为本的哲学，也是以"人"为本的哲学。"仁也者，人也。合而言之，道也。"（《孟子·尽心下》）"仁也者，人也"表明，孟子认为儒道就是人道，儒学就是人学。"道者，非天之道，非地之道，人之所以道也，君子之所道也。"（《荀子·儒效》）儒家所谓的"仁"以亲民为根本，以孝悌为核心。"立爱惟亲，立敬惟长，始于家邦，终于四海。"（《尚书·商书·伊训》）

（二）传统儒家教育哲学主旨思想

"性相近也，习相远也。"[1] 这句话一方面说明孔子认为人有相近或相同的人性，另一方面说明这种相近或相同的人性在后天是可以变化的，变化的动力就是"习"。孟子在孔子"性相近"基础上，明确提出"人性善"，扩充这些善端则"人皆可以为尧舜"。荀子则反其道而行之，提出"人性恶"，仰赖环境和教育抑恶扬善，使"涂之人皆可以为禹"[2]。总的来说，

---

① 《论语·阳货》。
② 《荀子·性恶》。

儒家对人性善恶及其原因有不同的看法，但都赞成教育在生成和教化人性方面的积极价值。《中庸》说："天命之谓性，率性之谓道，修道之谓教。"又说："知、仁、勇三者，天下之达德也。""君子以德"是中国教育思想的核心内容。"君子务于德，修于政，谨于刑。"① 中国古代的道德教育与仁义思想本为一体，认为优秀的教育文化不仅给人以知识，更给人以思想和信念。道德之于个人、社会，都具有基础性意义。做人做事第一位的是崇德修身，这正是中华优秀教育文化之精髓。

孔子强调"庶、富、教"合一，将教育列为立国兴邦的三大要素之一。孟子认为："善政不如善教之得民也。善政，民畏之；善教，民爱之。善政得民财，善教得民心"②。《礼记·学记》则有"建国君民，教学为先""君子欲化民成俗，其必由学乎"之论，强调教育与国家建设、民众教化之间的关系。在孔子、孟子等有关政治与教育关系论述的基础上，荀子提出："国将兴，必贵师而重傅，贵师而重傅则法度存。国将衰，必贱师而轻傅，贱师而轻傅则人有快，人有快则法度坏。"③孔子是以政治理念为核心，将国家利益与个人修行相统一，构筑以"仁"为主体的儒学体系。与孔子相比，孟子的教育思想更加重视国家利益。可以看到，此时教育是封建统治者维护统治"行仁政""得民心"的重要工具。从国家和社会来说，教育要为国家培养人才，人才是经济社会发展的基础。《大学》将个人道德培养与治理国家紧密关联："古之欲明明德于天下者，先治其国，欲治其国者，先齐其家；欲齐其家者，先修其身；欲修其身者，先正其心；欲正其心者，先诚其意；欲诚其意者，先致其知；致知在格物。物格而后知至，知至而后意诚，意诚而后心正，心正而后身修，身修而后家齐，家齐

---

① 《忠经》。
② 《孟子·尽心上》。
③ 《荀子·大略》。

而后国治，国治而后天下平。"①后世儒家对于教育的社会价值认识也多遵循兴邦治国与教化民众的思想传统。儒家思想是一种人世哲学，自始至终重视和强调教育的思想传承作用。王阳明从一个新的视角重新诠释了《大学》之道："明明德者，立其天地万物一体之体也；亲民者，达其天地万物一体之用也。"②近敬兄长，远尊世人，这或许正是中国古代教育的真谛。

孔子的教育目的论可以概括为"修己安人"。"修己"是出发点，"安人"是归属。"修己以安百姓"是"修己以安人"的扩展。"修己安人"与儒家"内圣外王"之道相契合，是儒家教育的目的所在。儒家认为"为学"有两种境界：为己之学和为人之学。孔子在《论语》中提出："古之学者为己，今之学者为人。"与此相适应，为己之学又可以称为"君子之学"，为人之学又可以称为"小人之学"，两种人学习的目标完全不同。"君子之学也，以美其身；小人之学也，以为禽犊。"③"子谓子夏曰：'女为君子儒，毋为小人儒。'"④在孔子看来，这里的"为己之学"，是指古代人做学问是为了完善自我，通过学习来修养自己的德性，实现完善自我心灵之目的。学习的过程是一个增长经验、增长知识和增长智慧的过程，是一个自我认识、自我完善和自我愉悦的过程。

（三）"学至于圣"教育思想的内在要求

在早期儒家思想中，"学至于圣"的思想的萌芽，体现为君子博学的理想追求。宋朝理学对于教育作出的贡献之一就是"学至于圣"思想的提出与确立。宋朝著名的理学家程颐说："才思便睿，以至作圣。"（《正谊堂

---

① 《礼记·大学》。
② （明）王阳明：《传习录》。
③ 《论语·宪问》。
④ 《论语·雍也》。

全书·二程语录》)《大学问》有载:"吾心之良知自有以详审精察之,而能虑矣。能虑则择之无不精,处之无不当,而至善于是乎可得矣。"至善,方能至圣。这成为中国教育和教育思想的重要内涵与核心精神。在儒家看来,"至"是人类精神、学识和追求的最高境界。"是以《大学》始教,必始学者即凡天下之物,莫不因其已知之理而益穷之,以求至乎其极。至于用力之久,而一旦豁然贯通焉,则众物之表里精粗无不到,而吾心之全体大用无不明矣。此谓物格,此谓知之至也。"①

二、儒家思想的现代启示

儒家思想有其深厚的教化理念,"学以至诚""学思结合""大师从教"这些思想品质拓展了教化精神,用教育的精华启发着现代教育的实践。

(一) 学以至诚

学以至诚,是中国儒家教育思想对于学习者品质的内在要求。诸葛亮的《诫子书》则将学习励志精神体现到极致:"夫君子之行,静以修身,俭以养德。非淡泊无以明志,非宁静无以致远。夫学须静也,才须学也,非学无以广才,非志无以成学。"柳宗元认为:"业精于勤荒于嬉,行成于思毁于随。"

(二) 学思结合

教与思结合的思想,在《礼记·学记》中最早进行了阐述:"故君子之教,喻也;道而弗牵,强而弗抑,开而弗达。道而弗牵则和,强而弗抑

---

① 《礼记·大学》。

则易，开而弗达则思。和易以思，可谓善喻矣。"学思结合，学是基础，思是关键。宋朝理学家程颐进一步明确指出："为学之道，必本于思，思则得之，不思则不得也。"[①]程颐不仅强调思考，而且从认知规律上研究和分析思考的过程："致思如掘井，初有浑水，久后稍引动得清者出来。人思虑，始皆溷浊，久自明快。"[②]孔子也说，"学而不思则罔，思而不学则殆"，"温故而知新，可以为师矣"。

（三）大师从教

师无常师，广采众长，是儒家教育思想的重要内容。孟子认为："君子有三乐，而王天下不与存焉。父母俱存，兄弟无故，一乐也；仰不愧于天，俯不怍于人，二乐也；得天下英才而教育之，三乐也。"[③]《孟子·尽心上》第一次提出"得天下英才而教育之"的思想，教育是儒家三乐之一。孔子不但是儒家学说的创立者，而且培养了大批优秀教师。大师从教，乐在其中。"圣人无常师"。"三人行，则必有我师。是故弟子不必不如师，师不必贤于弟子。闻道有先后，术业有专攻，如是而已。"西方教育主张"理者为先"，中国儒家则主张"仁者为大"。孔子还说："当仁不让于师。"

三、教育救国与中国近代的教育哲学

中华民族是世界上古老而伟大的民族，创造了绵延 5000 多年的灿烂文明，为人类文明进步作出了不可磨灭的贡献。1840 年鸦片战争以后，由于西方列强入侵和封建统治腐败，中国逐步成为半殖民地半封建社会，

---

① （宋）程颢、程颐撰：《二程遗书》卷二十五，上海古籍出版社 2000 年版，第 324 页。
② （宋）程颢、程颐撰：《二程遗书》卷二十五，上海古籍出版社 2000 年版，第 326 页。
③ 《孟子·尽心上》。

国家蒙辱、人民蒙难、文明蒙尘，中华民族遭受了前所未有的劫难。为了拯救民族危亡，中国人民奋起反抗，仁人志士奔走呐喊，进行了可歌可泣的斗争。太平天国运动、洋务运动、戊戌变法、义和团运动接连而起，各种救国方案轮番出台，但都以失败告终。孙中山先生领导的辛亥革命推翻了统治中国几千年的君主专制制度，但未能改变中国半殖民地半封建的社会性质和中国人民的悲惨命运。

中国近代出现了教育救国的思潮，近代教育学家的救亡思想都和国家的前途、命运联系在一起。1902 年，蔡元培、章太炎等人在上海发起成立中国教育会，以"改良教育，以为恢复国权之基础"为宗旨。中国教育会的出现显然受到了西方学会的影响，同时也表现出对教育的重视。更为重要的是，教育会的宗旨是"改良教育，以为恢复国权之基础"。这一宗旨明确规定了近代教育有别于古代，使教育成为救亡图存的一部分。从晚清政府的洋务派到维新派，从资产阶级民主主义者到一些早期马克思主义者，从政治家到实业家再到教育家，很多人都在不同程度上以不同方式宣传、接纳或实践了教育救国的思想。五四运动前后，一批教育家投身于国民教育、职业教育、实业教育、平民教育、科学教育，教育救国运动全面高涨。

在民族危亡时期，教育的任务只有救国。但是，在不推翻不合理社会制度的前提下，依靠教育完成救国的使命，缺少实现的可能性。因此，孙中山提出"第一步的方法只有革命"，倡导革命主义。针对胡适的教育改良论，李大钊也指出，要使中国社会得到彻底改造，靠教育去点滴改造社会是不行的，必须有一个根本的解决。随着马克思主义理论传入中国，很多教育救国论者通过学习马克思主义重新认识了教育与政治的关系，认识到教育救国论的不足。教育作为一种精神活动，不仅受制于经济，还受制于上层建筑。在不改变国家和社会政治制度的前提下，教育救国违背了政治经济决定教育的客观规律，不可能成功，只能是不切实际的幻想。但教育救国看到了教育在国家发展中的重要作用。教育可以通过改造人性、提升国民素质来拯救国家。[①]

第三节　其他教育哲学

我们在将马克思主义基本原理同中国具体实际相结合、同中华优秀传统文化相结合的同时，也要注意借鉴吸收人类一切优秀文明成果，其中就包括对西方教育哲学的批判与吸收。对西方教育哲学流派研究的省思，一方面是为了在历史脉络中更为清晰地把握其变化发展的轨迹，明晰不同流派之间的前后更迭与思潮演变；另一方面是为了在时间之维中，充分认识社会、文化等因素对教育哲学影响的重要性。

一、西方教育哲学的研究范畴

西方教育哲学的流派与形态划分，隐含着不同的哲学立场和教育意蕴，反映着教育理想和教育现实之间的张力与融合，也意味着理论基础和研究方法的不同。

（一）西方教育哲学的流派划分

继 20 世纪初进步主义教育哲学产生之后，要素主义、永恒主义、新托马斯主义、改造主义、人本主义、逻辑经验主义、实证相对主义、存在

---

① 参见冯建军：《从"教育救国"到"教育强国"：教育与国家关系的话语演变》，《清华大学教育研究》2024 年第 2 期。

主义、分析主义、结构主义、行为主义、现象学、诠释学、西方马克思主义、批判主义、后现代主义等教育哲学流派纷纷涌现。从 20 世纪 40 年代到 60 年代，西方教育哲学在理论和实践两个层面都取得了显著的进步，对教育哲学的性质、研究对象、研究方法都有较为深入的论述。"建构教育哲学的常用方法是从一些哲学立场，如理想主义、现实主义、托马斯主义、实用或者存在主义出发进行推论。"① 不同流派隐含着不同的哲学立场和教育意蕴，反映着教育理想和教育现实之间的张力与融合，也意味着理论基础和研究方法的不同。

（二）西方教育哲学的存在形态

当教育哲学发展到一定阶段时，其存在形态就会自然而然地出场，进而以显性形态引发研究者的关注。如果说流派划分主要针对教育哲学存在的理论基础而言，那么存在形态则反映了教育哲学服务对象和功能发挥的动态变化。当教育的基本问题经由理性的提炼与总结走进教育哲学的研究世界后，就具有了相对的普遍性和稳定性，但具体表现会随着时代的发展而变化。如，存在主义和实用主义对人的理解，前者认为，对于人来说，成为自己是最重要的事，而选择成为一个什么样的自己也是自由的；后者则认为人生活于自然和社会相结合的环境之中，需通过与他人的合作来实现个人的发展。当基于经验、实践的"个人教育哲学"经由理论的概括和抽象走向"专业教育哲学"和"公共教育哲学"时，教育哲学在更高层次上实现了复归与转化。这样的复归与转化，一方面体现在教育哲学应用范围的变化上；另一方面体现在对教育哲学思想的实践检验上。

---

① ［美］D.C. 菲利普斯主编：《教育哲学》，石中英译审，西南师范大学出版社 2011 年版，第 31 页。

（三）西方教育哲学的二元张力

教育哲学不仅要回答教育的基本问题是什么，还要说明对这些问题的认识是如何获得的，为什么应该是这样的认识而不是其他的认识。现代西方教育哲学主要是指"传统教育"与"现代教育"两种教育思想。有研究者认为，传统的教育哲学泛指 20 世纪以前的教育哲学流派，主要包括观念论、实在论和经院哲学。现代教育哲学主要有实用主义、分析哲学、结构主义、现象学、存在主义、诠释学、法兰克福学派等。① 前者主要是指西方近代以来以赫尔巴特为代表的教育思想，后者主要是指以杜威为代表的教育思想，包括进步主义等教育流派在内。② 泰勒（A.J.Taylor）指出，教育哲学由传统到现代的转变主要体现在以下两个方面：一是关于哲学的争论。传统教育哲学认为哲学是一门学科、一种可以借鉴的学问，而对于现代教育哲学来说，哲学的重要之处在于它的方法。二是关于理论与实践的争论。传统教育哲学认为，教育的结论既然来自哲学观点的推断，那么哲学就成为教育实践的基础和源泉。③ 如此一来，实践与理论的关系就被颠倒了，理论成为实践的来源。而现代教育哲学的观点则与此相反。

二、西方教育哲学的视角

西方教育哲学思想的渊源可以追溯到古希腊哲学家苏格拉底、柏拉图、亚里士多德等人。他们在思考一些哲学和社会问题时，不是就教育论教育，而是从更为基础性、前提性的知识问题、道德问题、人性问题乃至

---

① 参见简成熙：《教育哲学理念、专题与实务》，（台湾）高等教育文化事业有限公司 2004 年版。

② 参见黄济：《教育哲学通论》，山西教育出版社 2004 年版。

③ 参见曲跃厚、王治河：《走向一种后现代教育哲学——怀特海的过程教育哲学》，《哲学研究》2004 年第 5 期。

国家问题等出发来讨论。① 在古希腊之后西方2000多年的哲学史上，许多哲学家依然保留了进行教育思想研究的传统。虽然这些哲学家们哲学立场、社会立场不同，但都从不同的视角阐明了各自对于教育价值、目的、方法、途径等的独特认识，综合起来就构成了西方教育哲学多样而丰厚的思想传统。

（一）西方认识论流派及主张

近代西方哲学研究的重点是认识论，并形成许多流派。首先，是经验主义认识论，于17世纪形成系统的理论学说，主要代表人物有培根、洛克、贝克莱、休谟等人。经验主义有温和的经验主义和激进的经验主义，温和的经验主义承认意识的机能，认为所有的知识均来源于感官，激进的经验主义则公开要求人在认识过程中保持一种被动的地位，获得外部世界的客观印象。培根从唯物主义经验论出发，认为真正的知识只能从感觉经验中获得。洛克继承了培根等人的唯物主义经验论，他认为心灵像一块白板，一切构成知识的观念都来源于经验。经验包括作为观念的外在来源的感觉和作为观念的内在来源的反省。洛克还在认识论意义上区分了物体的两种性质并提出了两种性质的观念："第一性质"，即物体固有的，大小、形状、数目、位置、动静等；"第二性质"，即不是物体固有的，颜色、声音、气味、滋味等，是由主体附加到物体第一性质上的。贝克莱在此基础上提出了主观唯心主义的认识原则，休谟则将经验论导向彻底的怀疑主义。狄德罗、爱尔维修等发展了洛克的经验主义认识论，以感觉论为基础。其次，是唯理主义认识论又称唯理论或理性主义认识论，强调天赋观念和理性能力在获得知识方面的主导作用，否认感觉经验和感性

---

① 参见《教育哲学》编写组：《教育哲学》，高等教育出版社2019年版。

认识能力。近代以来，唯理主义认识论的主要代表人物有笛卡尔、斯宾诺莎等人，康德、黑格尔总体上也属于这个阵营。笛卡尔从"我思故我在"出发，强调心灵的理性能力和天赋观念的作用，坚持运用普遍怀疑的方法奠定知识的可靠基础。斯宾诺莎承认外在于思想的事物是认识的对象，认识是观念对客观物质世界的反映。他虽然承认感性认识有外界的来源，但它是不确定的，因而不是真正可靠的知识，理性认识不是从感性认识中得来的，从而获得真理性认识。他还提出了实体一元论，在一定程度上克服了笛卡尔二元论的缺陷。康德为了克服经验主义和唯理主义的片面性，提出人类知识的来源包括感性和知性，并试图把二者结合起来。康德以此回答了人的认识何以可能的问题，在当时实现了对唯理主义认识论和经验主义认识论的扬弃，同时也走向了物自体不能认识的不可知论。黑格尔自觉克服了认识论和本体论的对立，以唯心主义辩证法解决了思维和存在、主体和客体的辩证关系问题，深刻阐述了人类知识的形成机理。费尔巴哈主张人是现实的感性存在，批判了黑格尔的唯心主义认识论，但他离开人的社会性、历史性和实践来考察认识问题，使得其认识论仍然停留在机械唯物主义直观反映论水平。最后，是实用主义认识论，皮尔士、詹姆斯和杜威等在新的经验论基础上，批判继承近代经验主义认识论，形成了实用主义认识论。这些哲学家提出经验的连续性原则和交互作用原则，批判了思维和经验的分离，认为经验虽然不能等同于认识，但是可以成为认识的根基，思维就是有教育意义的经验的方法，进而追求知行、理论与实践、身心等的统一，形成了"有用即真理"的真理观，观念和思想要在具体情境中实际应用、获得检验、产生效果。认识成果需要行动效果来检验，才具有现实性和真正意义。实用主义认识论注重非理性的情感、意志以及本能和直觉，更强调人的认识活动的能动性和创造性，但实用主义完全将效用作为评价认识真伪的标准，行动的效用虽然与作为行动前提的认识的真伪有关，但并不完全决定于认识的真伪。

（二）西方价值论的产生与发展

价值哲学成为哲学的分支学科则是从 18 世纪英国哲学家休谟对事实与价值的区分开始的。休谟把知识分为事实的知识和价值的知识，事实的知识是从经验观察中得来的知识，由经验来检验，而价值的知识不是从经验中得来的，不能由经验证明，并且提出了由"是"能否推导出"应该"这个著名的"休谟问题"。康德认同休谟区分事实与价值、事实的知识与价值的知识的观点，认为价值世界是经验的现象世界之外的本体世界，是人类理性能力所不及的真正自觉、自由的世界。西方学术界普遍认为，价值学的真正创始人是 19 世纪中期德国哲学家洛采。他把世界划分为事实、普遍规律和价值三大领域，与之对应的知识形式是知性自觉、形而上学与普遍价值，认为只有价值才是目的。尼采也被视为价值哲学的代表人物，提出了"重估一切价值"的著名论断。他认为价值是人创造的，现实世界与人的关系只是价值关系，一切文明的生活态度都依赖于此文明所具有的价值。19 世纪后期，德国的新康德主义弗莱堡学派主要代表人物是文德尔班和李凯尔特。他们把价值问题作为哲学的中心问题，哲学研究的对象就是价值。奥地利哲学家弗朗茨·布伦坦诺从广义心理学的角度，以伦理问题为切入点，用"意向性"和"现象直观"的方法来研究价值问题，开创了现象学价值论，讨论了心理现象和物理现象的区别，认为有三种基本的心理现象——表象、判断和情绪活动，其中只有情绪活动才能把握价值。布伦坦诺的两位学生迈农和艾伦菲尔斯是主观价值论的代表人物，从心理学和逻辑学的角度研究价值论。迈农认为价值的基础是情感，艾伦菲尔斯认为价值应当以欲求为基础，价值是一种对象与主体欲求之间的关系。布伦坦诺的现象学方法影响了他的学生胡塞尔的哲学研究，胡塞尔的学说带动了现象学运动。舍勒应用现象学方法，开创了现象学价值论。与布伦坦诺不同的是，舍勒是客观价值论思想的代表。价值哲学在 19 世纪末 20 世纪初形成以后，在西方引发了许多哲学家的多方面深入探讨，有直觉主义价值论、存在主义价值论、人格主义价值论、实用主义价值论、逻辑实证主义价值论等。

（三）西方人性论的主要观点

（1）"宗教人"的假设。"宗教人"是马克斯·舍勒（1874—1928 年）首先提出的一个概念。舍勒认为，人自认是被神所造的，把神作为崇拜对象。人类早期的宗教仪式和神话都表现了"宗教人"的自我形象。历史学家汤因比认为，迄今没有哪一个民族未曾有过宗教文明史。因为，人，究其本性，就是"宗教人"。"宗教人"的假设支配了西方教育学史的绝大部分时间，对教育知识的发展和教育实践具有长期和广泛的影响。根据"宗教人"的假设，既然在人和上帝的关系上，人只不过是上帝的摹本，那么教育的根本价值在于使人"生来不完善"的神性得到充分的发展。既然人的灵魂来自上帝，而且人死后又归于上帝，那么教育的根本目的就是教人从心灵上认识、热爱、赞美、信仰和服从上帝。"宗教人"的假设在教育思想中有着根深蒂固的影响，许多现代教育学先驱者或奠基人都坚持以"宗教人"的人性假设作为自己教育论述的基础，如夸美纽斯、福禄贝尔等。英国哲学家怀特海也认为，教育的本质在于它虔诚的宗教性。法国哲学家马里坦的教育目的论和价值观就是建立在人的宗教性假设基础上的。

（2）"理性人"的假设。"理性人"是现代西方文化中一个具有广泛哲学、历史和政治意义的人性假设。它起源于古希腊的亚里士多德，在中世纪及文艺复兴时期分别与"宗教人"和"自然人"的假设交织在一起，到了 18 世纪后逐渐从"自然人"假设中分离出来，成为一种反映当时社会转型要求的新人性假设。最早揭示人的理性特征的是亚里士多德。他有一个著名的命题："人是理性的动物。""理性人"假设的主要内容是：第一，人是有理性的，理性是人的内在本质特性，是人的普遍"类特性"；第二，理性既是区分人与动物的界限，又是区分"文明人"与"野蛮人"的界限；第三，理性是一种高级的认识能力，不同于感性和知性，感性和知性是为了认识现象，形成感性的和经验的知识，理性是为了把握本质，形成系统的、完整的和深刻的理性知识；第四，借助于理性和理性知识，人类就能不断深化知识，把握和重建自身与世界的关系，从而获得自由。"理性人"的假设对于18、19世纪教育理论和实践的影响主要表现在以下方面：第一，教育必须培养和训练人的理性。文艺复兴时期那种盲目地遵从自然，放纵儿童情感的教育是错误的，中世纪教育将信仰置于理性之上的做法更是错误的。第二，教育活动必须合乎理性。如果说，文艺复兴时期教育活动的首要法则是"遵从自然"，那么，19世纪的思想家们则认为，教育活动的首要原则是"遵从理性"。第三，教育强调纪律和秩序。理性代表着秩序，纪律维持着秩序。在学校教育中，纪律和秩序就是理性的化身。无论是赫尔巴特还是康德、黑格尔，都非常强调纪律在儿童发展中的作用，意图清除纯粹感性和自然的东西，引导儿童的精神超越自己的特殊性而臻达普遍的教化。

（3）"经济人"的假设。"经济人"的概念是英国剑桥大学新古典经济学派创始人马歇尔提出来的，但是它的基本主张可以追溯到18世纪英国经济学家亚当·斯密。后者在《国民财富的性质和原因的研究》一书中虽未明确提出"经济人"的概念，但对"经济人"的内涵本质已经进行了明确阐述。他指出："一个人尽毕生之力，亦难博得几个人的好感，而他在文明社会中，随时有取得多数人的协作和援助的必要……要想仅仅依赖他人的恩惠，那是一定不行的。他如果能够刺激他们的利己心，使有利于他，并告诉他们，给他作事，是对他们自己有利的，他要达到目的就容易得多了。"①"他受着一只看不见的手的指导，去尽力达到一个并非他本意想要达到的目的。也并不因为事非出于本意，就对社会有害。他追求自己的利益，往往使他能比在真正出于本意的情况下更有效地促进社会的利益。"② 根据亚当·斯密、马歇尔及其他经济学家的相关论述，"经济人"的假设主要包括以下内容：第一，人本质上是自利的、趋乐避苦的，追求自身利益的最大化是人类行为的主要动机。第二，人在实际生活中表现出来的对他者利益或公共利益的关心既非出自本意，也非出自高尚的道德动机，而是出自对自身利益的关心。对他者或公共利益的关心是实现自身利益及其最大化的合理途径，完全的自私或自我中心行为不是实现自身利益的最佳途径。第三，人的理性或计算的能力在实现人的自身利益最大化中起着关键的作用，而人的情感尤其是同情心在选择合宜的行为方面起着积极的调节作用。"经济人"的假设把人的自利动机合理化、理论化，一方面反映了18、19世纪西方资本主义开拓市场、发展经济的需要，另一方面也与西方社会近代以来兴起的自由主义政治哲学、功利主义伦理学高度相容，因此成为近代以来西方社会一个居于支配性地位的人性假设。就对西方教育理论与实践的影响而言，它不仅直接构成了教育经济学的人性论基础，而且也间接影响了人们有关学习动机和教育价值取向的认识。不过，"经济人"的假设在对人的利他行为动机的解释上存在严重缺陷，对人的丰富的情感生活、高尚的精神生活等不能给出合理的解释。

---

① ［英］亚当·斯密：《国民财富的性质和原因的研究》上卷，郭大力、王亚南译，商务印书馆1972年版，第13页。
② ［英］亚当·斯密：《国民财富的性质和原因的研究》下卷，郭大力、王亚南译，商务印书馆1972年版，第27页。

（四）西方伦理学的主要观点

根据阿拉斯代尔·麦金太尔的观点，在马基雅维利、霍布斯等人的著作中出现了与传统伦理道德不同的道德主体：个人。[①] 这就意味着，依据这个"个人"可以把西方的伦理学划分为两个时期的两类伦理：17世纪以前以古希腊"三杰"（苏格拉底、柏拉图、亚里士多德）的伦理思想为核心的共同体道德伦理；17世纪以后以个人主义为核心的个人主义道德伦理。在其各自的伦理体系里面，又有不同的流派。规范伦理学最主要的流派包括德性伦理学、功利主义伦理学、义务论伦理学和实用主义伦理学。德性伦理学发端于古希腊的苏格拉底、柏拉图，由亚里士多德开创。他们都主张在一个共同的政治体或城邦及其内部关系的背景下，确定每个人的角色和位置。柏拉图伦理学的核心概念是"正义"。正义包括"个人正义"和"国家正义"，个人正义是指构成个人灵魂的欲望、激情和理性各自拥有相应的美德，与欲望相应的美德是节制，与激情相应的美德是勇敢，与理性相应的美德是智慧。当个人灵魂的三个部分都受到理性的制约和引导，使各自拥有相应的美德并各安其位时，就是实现了"个人正义"。拥有不同美德的人在城邦中就会有不同的位置。拥有节制的人适合做平民，拥有勇敢的人适合做卫士，拥有智慧的人适合做统治者。在一个政治共同体中，只要平民、卫士、统治者这三类人按照角色和规范行事，就能实现国家正义，但要让人具有节制、勇敢、智慧的美德是需要教育来帮助完成的。因为这些美德本身就是知识，所以可以通过学习获得。亚里士多德与他的老师柏拉图不同的是，亚里士多德认为人需要有德性或者美德，拥有美德的目的是"善"，也就是幸福。在亚里士多德看来，任何事物，包括任何技艺，都有一个符合其本性的最终目的，这个最终目的的实现就

---

① 参见［美］阿拉斯代尔·麦金太尔：《伦理学简史》，龚群译，商务印书馆2003年版，第170页。

是"善"。亚里士多德探讨了各种具体德性规范，并且把这些规范分为理智德性和伦理德性。理智德性包括睿智、慎思、谨慎等，可以通过学习和教育获得；伦理德性是实践的德性，包括慷慨、节制、仁慈、勇敢等，很难通过学习获得，只能通过实践得来。但是，任何一种德性都必须遵循中道原则，不符合中道原则的德性不是美德。亚里士多德的德性论非常重视实践，他认为，苏格拉底和柏拉图的德性论是有局限性的，伦理德性必须在实践中才能形成，而不能通过教育形成。在古希腊共同体被马其顿帝国打破之后，个人赖以确立身份德性的共同体道德体系就崩溃了。这就有了后来的斯多葛学派向宇宙寻求确立身份的法则，要人安于宇宙秩序、法则的安排，从而为基督教伦理学奠定了基础。而伊壁鸠鲁学派则面向自身寻求道德的根据，认为快乐就是美德，从而为后来的功利主义道德论奠定了基础。

康德认为，义务出于人的善良意志。康德所认为的德性义务不是和"权利"对等的"义务"，你对别人尽了道德义务，却不能因此而向别人要求享有某些道德权利。也就是说，出于义务而不是合乎道德的行为必须为尽义务而尽义务，不能带有任何外在的功利目的、情感目的。康德在这里确定的义务是以自由选择为前提的。自由是理性的，不是来自自然规律的强迫和内在欲望的驱使；自由是自律的，不是外在强迫的。针对康德的义务论伦理学，很多人认为他是绝对主义，是不讲个体自由的和不顾及具体历史条件的，其实这是对康德的误解。康德的义务论正是在功利主义行为结果论的基础上，给予道德自由的条件，避免功利主义道德在不同情境下的特殊性对普遍规则的戕害和对人的逼迫。所以，康德的义务论伦理学不是简单地让人服从义务规则，而是这些规则即使不是个人制定的，也需要经过个体认同和选择。简言之，义务论道德就是出于个人理性的对于普遍法则的自由制定或认同、选择而产生的道德责任。与功利论和义务论相伴随的还有情感论或情感主义伦理学，这方面的代表是休谟、亚当·斯密等。情感论认为人的德性既不来源于功利计算，也不来源于理性推理，而是来源于人的情感。但是，道德情感是不普遍的、不可靠的，因为它受到个人主体的状态、时间、环境等条件的限制。正因为如此，康德才批判基于情感的德性论，称之为不普遍的、不可靠的道德理论，进而用义务论道德来纠正它。但是，康德的义务论道德的逻辑前提——善良意志是先验的、超历史的，如何能在历史中确立至高无上的、普遍的善良意志并且又在历史经验中被实现，是一道难题。

实用主义伦理学是以美国皮尔士、詹姆斯和杜威等人创立的实用主义哲学为基础提出来的伦理主张。实用主义哲学是在吸收唯名论哲学、功利主义和实证主义等已有哲学观点基础上形成的哲学流派。其基本观点是，一个理论、一个观点是不是真理、是不是科学判断的检验标准，不在于其是否符合客观实在，而在于其是否在行动中有效。他们将这一基本观点应用到道德研究中，认为道德是有实际效果的善的行为。善即有用，即价值。善与价值是相对的、多元的、个别的、具体的、特别的。道德行为产生于人们解决价值冲突作出价值选择的需要。道德源于人的本性，人的本性在于饮食、合群等本能需要、情感和习惯。人们在现实需要、欲望满足的过程中产生各种各样的价值追求以至于形成冲突。如何提供解决冲突问题的有效方案，则是道德行为的价值所在。并且，他们认为，科学影响道德，道德影响科学的目的和过程，对于道德生活的观察与分析需要有心理学的参与，也不拒绝科学的判断。"新个人主义"价值观不同于传统的"经济个人主义""政治个人主义""宗教个人主义"，也不同于决定论的集体主义，"新个人主义"是杜威提出的处理个人和社会关系的价值观。"新个人主义"一方面认为个人具有自由意志，另一方面强调个人和组织机构对社会发展负有责任。实用主义伦理学重视道德行为的有效性，在一定程度上克服了道德理论与道德实践、道德判断与道德行为的分裂。但是，实用主义伦理学也有很大的局限性，也许是特别强调行动、效果的原因，实用主义伦理学不注重唯一的、稳定的核心概念的理论建构，以致把"有用"等同于"真理"，等同于"善"，等同于"价值"，而真理又等同于有用、善和价值。这就造成真理价值和效用价值不分、道德经验和实践经验不分、道德价值和行动价值不分、有用价值和道德价值不分等逻辑混乱的局面。实用主义伦理学尽管推进了伦理科学研究进程，但更多的是推进了作为道德知识的伦理判断的科学性，仍然没有解决"是"向"应该"的转化难题。

三、西方教育哲学的流派应用

西方教育哲学流派纷呈，有实用主义、要素主义、永恒主义、存在主义、分析教育哲学、行为主义、后现代主义等。

（一）实用主义在教育中的应用

实用主义的代表人物是三位美国的哲学家，即皮尔士、詹姆斯、杜威。实用主义的源头可以追溯到赫拉克利特。"一个人不能两次踏进同一条河流"，这体现了他对过程的强调。普罗泰戈拉的名言"人是万物的尺度"也被认为与实用主义有着历史的渊源。近几十年来，实用主义出现了复兴，出现了新实用主义，最主要的代表人物是罗蒂、伯恩斯坦等。皮尔士首先使用"实用主义"一词，其意思是"行为""实际""行动"。皮尔士想纠正他眼中的康德哲学的缺陷，想在内部观念世界与客观实在的外在世界之间建立一种联结。他主张把一个观念放在行动的客观实际中应用一下，以此来考察这个观念的意义。实用主义反对作为哲学分支领域的形而上学。在实用主义看来，说一个观念是形而上学的，意味着这个观念是超越物质、超越经验的，并且是永恒存在的、不变的，处于人类经验的世界之外。杜威提出要对哲学进行改造，就是要改造哲学中的形而上学。他认为，哲学追求这种确定性还不如转向追求如何改善人类的境况。实用主义强调科学的方法，推崇培根的归纳法。皮尔士认为，树立信仰有四种不同的方法——固执的方法、权威的方法、先验的方法、科学的方法。他反对前三种方法，推崇第四种方法。实用主义的科学方法是经验。我们没有经验的东西，就是不可理解的东西，就没有意义。传统的经验主义把感官看作连接知觉与客体之间缝隙的手段，而实用主义者则强调知觉的有机体与客体之间的相互影响。在经验改造的过程中，主观与客观、理论与实践、工具与目的的二元论得到消解。

实用主义对美国教育的影响很大，杜威对当时进步教育运动浓厚的浪漫主义倾向并不赞同。杜威的名著《民主主义与教育》的书名很好地反映了教育的社会性。杜威把哲学看作教育的一般理论，认为哲学的价值在于对社会产生实际的效果，而教育承担着保存、改进文化的责任，所以，哲学影响教育的范围衡量着哲学的价值。杜威曾说"教育无目的"。他想要表达的意思可能是，"教育"这个词自身没有目的，其目的是活动着的人所赋予的。他认为与其追求一个无所不包的教育目的，还不如承认教育中有很多具体的目的，目的的价值在于它能够时时刻刻帮助我们观察、选择和计划，使我们的活动能够顺利进行。良好目的产生于行动之中，并且是随着情境的变化而改变的。制定良好的教育目的首先要考虑受教育者特定的个人固有活动和需要，然后把它们转化为受教育者的活动，制定具体的程序。实用主义反对将知识从经验中分离出来，反对知识的分门别类，主张以问题为起点的学习。这种方法既是一种思维的方法，也是一种科学的方法和行动的方法，反映了杜威实用主义的方法论的主张。美国的实用主义哲学及其教育主张是 18 世纪以来美国社会工业化和文化变迁的产物，同时也深受达尔文进化论思想的影响，带有浓重的进化论和生物学化的倾向，其主张也存在着一些相互矛盾的地方，需要进一步分析和批判。

（二）存在主义在教育中的应用

存在主义不是一种具有统一见解的哲学，尽管存在主义者提出了相似的问题，但是回答却不同。一些存在主义者甚至拒绝"存在主义"这个称谓，因为在他们看来，没有传统意义上的存在主义哲学。存在主义的诞生和发展主要得益于欧洲大陆的哲学家，如克尔凯郭尔、尼采、海德格尔、雅斯贝尔斯、布伯（又译布贝尔）、萨特、马塞尔。也有些文学家用文学作品表达了存在主义的主张，如陀思妥耶夫斯基、卡夫卡、加缪等。存在主义并不追求创立一种无所不包的哲学体系，而是致力于对人类处境的思考。存在主义呼吁个体不要屈从或者盲从于大众社会，认为那样会造成个体的非人化。由此，存在主义者衍生出自由、选择、生存的意义等方面的思考。传统上，人们认为哲学源自我们对外部世界的惊奇。但存在主义认为，哲学从真正体会到个人的境况开始。萨特说，"存在先于本质"。这意味着世界就是在那里。世界"有"，它在逻辑上先于我们对世界的界定。我们虽是自由的，但却在世界之中，受到限制。世界本身是没有意义的，是我们自身制造了意义。由此，存在主义者抛弃了传统哲学的主题，如实在、知识、真理、形而上学的假设等，转向研究生命永恒的主题，如死亡、爱、选择、自由的经验等。存在主义者主张，个体不应屈从于大众社会，而应在自由选择的基础上过"本真"的生活。海德格尔认为，只有人能使自身与"有"自觉地发生关系。"有"是此在的根源。萨特认为有两种"有"，"在自身的有"是事物的存在，而"为自身的有"是人的存在。石头、动物没有成为其他的东西，它们只是存在而已。人是自由的，能够作出选择，因此要对所做的一切负责。人不构成任何普遍体系的一部分，有绝对的自由。但是社会、机构、权威、技术等对人的自由造成了损害。这种损害使人具有非人化的一些倾向，使得人"异化"，个人受到机器、社会制度、经济制度的奴役，个体性被集体性所剥夺。虽然科学技术的进步丰富了人们的物质生活，但却忽视了人文的关怀。技术的发展逐渐侵入私人生活领域，科学的介入把人类经验数量化了，人成为工具或者机器，引起了人精神上的焦虑。对于个人和他人的关系，存在主义者各有不同的见解。萨特认为，他人即地狱。当"我"与他人发生接触的时候，即使只看他人一眼，也处于支配他人或者被他人支配的境况。支配他人，就是把他人当作东西看待，从而否定了他人的自由。被他人支配意味着自己被"客观化"，从而否定了自己的自由。而马塞尔则认为，要了解"我"，要从他人开始；了解自己不是反省，而是由他人之眼带来反省。雅斯贝尔斯认为，承认他人的存在，才会引起爱和相互参与。爱与参与是获得自由人格的真正途径。

由于存在主义对个人的独特性和绝对自由的强调，人们曾经认为，存在主义哲学很难应用在学校教育中，但是事实并非如此。存在主义的许多主张对现代教育的制度与实践都很有启发。存在主义者认为，在教育中让学生意识到死亡是积极的，只有面对死亡才使我们真正体会到生活的价值。意识到死亡，不是让我们堕落，而是为了更好地生活。借助死亡，教育者可以让学生检查自己的生活品质，学会对自己的人生负责，从而培养学生清醒的自我意识和责任感。存在主义者认为，个人不是在集体中、机构中实现自己，而是丧失自己。因为集体、机构会妨碍个人的自由，倾向于标准化，弱化个人选择。学校作为一种社会机构或学习集体，显然也有同样的文化特征，不鼓励、不关照学生的独特性、个体性和创造性。所以，在存在主义者看来，学校不是受教育最好的场所，家庭才是。因为在家庭中，人总是被当作一个个体来看待的。但是，学生目前尚不能摆脱学校的束缚，这就要求尽可能地根据存在主义的原理来改造学校，使其更好地面向每一个学生，营造更加多样化的、适合每一个学生健康成长的个性化学习环境。存在主义的这种教育理想在传统的学校体制内似乎没有多少实现的可能，但是在已经到来的互联网时代，则有了技术的基础。存在主义强调人的非理性的一面，也很有价值。传统的学校教育过于看重对学生理智的培养，忽视了人的非理性。知识只有与个人的生活、情感联系起来，才能对个人的生活有意义。学习知识的目的不是找到好的工作，而是整合理智和情感上的自我，为自我的自由发展服务。所以，课程的重点不在于客观化的知识，而在于促进人自由发展的知识。存在主义重视人文学科，因为这些学科能够深刻地表现人的本性和世界的冲突，防止心灵变得狭隘。存在主义者认为，学生具有绝对的自由，因此，在教学中，要让学生学会选择。个人的生活是自己的，不是别人的，要过自己的生活。无论人做什么，都不能逃避行动的后果，必须承担后果。教师要让学生意识到自由，以及承担后果，而不是为社会权威所控制，或者盲从社会大众的观点。在存在主义者看来，不经过个人选择的价值是没有价值的。布伯是少数发表过教育论著的存在主义者之一，他在《我与你》一书中论述了师生关系的本质。布伯认为，教师是学生在实现自我的旅途中提供帮助的人。他认为，教育就是我与你的相会，一种存在主义意义上的心灵相遇、交流、对话和成长。存在主义及其教育哲学主张是西方社会危机的产物，是第一次世界大战和第二次世界大战造成的人和文化的灾难的产物。存在主义哲学关注人的存在及其困境问题，关于教育目的、课程、师生关系等方面的主张有其独到与合理的一面，对于教育实践有指导意义。但是，存在主义尽管敏感地把握了人和文化的危机，却没有能够指明走出这种危机的正确道路。存在主义的一些极端观点，如"人生是荒谬的""他人即地狱"等，很容易误导青年。

（三）分析哲学在教育中的应用

在分析哲学家看来，"哲学"是动词，是一种澄清语言的活动。分析哲学家认为，哲学作为一种方法可以追溯到苏格拉底。苏格拉底用辩证的方法对概念进行澄清。摩尔和罗素通常被认为是分析哲学的创始人。之后，维特根斯坦的哲学、维也纳学派的成员所形成的逻辑实证主义也对分析哲学有直接影响。英国的沛西·能、奥康纳、里德、彼得斯以及美国的谢弗勒对分析哲学在教育中的应用作出了重要的贡献。分析哲学家们认为，人的思想的表达受制于语言的形式，思想的问题也就是语言的问题。哲学上的问题大多是由语言造成的，尤其是形而上学的问题。哲学的真正使命在于澄清哲学上的语言混乱，从而明晰哲学上的真正问题。分析哲学主张，哲学用方法来统一，而不是用理论来统一。以往的哲学家都试图建立一个综合的体系，把问题、概念放进一个"封闭的系统"，把毫无联系的各个部分放在一起，寻找最终的实在。分析哲学家没有关注哲学大厦的建立，而是要分析哲学大厦的一砖一瓦，关注微小的概念，把每个问题缩小到最小的成分，考察其本质特征。罗素认为，哲学的任务就是发现和建立潜藏在语言之下的逻辑规则。他还提出，命题能够被数学和逻辑的规范证明，否则就不是命题；主语表示真实的客体，而谓语表示真实的客体的特征；句子或者从分析意义上来说是正确的，或者从综合意义上来说是正确的；如果命题不能归入这两类，那么就是含有个人倾向的主观命题。维特根斯坦后期的哲学思想对教育理论和实践产生了比较大的影响，也是分析教育哲学所依赖的主要理论。在反思前期逻辑实证主义立场的基础上，维特根斯坦认为，语言与实在、语词与对象之间并无恒定的联系，它们之间的联系只存在于行为当中。维特根斯坦设想了一种使用语言的实践，"一方喊出语词，另一方依照这些语词来行动"①，并将这种语言和行动所组成的整体称为"语言游戏"，而语言游戏又是广义的生活形式的组成部分。因此，"一个词的含义是它在语言中的用法"，"而一个名称的含义有时是由指向它的承担者来解释的"。② 这种意义理论与前期逻辑实证主义的立场迥然不同。分析教育哲学是分析哲学在教育理论和实践领域中的应用。它首先风行于英国，其后在美国、澳大利亚等其他英语国家也出现了这股潮流。彼得斯在 1963 年就任伦敦大学教育学院教育哲学教授的演说《作为启发的教育》中，提出更新教育哲学研究范式，遵从分析哲学的精神，把教育哲学的任务限定在教育中的概念、命题、隐喻、口号等知识形式的分析上。分析教育哲学家认为，只有澄清了教育中的概念、口号等，教师才能明确知道要教什么，才会用更加清晰的语言来教学。教学主要用语言来进行，教师的语言影响学生的思考。分析教育哲学对教育中所使用的语言的考察主要集中在教学活动上。应当说，这些工作对进一步澄清这些概念的内涵、外延、条件、行动指向等起到了积极的作用。谢弗勒指出，以往教育哲学很少被理解为与教育实践相关的概念的逻辑分析，对教育概念的模糊理解会阻碍教育实践的合理有效。分析教育哲学家擅长澄清教育中的术语、观念，但却没有给出教育到底要怎么样的建设性意见。再加上后期的分析教育哲学对于概念问题的分析越来越烦琐，逻辑的、技术的分析几乎掩盖了价值的、文化的分析，也招致学界的许多批评。

---

① ［英］路德维希·维特根斯坦：《哲学研究》，陈嘉映译，上海人民出版社 2001 年版，第 6 页。

② ［英］路德维希·维特根斯坦：《哲学研究》，陈嘉映译，上海人民出版社 2001 年版，第 26 页。

（四）后现代主义在教育中的应用

后现代主义不是一个像理性主义、经验主义、实用主义那样专门的哲学派别，而是一些有共同理论信念和价值主张的思潮的统称。从名称上来看，后现代主义与现代主义之间存在着密切的历史关联，是 20 世纪中叶以来对现代主义的世界观、知识观、价值观乃至思维方式的一种批判性回应。从后现代主义诞生的社会背景和思想背景来说，它与西方社会进入后现代社会、信息社会以及资本主义晚期的文化危机等都密不可分。在学术领域，人们经常提到的后现代主义思想家主要包括利奥塔、福柯、德里达、鲍德里亚、罗蒂等人。后现代主义的理论主张概括起来大致包括反人类中心主义、反理性主义、反科学主义、反本质主义、反基础主义、反普遍主义、反世俗主义、反技术形而上学、反消费主义等。反人类中心主义是后现代主义的世界观，旨在批判现代主义对人的力量的盲目信仰和崇拜，以及由此导致的人与自然关系的异化和严重的生态问题。后现代主义倡导生态主义的世界观，强调自然本身的权利。"自然有它自己的权利，并且不依赖于我们是否以及如何按照我们的知性范畴去思考这种权利。……如果我们不重视这种自然权利，我们将在毁灭自然生命的同时毁灭我们自己的生命。"①反理性主义、反科学主义、反本质主义、反基础主义体现了后现代主义在认识论方面的立场与主张，这与笛卡尔以来现代哲学的认识论信念迥然不同，其基本的态度就是限定理性、科学、本质、基础等的绝对性，强调它们的假设性、相对性、文化性和不稳定性，要求人类在理智上更加谦逊、认识上更加民主、知识形态上为地方性知识留出位置。

自 20 世纪 60 年代以来，后现代主义思想在教育领域产生很大的影

---

① ［德］彼得·科斯洛夫斯基：《后现代文化——技术发展的社会文化后果》，毛怡红译，中央编译出版社 1999 年版，第 24 页。

响。因为教育对理想社会的追寻，以及人们对教育目的的思考，都会触及后现代主义思想家们所提出和深思的问题。如果理性不是普遍的，如果真理不是绝对的，如果知识与权力之间存在着内在的关联，那么"教育即启蒙""教育即教人追求真理""课程的价值对于所有学生都是一样的"等教育信条和实践就需要重新检讨。后现代主义在教育理论和实践上的影响，首先体现在对现代教育元叙事的解构上。教育是一项神圣的事业，这是一种古老的信念，在进入现代社会之后，这种信念进一步加强。但是，随着后现代思想家对科学、理性、真理、知识等要素的深刻分析，现代教育这种不言而喻的价值主张就失去了合理性。在教育目的问题上，后现代主义强调"社会批判能力""社会意识""生态意识""内部平和"等素质的培养。吉鲁提出，教育应当帮助学生认识到学校优势文化的霸权性及其对文化多样性的危害，肯定学生个体的文化经验及其所代表的特殊性，提高他们的文化批判意识和能力。鲍尔斯则认为，现代性的滥觞、科技的意识形态化对自然环境具有一种破坏性作用，要改变这种状况，就必须建立新的世界观、自然观，开展以生态为本的教育。马丁则从"关系中的自我"概念出发，反对个人主义的教育价值取向，强调家庭、社区及一些共同体中成员之间的和谐相处，并将这些作为教育的目的加以追求，以凸显后现代主义所强调的关系相对于个体的优先性。这些论述，虽不能构成完整的后现代的人格形象，但是也确实击中了现代教育目的论述中的薄弱之处。后现代主义在课程和教学领域的影响主要包括：对现代学科制度和课程知识进行认识论批评，努力揭示学科结构、课程结构、课程知识选择背后的观念、权力、利益与文化因素；反思科学课程的客观性、普遍性与价值中立性，提倡科学课程应该包括竞争性理论、边缘知识和相异观点的讨论；对本土知识、地方性知识及被压迫的知识给予更多的考虑，力图恢复教育空间中知识传统的多样性；在教学过程中强调围绕学生的性别、民族、阶层认同等组织教学，融入学生的社会生活经验，不再将学生当成无差别的认知主体。在师生关系方面，现代主义认为理性、真理、知识都是客观的、绝对的、普遍的，因而对所有学习者都具有同等重要的意义，教师也因而被视为传授真理、启迪智慧的人，师生之间具有一种认识论意义上的不平等关系。但是后现代的分析结果表明，现代主义的理性观、真理观、知识观都是靠不住的，存在着僭越的部分，因此教师也丧失了在认识论上的优越地位。在师生关系问题上，后现代主义越来越倾向于认为教师逐渐从道德的楷模、真理的传播者、理智的启蒙者转变为吉鲁所说的"文化工作者"和多尔所说的"平等中的首席"。

除上述方面以外，后现代主义对教育理论和实践的影响还体现在教育行政管理、性别教育、道德教育、教育建筑、教育技术、教育学观等许多方面。如在教育行政管理方面，后现代的教育组织具有开放、创新、平等、以员工为中心及重视特殊群体权益的特性；后现代的校长也不再动辄以"教师的教师"自居，而是扮演协助者与支持者的角色，善于倾听、沟通、交流、对话和赋权；在决策模型上，后现代教育决策越来越抛弃线性思维和科层制的决策模型，转向接受复杂性、情境性和扁平性的决策模型。总的来看，后现代主义是社会现代化运动不断发展的产物，反映了现代社会发展的一些新趋势、新需要。后现代主义对现代主义的批评揭示了现代主义存在的一些问题，值得深入思考。后现代主义的出现有利于促进教育界对教育现代性的反思，并更好地应对环境变化给教育实践带来的挑战。

第三章　教育强国建设的理论体系

2025 年 1 月，中共中央、国务院印发了《教育强国建设规划纲要（2024—2035 年）》（以下简称《纲要》），面向到 2035 年建成教育强国目标，对加快建设教育强国作出全面系统部署，形成了教育强国建设的纲领性文献，为我们深刻领悟教育强国的本质要求、正确认识和全面推进教育强国建设提供了思想指引。

第一节　教育强国建设的总体目标

教育是强国建设、民族复兴之基。党的十八大以来，以习近平同志为核心的党中央坚持把教育作为国之大计、党之大计，作出加快教育现代化、建设教育强国的重大决策，推动新时代教育事业取得历史性成就、发生格局性变化，我国教育现代化发展总体水平跨入世界中上国家行列，教育强国建设进入了蓄势突破、全面跃升的重要阶段。站在新的起点上，党的二十大明确提出到 2035 年建成教育强国的宏伟目标。

一、"第一步"面向开局起步阶段

这一阶段重点是全方位打牢教育强国建设基础。《纲要》明确到 2027 年，教育强国建设取得重要阶段性成效。各级教育普及水平持续巩固提升，高质量教育体系初步形成，人民群众教育获得感明显提升，人才自主培养质量全面提高，拔尖创新人才不断涌现，关键领域改革取得实质性进展，教育布局结构与经济社会和人口高质量发展需求更加契合，具有全球影响力的重要教育中心建设迈上新台阶。

二、"第二步"面向中长期

这一阶段聚焦深化重大战略布局，确保如期建成教育强国。《纲要》明确到 2035 年，党对教育事业全面领导的制度体系和工作机制系统完备，高质量教育体系全面建成，基础教育普及水平和质量稳居世界前列，学习型社会全面形成，人民群众教育满意度显著跃升，教育服务国家战略能力显著跃升，教育现代化总体实现。

第二节　教育强国的"三大属性"

习近平总书记在全国教育大会上的重要讲话，科学回答了"为什么建设教育强国、建设什么样的教育强国、怎样建设教育强国"这一时代命题，彰显了中国特色社会主义教育的政治属性、人民属性、战略属性。深刻把握教育的政治属性，就要坚持社会主义办学方向，坚持党对教育事业的全面领导，全面贯彻党的教育方针，落实立德树人根本任务，用习近平新时代中国特色社会主义思想铸魂育人。深刻把握教育的人民属性，就要坚持办好人民满意的教育，坚持人民至上的价值追求，倾听人民对于公平优质教育的诉求，成就人人成才的教育图景。深刻把握教育的战略属性，就要坚持教育优先发展，坚持教育、科技、人才三位一体统筹安排部署，推动健全优先发展教育事业的体制机制，形成全党全社会教育合力。

一、全面把握教育的政治属性

马克思主义是我们立党立国、兴党兴国的根本指导思想。回顾马克思主义教育理论，最首要的特点就是政治性。马克思基于唯物史观，首次提出了教育的社会性和阶级性问题。马克思和恩格斯在《共产党宣言》中深刻指出："资产者唯恐失去的那种教育，对绝大多数人来说是把人训练成机器。……而你们的教育不也是由社会决定的吗？不也是由你们进行教育时所处的那种社会关系决定的吗？不也是由社会通过学校等等进行的直接的或间接的干涉决定的吗？共产党人并没有发明社会对教育的作用；他们仅仅是要改变这种作用的性质，要使教育摆脱统治阶级的影响。"[①] 马克思主义关于教育性质的重要论断，为社会主义国家牢牢把握正确办学方向提供了思想指南。

社会主义本质是社会主义社会的根本属性和内在规定性，在教育与强国建设、民族复兴的关系上，我们要坚持教育的社会主义本质，办好人民满意的教育。人民满意的教育一定是适应教育自身发展规律的教育，从内部促进人的发展，从外部要适应并促进社会的发展。我们憧憬好教育、追求好教育、践行好教育，就是要解决群众急难愁盼的问题，把握社会主

---

① 《马克思恩格斯选集》第 1 卷，人民出版社 2012 年版，第 417—418 页。

义办学方向。

培养什么人、怎样培养人、为谁培养人，是中国特色社会主义教育发展必须思考和回答的根本问题。中国特色、世界水平、教育强国，从根本属性、基本特征、发展目标集中阐释了新时代中国教育发展的总目标。办好中国的教育，必须有中国特色，这个特色中最根本的一点，就是我们要坚持社会主义办学方向。坚持社会主义办学方向，将中华优秀传统文化与民族精神熔铸其中，通过教育点亮个体心灵，激发受教育者的创造激情，增强其建设能力，从而为社会进步和国家强盛作出贡献。始终坚持马克思主义的指导地位，是中国革命、建设、改革不断取得胜利的基本经验，是推进教育综合改革、高质量发展，办好教育的内在逻辑。

二、全面把握教育的人民属性

马克思强调教育的人民性。教育的人民属性，是教育强国的价值追求，突出表现是坚持以人民为中心发展教育，努力办好人民满意的教育。中国共产党的根本宗旨是全心全意为人民服务。教育作为全面推进中国式现代化必须解决的民生问题，关系到千家万户、亿万群众的切身利益，是人民群众对美好生活向往的重要组成部分。当前，我国已成功解决了"上学难"的问题，但是"上好学"的问题依然有待进一步解决。无论是加快推进教育现代化还是建设高质量教育体系、建成教育强国，其最终目的都是要办好人民满意的教育，以教育之力厚植人民幸福之本，努力让每个人都有人生出彩的机会。以人民为中心发展教育是以人民为中心的发展思想在教育领域的确然践行，源于中国共产党人的接续探索，以理解历史经验为途径，以服务人民发展为根本诉求，源于新时代坚持和发展中国特色社会主义的现实需要，亦是二十一世纪马克思主义的题中应有之义。

　　坚持以人民为中心是新时代坚持和发展中国特色社会主义的基本方略之一。我们要坚持以人民为中心发展教育，努力满足不同类型和不同层面的群众需求。坚持以人民为中心发展教育是党执政为民的内在要求。党的二十大报告指出，"坚持以人民为中心发展教育，加快建设高质量教育体系，发展素质教育，促进教育公平"①。教育作为国之大计、党之大计，必须把人民满意作为出发点和落脚点，不断增强人民的教育获得感。

　　在新民主主义革命时期、社会主义革命和建设时期，以毛泽东同志为主要代表的中国共产党人坚持全心全意为人民服务的根本宗旨，完成了民族独立、人民解放的伟大历史使命，完成了社会主义改造，建立起社会主义基本制度。党的十一届三中全会以后，以邓小平同志为主要代表的中国共产党人把人民拥护不拥护、赞成不赞成、高兴不高兴、答应不答应作为制定各项方针政策和作出决断的出发点和归宿，开启了改革开放伟大事业。党的十三届四中全会以后，以江泽民同志为主要代表的中国共产党人在实践中形成了"三个代表"重要思想，强调我们党要代表中国先进生产力的发展要求、代表中国先进文化的前进方向、代表中国最广大人民的根本利益。党的十六大以后，以胡锦涛同志为主要代表的中国共产党人在实践中形成了科学发展观，强调以人为本、全面协调可持续发展。党的十八大以来，中国特色社会主义进入新时代。以习近平同志为主要代表的中国共产党人顺应时代发展，创立了习近平新时代中国特色社会主义思想，坚持以人民为中心，尊重人民主体地位和首创精神，让人民过上了幸福的小康生活。从历史和理论角度来看，坚持以人民为中心发展教育与我们党的

----

① 习近平：《高举中国特色社会主义伟大旗帜，为全面建设社会主义现代化国家而团结奋斗——在中国共产党第二十次全国代表大会上的报告》，人民出版社 2022 年版，第34 页。

根本宗旨、根本工作路线一脉相承，与我们党的政治立场和共产党人的初心使命不谋而合。

三、全面把握教育的战略属性

教育的战略属性，是教育强国的核心使命，要统筹推进教育、科技、人才体制机制一体改革，支撑高水平科技自立自强，服务经济社会高质量发展。党的二十大报告指出，教育、科技、人才是全面建设社会主义现代化国家的基础性、战略性支撑，首次提出了教育的战略属性。

中国共产党始终把教育摆在优先发展的战略地位，确保教育优先发展落到实处。党的十八大以来，习近平总书记立足我国所处的新的历史方位，强调：“‘两个一百年’奋斗目标的实现、中华民族伟大复兴中国梦的实现，归根到底靠人才、靠教育。”[1]“当今世界的综合国力竞争，说到底是人才竞争”[2]。因此，必须坚持把教育摆在优先发展的战略地位，培养具有创新能力和国际视野的高品质人才。党的十九大报告指出，优先发展教育事业。党的二十大报告首次把教育、科技、人才进行统筹安排，这种安排可以从马克思主义理论和实践中找到依据，教育“不仅是提高社会生产的一种方法，而且是造就全面发展的人的唯一方法”[3]。这里的社会生产，是指“生产力中也包括科学”[4]。中国共产党人继承并发展马克思主义，在革命、建设和改革实践中重视教育、科技、人才对党和国家事业发展的重大意义。中国共产党对教育、科技、人才的重视和实践，

① 《习近平关于社会主义社会建设论述摘编》，中央文献出版社 2017 年版，第 50 页。
② 《习近平关于社会主义社会建设论述摘编》，中央文献出版社 2017 年版，第 50 页。
③ 《马克思恩格斯选集》第 2 卷，人民出版社 2012 年版，第 230 页。
④ 《马克思恩格斯选集》第 2 卷，人民出版社 2012 年版，第 777 页。

为"科教兴国战略、人才强国战略、创新驱动发展战略"的提出奠定了理论和实践基础。

1995 年，《中共中央、国务院关于加速科学技术进步的决定》发布，首次提出实施科教兴国战略。1996 年，八届全国人大四次会议批准《中华人民共和国国民经济和社会发展"九五"计划和 2010 年远景目标纲要》，将科教兴国作为国民经济和社会发展的重要指导方针与发展战略。1997 年，党的十五大进一步将科教兴国战略和可持续发展战略作为我国经济发展的战略。2012 年，党的十八大报告指出，深入实施科教兴国战略。2017 年，党的十九大报告指出，要坚定实施科教兴国战略，建设科技强国和教育强国等。2022 年，党的二十大报告特别强调，实施科教兴国战略，强化现代化建设人才支撑。

2000 年的中央经济工作会议首次提出，要制定和实施人才战略。同年，党的十五届五中全会提出，要把培养、吸引和用好人才作为一项重大的战略任务切实抓好，建设一支宏大的高素质人才队伍。2001 年发布的《中华人民共和国国民经济和社会发展第十个五年计划纲要》以专章形式提出，实施人才战略，壮大人才队伍，将人才战略确立为国家战略，将其纳入经济社会发展的总体规划和布局。2002 年，中共中央办公厅、国务院办公厅印发了《2002—2005 年全国人才队伍建设规划纲要》，提出实施人才强国战略。2007 年，党的十七大将人才强国战略明确为三大基本战略之一。2017 年，党的十九大将人才强国战略等作为全面建成小康社会的重大战略。2020 年，党的十九届五中全会再次强调人才强国战略。党的二十大报告强调，深入实施人才强国战略。

2012 年，党的十八大报告提出实施创新驱动发展战略。2015 年，党的十八届五中全会明确提出了新发展理念，其中创新着重解决发展动力问题。2016 年，中共中央、国务院发布了《国家创新驱动发展战略纲要》，明确了创新驱动发展战略的背景、要求、部署和任务。2017 年，党的十九大报告进一步指出，创新是引领发展的第一动力，是建设现代化经济体系的战略支撑，强调要加快建设创新型国家，加快建设实体经济、科技创新、现代金融、人力资源协同发展的产业体系。党的十九届五中全会进一步提出坚持创新在我国现代化建设全局中的核心地位，把科技自立自强作为国家发展的战略支撑。党的二十大报告再次强调深入实施创新驱动发展战略。教育、科技、人才的一致性特征是与科教兴国战略、人才强国战略、创新驱动发展战略的一致性，以及教育强国、科技强国、人才强国的一致性高度关联的。对于教育而言，发展科技本身就是其重要功能，科技发展与创新也将带来教育的发展与创新，即科技赋能教育。党的二十大报告指出，科技是第一生产力、人才是第一资源、创新是第一动力。如果说教育、科技、人才是全面建设社会主义现代化国家的基础性、战略性支撑，那么，教育又是科技、人才、创新三个"第一"的基础性、战略性支撑，是基础的基础、战略的战略。① 党的二十届三中全会通过的《中共中央关于进一步全面深化改革、推进中国式现代化的决定》再次重申教育、科技、人才是中国式现代化的基础性、战略性支撑，必须深入实施科教兴国战略、人才强国战略、创新驱动发展战略，统筹推进教育科技人才体制机制一体改革，健全新型举国体制，提升国家创新体系整体效能。要深化教育综合改革，深化科技体制改革，深化人才发展体制机制改革。②

---

① 参见卢晓中：《推进教育高质量发展，为中国式现代化提供人才支撑》，《光明日报》2022 年 11 月 8 日。

② 参见《中共中央关于进一步全面深化改革、推进中国式现代化的决定》，人民出版社2024 年版，第 13—16 页。

第三节　教育强国建设的主要特质

教育是强国建设、民族复兴之基。2024 年 9 月，习近平总书记在全国教育大会上强调，我们要建成的教育强国，是中国特色社会主义教育强国，应当具有强大的思政引领力、人才竞争力、科技支撑力、民生保障力、社会协同力、国际影响力，为以中国式现代化全面推进强国建设、民族复兴伟业提供有力支撑。思政引领力、人才竞争力、科技支撑力、民生保障力、社会协同力、国际影响力这六大特质是教育强国建设的本质性要求、标志性成效和根本性标尺，为我国实现由"教育大国"到"教育强国"的系统跃升注入了强大动力。习近平总书记的重要讲话明确了教育强国的基本特征，科学回答了"建设什么样的教育强国"这一重大时代课题。

一、强大的思政引领力是教育强国建设的铸魂之基

思政课作为学校思想政治工作的重要组成部分，是提升思政引领力的重要载体，是落实立德树人根本任务的关键课程，承载着培养社会主义建设者和接班人的重任。

新时代新征程全面推进教育强国建设，要始终坚持和加强党对教育事业的全面领导，坚持社会主义办学方向，坚持以为党育人、为国育才为根本目标，奋力推进教育强国建设。党中央明确提出要将社会主义核心价值体系融入国民教育全过程。学校思政工作的主要任务是对学生进行马克思主义科学理论教育，引导学生坚定崇高的理想信念，树立正确的世界观、人生观、价值观，自觉弘扬社会主义核心价值观，养成独立人格、优良品质和健康心智。

共同的思想基础，是一个党、一个国家、一个民族赖以存在和发展的精神支撑。党的十八大正式提出要倡导"富强、民主、文明、和谐，自由、平等、公正、法治，爱国、敬业、诚信、友善"的社会主义核心价值观。培育和弘扬社会主义核心价值观，有效整合社会意识，是社会系统得以正常运转、社会秩序得以有效维护的重要途径，也是国家治理体系和治理能力的重要方面。①2014年5月4日，习近平总书记在与北京大学师生代表座谈时强调："人类社会发展的历史表明，对一个民族、一个国家来说，最持久、最深层的力量是全社会共同认可的核心价值观。核心价值观，承载着一个民族、一个国家的精神追求，体现着一个社会评判是非曲直的价值标准。"②习近平总书记关于社会主义核心价值观的重要论述，是站在社会发展、国家建设和民族复兴的全局提出来的，具有重大的实践价值，体现了深远的历史考量。

党的十九大明确提出："社会主义核心价值观是当代中国精神的集中体现，凝结着全体人民共同的价值追求。"③党的二十大报告在第一部分"过去五年的工作和新时代十年的伟大变革"中提到，"社会主义核心价值观广泛传播，中华优秀传统文化得到创造性转化、创新性发展"④。中华优秀传统文化同社会主义核心价值观主张具有高度契合性。"深入挖掘中华优秀传统文化蕴含的思想观念、人文精神、道德规范，结合时代要求继承创新，让中华文化展现出永久魅力和时代风采。"⑤"两个结合"是党推进

---

① 参见《习近平在中共中央政治局第十三次集体学习时强调　把培育和弘扬社会主义核心价值观作为凝魂聚气强基固本的基础工程》，《人民日报》2014年2月26日。

② 《习近平著作选读》第一卷，人民出版社2023年版，第238页。

③ 习近平：《决胜全面建成小康社会，夺取新时代中国特色社会主义伟大胜利——在中国共产党第十九次全国代表大会上的报告》，人民出版社2017年版，第42页。

④ 习近平：《高举中国特色社会主义伟大旗帜　为全面建设社会主义现代化国家而团结奋斗——在中国共产党第二十次全国代表大会上的报告》，人民出版社2022年版，第10页。

⑤ 习近平：《决胜全面建成小康社会，夺取新时代中国特色社会主义伟大胜利——在中国共产党第十九次全国代表大会上的报告》，人民出版社2017年版，第42页。

马克思主义理论创新和理论创造的历史经验的集中体现，我们推进马克思主义中国化时代化的根本途径是"两个结合"。

党的十八大以来，习近平总书记深刻论述、反复强调培育和弘扬社会主义核心价值观，大大推动了我们党对于社会主义核心价值观的认识，为在新形势下推进社会主义核心价值观建设提供了理论指导和实践指南。2014 年 2 月，习近平总书记在十八届中央政治局第十三次集体学习时指出，要切实把社会主义核心价值观贯穿于社会生活方方面面。① 在这次讲话中，习近平总书记特别指出，学习和弘扬社会主义核心价值观，要从娃娃抓起、从学校抓起，做到进教材、进课堂、进头脑。② 党的十八大以来，习近平总书记关于社会主义核心价值观的重要论述告诉我们，要深刻认识用社会主义核心价值观铸魂育人的重要意义，教育引导是培育和践行社会主义核心价值观的基础性工作。要推动社会主义核心价值观教育常态化，把社会主义核心价值观融入社会发展、融入日常生活，更好发挥社会主义核心价值观对国民教育、精神文明建设、精神文化产品创作的引领作用，通过文化涵育，使社会主义核心价值观发挥凝魂聚气、强基固本的作用，成为持久而深沉的育人力量。

二、强大的人才竞争力是教育强国建设的核心要素

人才作为第一资源，是推动经济社会高质量发展、实现强国建设和民族复兴伟业的战略资源。在当今日益激烈的国际竞争态势下，谁拥有

① 参见《习近平在中共中央政治局第十三次集体学习时强调　把培育和弘扬社会主义核心价值观作为凝魂聚气强基固本的基础工程》，《人民日报》2014 年 2 月 26 日。

② 参见《习近平在中共中央政治局第十三次集体学习时强调　把培育和弘扬社会主义核心价值观作为凝魂聚气强基固本的基础工程》，《人民日报》2014 年 2 月 26 日。

优质的人才资源，谁就会赢得竞争优势和战略主动权。要使国民经济继续保持又好又快发展，就必须使经济发展方式转换到依靠科技进步、人力资源发展和管理创新上来。这正是教育的职责所在。教育的经济功能是实现可持续发展的重要前提，教育提升人力资源质量、优化人力资本结构的功能是实现可持续发展的基础。教育自身的发展有助于发挥平衡生态的功能，同时教育的发展就是可持续发展的重要组成部分，有利于推动经济转型和发展方式转变。建设教育强国，是增强我国综合实力和整体竞争力的必然要求。当今世界，经济全球化趋势越发明显，人力资源越来越成为提高整个国家和民族竞争力、创造力，从而在国际竞争中取胜的关键性、战略性资源。国际竞争力的增强有赖于国民素质的提高，而国民素质的提高与接受教育的数量和层次密不可分。充满活力的教育以及大批高素质的创新人才是发达国家具有较强国际竞争力的决定因素之一。新时代新征程全面推进教育强国建设，要始终坚持党管人才的原则，坚持党对人才工作的全面领导，持续深化教育体制机制和人才选拔制度改革，完善人才培养和评价模式，优化人才引进和使用政策，着力把我国从人才资源大国提升为人才资源强国，造就强大的人才竞争力。要强化人才培养战略意识，加快推进科教兴国战略、人才强国战略、创新驱动发展战略一体化建设，全面提高人才自主培养能力，占据人才竞争的战略高地。要锻造高层次人才队伍，推进高水平人才高地建设，加强各类学科建设的领军人才、拔尖人才、后备人才培养，以一流师资打造一流教育，以一流教育培养一流人才，以一流人才引领创新发展，以创新发展涵养优质人才，培养一批批具有创新精神、实践能力、家国情怀和国际视野的高素质人才，加快建设教育强国、大力提高劳动者素质，增强国家核心竞争力。

三、强大的科技支撑力是教育强国建设的创新引擎

科技是第一生产力，创新是第一动力。科技创新靠人才，人才培养靠教育。新时代新征程，深入推进教育改革、科技创新、人才培养一体化发展，造就强大的科技支撑力对于如期建成教育强国具有重大战略意义。

当今世界新一轮科技革命和产业变革深入发展，科技创新对于经济社会发展和国家安全的重要性日益凸显。一是要坚持以科技现代化支撑引领教育强国建设，以紧密对接和服务于国家重大战略需求为创新驱动，聚焦世界科技创新发展新态势，深化科技创新体制机制改革，优化科技资源配置和布局，推动科技创新与创业创新深度融合。二是要加快实施创新驱动发展战略的使命和担当。完善科技创新体系，加快实施创新驱动发展战略。现代化是知识与科技催生的，学校是知识与科技的聚集地和策源地，是人才高密度的聚集平台，更是最重要的基础创新平台。教育要主动适应知识生产方式变革。国家和区域发展比以往任何时候都更需要高水平教育来支撑。要以创新为核心驱动力，加快科研范式和组织模式变革，高水平科研与高水平教育教学互为支撑。加强应用环境的科学研究，着力破解制约有组织科研的难点堵点；加强学校、政府、企业之间的合作研发和科技创新，学校和产业界组成高新技术转移联盟，并为技术转移的知识产权问题提供重要保障；统筹推进科技创新中心建设，强化科技战略咨询对接，形成科学与技术、科技与社会之间作为相互依存的生态系统的新型关系，充分释放科技创新活力与生命力，强化国家战略科技硬实力和软实力，助推实现高水平科技自立自强。三是要鼓励和支持高校加强基础研究、开展重大科技攻关项目，深化高校与科研院所、企业的协同创新，持续产出更多原创性颠覆性科技创新成果，增强国家科技实力和创新能力，并不断提高科技成果转移转化和产业化水平，以新质生产力引领经济社会发展和教育强国建设。

四、强大的民生保障力是教育强国建设的价值旨归

教育直接关系到人民群众的切身利益，是重要的民生工程。强大的民生保障力是教育强国对内作用的充分彰显。答好人民对教育的急难愁盼考题，彰显教育强国的民生保障力，核心在于始终坚持以人民为中心的发展理念，从人民群众的实际需求出发来推动教育事业发展，统筹推进基础教育扩优提质，使教育发展成果更多更公平惠及全体人民，以教育公平促进社会公平正义，消除城乡间、区域间、学校间在教育质量层面上的差距。民生保障力作为教育强国的价值追求，与其他特质互相补充和促进。

新时代新征程，造就强大的民生保障力，要坚持以人民为中心发展教育，把教育公平贯穿于教育教学改革发展的各个领域、层次与环节，不断提升教育公共服务的普惠性、可及性、便捷性，保障教育公平、更新教育理念、提高教育质量、增强教育服务能力，让教育改革发展成果更多更公平惠及全体人民，增强人民群众的教育获得感和幸福感。习近平总书记指出，中国式现代化，民生为大。党的二十届三中全会强调，加强普惠性、基础性、兜底性民生建设，解决好人民最关心最直接最现实的利益问题，不断满足人民对美好生活的向往。建设教育强国，最终的目的和落脚点是办好人民满意的教育。这意味着发展教育必须秉持以人民为中心的发展理念，致力于通过教育公平来增强社会的公正性，不断回应并满足人民群众对于高品质生活的深切期盼。我国教育事业尽管在基本保障、提升质量、促进公平上取得了显著成效，但是仍需持续优化教育公共服务的普惠性质、可及范围及便捷程度，提升教育的社会治理能力，着力破解人民群众在教育领域面临的紧迫难题与普遍关切，确保教育改革与发展的丰硕成果能够更为广泛且公平地惠及全体人民。

五、强大的社会协同力是教育强国建设的坚实保障

社会协同力是教育在发展过程中整合各界资源，汇聚各方力量，促进社会要素齐全、社会结构有序协调、社会功能完整、社会治理优化，进而形成的一种具有协调性、整合性、黏合性的纽带力量。具体而言，社会协同力涵盖教育、科技、人才的同步推进，终身教育、职业培训与就业机会的整合协调，产业与教育的深度融合，科技与教育的紧密结合，产学研用之间的协同创新等一系列改革互动发展所需要的能力。它还体现在家庭、学校、社会等多元主体在教育领域的协同育人机制上，通过政策引导、资源共享、活动开展等方式，形成教育合力，共同促进教育质量的提升和教育公平的实现。社会协同力强调教育在经济社会发展中的能动性和聚合力，注重教育与社会其他系统相互协作，与经济、社会、文化、科技等领域协同发展，共同构建一个开放、包容、创新的教育生态系统，为推动经济社会发展、社会进步和文化传承提供有力支撑。教育是经济、政治、文化、社会、生态文明建设"五位一体"总体布局的重要交汇点。新时代新征程上，强大的社会协同力汇聚成推动教育改革发展的磅礴力量，是教育强国建设六大特质的枢纽。随着党对教育事业全面领导的加强，教育的战略地位日益巩固，教育事业发展的合力逐渐形成。发挥社会协同力的枢纽作用，需要构建家校社相协同的责任体系，既要求各级政府承担起协调领导、调配资源的主要责任，也要充分调动各类社会资源的积极参与。充分发挥社会协同力，能够促进教育与经济、政治、文化、社会、生态文明体系之间的协同互利，统筹推进文化强国、教育强国、科技强国、人才强国建设等战略。

六、强大的国际影响力是教育强国建设的显著标志

在全球化深入发展的今天，教育资源的国际流动、教育理念的相互借鉴、教学方法的相互学习、教育技术的共享与应用，已经成为推动教育高质量发展的重要动力。从全球视野来看，教育强国最外显的指标就是具备较强的国际影响力、吸引力。近年来，随着我国综合实力的增强，国际话语权和全球影响力也在不断提升。国际影响力是在建设具有全球影响力的重要教育中心过程中，形成的一种对全球教育乃至全球经济社会发展具有辐射效应、传播能力、话语影响的力量。这种国际传播力、感染力和影响力不仅体现在教育层面，还深刻影响着国家的文化软实力。在世界教育体系中，教育国际化不仅是提升教育质量、推动教育现代化的必由之路，更是增强我国综合实力和全球竞争力的重要手段。新时代的中国教育理念、成果以及教育交流与合作在世界范围内已拥有越来越强的国际影响力和辐射力。

第四节　教育强国建设的方法原则

习近平总书记在 2024 年 9 月召开的全国教育大会上指出，建设教育强国是一项复杂的系统工程，需要我们紧紧围绕立德树人这个根本任务，着眼于培养德智体美劳全面发展的社会主义建设者和接班人，坚持社会主义办学方向，坚持和运用系统观念，正确处理支撑国家战略和满足民生需求、知识学习和全面发展、培养人才和满足社会需要、规范有序和激发活力、扎根中国大地和借鉴国际经验等重大关系。① 这五个重大关系聚焦教

---

① 参见《习近平在全国教育大会上强调　紧紧围绕立德树人根本任务　朝着建成教育强国战略目标扎实迈进》，《人民日报》2024 年 9 月 11 日。

育强国发展取向、育人方向、服务宗旨、改革导向、路径走向在矛盾与统一中的辩证关系，构成教育强国建设的方法论基础。

一、正确处理支撑国家战略和满足民生需求的关系

这一要求把教育强国的战略先导作用和根本价值追求有机统一起来，明确了教育强国建设的战略重点和最终目标。教育是强国建设、民族复兴之基，建设教育强国最终是办好人民满意的教育。要处理好这一重大关系，就要认清历史方位，审视教育使命，把握国际坐标、立足中国现实，中国教育要助力强国建设、民族复兴，为实现中华民族伟大复兴担当教育使命；要聚焦解决教育发展不平衡不充分问题，不断满足人民群众更高质量更加多样的教育需求，让教育改革发展成果更多更公平惠及全体人民。

"坚持把服务中华民族伟大复兴作为教育的重要使命"[1]，是党和国家在新时代对教育事业创新发展提出的重要部署。"中国共产党人的初心和使命，就是为中国人民谋幸福，为中华民族谋复兴。"[2]中国共产党在不同历史阶段对教育使命的表述随着时代变迁不断发展，但根本上说来，与中国共产党的初心和使命是一致的，即致力于人民幸福和民族复兴。教育的使命和责任与各个阶段的历史特征联系密切。党的十九大对我国历史方位的基本判断是，"中国特色社会主义进入新时代，意味着近代以来久经磨难的中华民族迎来了从站起来、富起来到强起来的伟大飞跃，迎来了实现中华民族伟大复兴的光明前景"[3]。党的十八大以来，在以习近平同志为核

---

① 习近平：《论教育》，中央文献出版社 2024 年版，第 4 页。
② 习近平：《决胜全面建成小康社会，夺取新时代中国特色社会主义伟大胜利——在中国共产党第十九次全国代表大会上的报告》，人民出版社 2017 年版，第 1 页。
③ 习近平：《决胜全面建成小康社会，夺取新时代中国特色社会主义伟大胜利——在中国共产党第十九次全国代表大会上的报告》，人民出版社 2017 年版，第 10 页。

心的党中央坚强领导下，党和国家事业发生了全方位、开创性、深层次、根本性变革，取得了历史性成就。中华民族比历史上任何时期都更接近伟大复兴的目标。中国特色社会主义进入了新时代，这是"强起来"的时代。"强起来"需要强大的政治保证，也需要强大的经济做后盾和基础，更需要强大的教育、人才、科技创新引领。建设教育强国对于人才培养、科技创新具有战略性作用。

党的十六大报告将为人民服务写入党的教育方针，强调坚持教育为社会主义现代化建设服务与为人民服务并重，① 既指出了教育改革的根本宗旨和发展方向，也对教育工作提出了明确要求，符合教育工作的实际。党的十七大报告首次把教育列入保障和改善民生的重要内容，提出"办好人民满意的教育"的要求。② 党的十八大提出，要"努力办好人民满意的教育"③，是实事求是的重要体现。在社会转型期，人民对教育的期盼和要求越来越高，人民日益增长的教育需求和教育资源供给之间还是存在一定差距。增加"努力"二字，不是降低要求，而是更加务实。党的十九大报告用"教育事业全面发展，中西部和农村教育明显加强"概括了 2012—2017 年教育工作取得的重大成就，指出了我国社会主要矛盾发生转化，将党的十八大报告提出的"努力办好人民满意的教育"提高到"办好人民满意的教育"的新目标，着力解决好教育发展不平衡不充分的新问题，让全体人民享有更好更公平的教育，明确了教育工作的新使命。2017 年 7 月，在省部级主要领导干部"学习习近平总书记重要讲话精神，迎接党的十九大"专题研讨班开班式上，习近平总书记指出，我国社会生产力水平明显提高。人民群众的需要呈现多样化多层次多方面的特点，

① 参见《江泽民文选》第三卷，人民出版社 2006 年版，第 560 页。
② 参见《胡锦涛文选》第二卷，人民出版社 2016 年版，第 642 页。
③ 《胡锦涛文选》第三卷，人民出版社 2016 年版，第 641 页。

期盼有更好的教育、更稳定的工作、更满意的收入、更可靠的社会保障、更高水平的医疗卫生服务、更舒适的居住条件、更优美的环境、更丰富的精神文化生活。① 这是"人民对美好生活的向往，就是我们的奋斗目标"这一宣示的题中应有之义。习近平总书记在党的十九大报告中指出："建设教育强国是中华民族伟大复兴的基础工程，必须把教育事业放在优先位置，深化教育改革，加快教育现代化，办好人民满意的教育。"② 党的二十大报告也再次强调办好人民满意的教育。新时代是中国教育奋进、跨越和开拓的时代，中国教育由高速发展转向高质量发展。教育内涵式发展、高质量发展要能够回应人民日益增长的美好生活需要。进入新的改革发展阶段，必须牢牢抓住主要矛盾和问题。我们要锚定 2035 年建成教育强国的目标，为"五位一体"总体布局和"四个全面"战略布局中各项重要战略任务提供智力支撑和人才保障。要在铸造大国重器的同时，使教育成为奠基强国建设、民族复兴的"国之重器"。2024 年 9 月，在全国教育大会上，习近平总书记强调，建成教育强国是近代以来中华民族梦寐以求的美好愿望，是实现以中国式现代化全面推进强国建设、民族复兴伟业的先导任务、坚实基础、战略支撑，必须朝着既定目标扎实迈进。教育是强国建设、民族复兴之基。党的十八大以来，我们坚持把教育作为国之大计、党之大计，全面贯彻党的教育方针，作出深入实施科教兴国战略、加快教育现代化的重大决策，确立到 2035 年建成教育强国的奋斗目标，加强党对教育工作的全面领导，不断推进教育体制机制改革，推动新时代教育事业取得历史性成就、发生格局性变化，教育强国

① 参见《习近平在省部级主要领导干部"学习习近平总书记重要讲话精神，迎接党的十九大"专题研讨班开班式上发表重要讲话强调　高举中国特色社会主义伟大旗帜　为决胜全面小康社会实现中国梦而奋斗》，《人民日报》2017 年 7 月 28 日。

② 习近平：《决胜全面建成小康社会，夺取新时代中国特色社会主义伟大胜利——在中国共产党第十九次全国代表大会上的报告》，人民出版社 2017 年版，第 45 页。

建设迈出坚实步伐。①

二、正确处理知识学习和全面发展的关系

正确处理知识学习和全面发展的关系，这是对教育教学规律和学生成长规律的深刻把握，为全面贯彻党的教育方针指明了方向。知识学习与全面发展的关系是教育学的一个基本问题，也是教育实践中面临的一个重要矛盾。知识学习是学生最主要的活动，是保存和传播人类生存与发展经验的基本手段，是学生素质全面发展的基础和基本途径；全面发展是学生发展的最终目标，是个体生命成长的内在要求，在党的教育方针中表述为德智体美劳全面发展。要把握好教育教学规律和学生成长规律，在增长学生知识见识和素质能力上下功夫，让学生不断提高各方面的知识素养和能力。知识学习与全面发展相互统一、相互促进，有效的知识学习是全面发展的基础，全面发展则实现了知识学习的功能价值。处理好这一重大关系，就要正确认识教育现代化与人的现代化的关系问题。

教育现代化的实质就是人的现代化或使人转向现代化。② 人的现代化是教育现代化的出发点和归宿。因此，教育现代化的推进与评价，均要以人的现代化为重心。人的现代化比制度现代化和器物现代化要困难得多，因为人的现代化不仅要使人掌握认识世界的知识，而且要让人学会在批判、反思过程中掌握认识世界、改造世界的智慧与能力，成为具有独立人格的社会主体，这是教育思想的本性。教育培养什么样的人？无疑，教育要培养能够"认识世界、解释世界"的人，而且要培养能够主动地、创造

---

① 参见《习近平在全国教育大会上强调 紧紧围绕立德树人根本任务 朝着建成教育强国战略目标扎实迈进》，《人民日报》2024 年 9 月 11 日。

② 参见邬志辉：《教育现代化的实质及其启动点的选择》，《教育评论》1998 年第 3 期。

性地改造世界的主体。在教育中突出人的价值与地位，确立人是教育目的的信念，这是必然的趋势。马克思通过对人的本质的规定，提供了解决人的教育问题的认识前提，为理解人的教育问题创设了思想方式，以此与传统教育思想方式划清界限。马克思指出，人的本质是社会关系的总和。而社会关系是人的活动产物，它包含着现实的经济关系、思想关系等一系列内容，要将人置于社会、自然互动之中，揭示人与物、人与人、人与自己的种种复杂关系。这就是说人不是感性的、肉体的存在，也不是抽象的、自我意识的存在，而是具体的社会历史活动者。在参与社会活动中，人逐渐构筑起适合自身生存的环境，体现着人的本质力量。人类社会发展的过程是人的活动的过程，也是人的发展的过程，马克思指出，"历史不过是追求着自己目的的人的活动而已"①。中国式现代化在实践过程中实现了从经济现代化到全面现代化、从物的现代化到人的现代化的跃进。教育现代化的根本目标是促进人的现代化，提升人的主体性。习近平总书记指出："人民是历史的创造者，是真正的英雄。"② 在全面建设社会主义现代化国家新征程上，中国共产党是最高政治领导力量，人民群众是主体力量和价值归属。我们要向第二个百年奋斗目标进军，就必须把实现人的现代化放在教育发展的突出位置、核心环节，办好人民满意的教育，促进人的自由而全面发展。③

三、正确处理培养人才和满足社会需要的关系

培养人才和满足社会需要是教育的本体功能和社会功能，反映了教

---

① 《马克思恩格斯文集》第 1 卷，人民出版社 2009 年版，第 295 页。
② 《习近平著作选读》第二卷，人民出版社 2023 年版，第 481 页。
③ 参见徐斌：《深刻把握"现代化的本质是人的现代化"》，《国家治理》2021 年第 32 期。

育强国建设的服务宗旨。正确处理培养人才和满足社会需要的关系，本质是把握好教育高质量发展与服务高质量发展的关系。教育的本质就是培养人，培养什么人是教育的首要问题；培养人才是教育强国建设的本体要求，满足社会需要是衡量人才培养质量的重要标准。教育强国建设必须坚持落实立德树人根本任务，努力培养担当民族复兴大任的时代新人，兼顾培养人才与满足社会需要，实现二者的统一。

正确处理培养人才和满足社会需要的关系，需要教育本体功能和社会功能的高度统一，统筹好教育高质量发展和教育服务高质量发展。一方面，要构建具有全球竞争优势的高质量人才自主培养体系。要紧密结合国家战略需求，遵循人才成长规律和教育发展规律，增强高水平人才培养的针对性、适配性、有效性，着力造就一批又一批符合中国式现代化需要的各级各类人才，不断增强教育强国的人才竞争力。另一方面，要构建各级各类人才精准适配使用机制。要顺应时代发展要求，动态调整学科专业，优化办学资源配置，建立健全在实践中识别、发现和使用人才的通道，不拘一格降人才，努力实现人尽其才、才尽其用、各得其所，不断提高教育强国的社会服务力。

党的二十大报告提出深入实施人才强国战略，实施更加积极、更加开放、更加有效的人才政策，完善人才战略布局，着力形成人才国际竞争的比较优势。创新驱动实质上是人才驱动，要紧紧围绕人才培养这个中心任务，坚持"四个面向"，形成高水平人才培养体系。一是逐步构建"基础＋优势"的拔尖人才培养高地。构建特色的拔尖人才培养体系，创新基础学科拔尖学生培养模式，推进高校"双一流"建设。培养拔尖人才，建设重要人才中心和创新高地，提升基础创新平台的质量和数量，引导基础学科拔尖学生从重大科研工程中寻找科学问题，启动特色实践创新与研讨型授课方式，提升基础理论研究能力，不断探索基础学科拔尖人才培养的中国范式。在学生遴选方面，实行动态的选拔机制。设立自然科学组别和基础文科项目组进行专业人才选拔培养，可每年根据学生的综合因素进行适当调整；在教师队伍方面，以人才引领发展，积极建设教师队伍人才高地，提高我国人才队伍国际化水平。构建完备的人才梯次结构，院士、杰出青年等高端人才牵头科研团队，实施"首席专家负责制"及"执行督导制"，强化大师主持、学术主导、行政全力保障，探索"驻院校导师制 + 三师（学业导师、科研导师、思政导师）联动"模式，优化人才发展制度环境，深化评价考核制度改革，使教师成为国家战略人才力量；在教材建设方面，注重立足中国、面向世界，关注文化传承，对于为"计划"单独开设的课程应该注重选取学科基础、前沿和交叉领域中的经典教材，可将教材结合研究方向进行专题设置。二是实现"特色 + 区域"人才供给的服务需求。促进人才培养供给侧和产业发展需求侧深度融合，主动对接国家战略需求和区域经济社会发展需要；构建从国家安全、产业发展、民生改善的实践中凝练基础科学问题的机制，根据乡村振兴人才需求实际和地区产业优势制定相应政策措施；强化国家使命导向，围绕未来航天、网络、军事、医药、农业等重要领域和创新方向集聚人才。三是深化"交叉 + 协同"的复合型人才培育模式。复杂问题涉及的不只是单一学科范畴。聚焦国家重大战略需求和关键领域，发挥学校综合汇聚的学科优势，要以人才培养为核心，打破传统学科之间的壁垒，以优势特色学科为主体，以相关学科为支撑，整合学科资源，实现基础学科、新兴学科、短板学科的协同发展与融合发展，探索在学科汇聚和集成攻关中解决交叉培养等难题，深化院校联动、学科交叉、产研协同的人才培养形式。例如，推进理工和医学领域的交叉，计算机技术和网络技术与新闻传播学科的交叉，在政治学、经济学、社会公共管理等领域组建交叉学科团队进行联合培养，强化科教协同，切实增强学生的创新意识和科研攻关能力。

当前，我国教育还存在大而不够强、发展不平衡、人才供需错位、国家战略人才培养不足等问题。这都与人才培养未能有效满足社会需要有关，反映出教育服务民生和社会发展的水平有待进一步提高。随着新一轮科技革命和产业变革加速演进，新质生产力的形成正以指数级速度展开，社会生产方式和结构发生巨大变化，教育发展面临着新的社会需要和挑战。

四、正确处理规范有序和激发活力的关系

习近平总书记指出，从教育大国到教育强国是一个系统性跃升和质变，必须以改革创新为动力。教育综合改革成效决定着教育强国建设进度。有序和活力是教育综合改革的两个向度，二者有机结合反映了教育强国建设的改革导向。

规范有序和激发活力是一对对立统一的矛盾。规范有序是基本前提，激发活力是应然追求。规范有序要求教育事业的发展必须坚持党的全面领导，不断健全教育法律法规体系，坚持依法治教，规范小学行为，严守教育安全底线；激发活力要求深化教育综合改革，创新教育理念思维，激发各级各类教育主体的积极性、创造性和能动性，激发教育系统活力，进而激发人们推动教育强国建设、民族复兴的澎湃活力。这就要求在党的坚强领导下深化教育综合改革，推动教育治理体系与治理能力现代化。活力是一个国家教育治理能力和水平的综合反映，是教育创新的基础。有序是一个国家教育稳步发展和教育教学活动有效开展的重要前提，是教育综合改革取得实效的基本保障。二者相互制约，形成张力；相互依存，缺一不可。在追求规范有序的同时，要防止学校因噎废食，盲目追求平稳免责，压制学生积极性主动性甚至活泼天性，造成教育缺乏创新性创造性，阻碍

教育综合改革深化。习近平总书记指出，中国式现代化应当而且能够实现活而不乱、活跃有序的动态平衡。有序和活力既对立又统一，教育强国建设要把握好二者关系，努力建构规范有序、充满活力的高质量教育体系。

五、正确处理扎根中国大地和借鉴国际经验的关系

扎根中国大地办教育是由我国历史、文化、国情决定的，是我们党发展教育事业的重要经验。同时，学习借鉴国际先进经验是建设教育强国的重要途径。处理好这一重大关系，要求我们坚定文化自信，坚定不移走中国特色社会主义教育发展道路，把握世界教育强国的共性特征和规律，博采众长、兼收并蓄，有效利用世界一流教育资源和创新要素，更好服务我国教育事业发展。

一方面，只有扎根中国大地，才能真正建设出适合中国国情、满足人民需要、解决中国难题、支撑中国式现代化的教育强国。2018 年 9 月，习近平总书记在全国教育大会上明确指出，要坚持扎根中国大地办教育。我们应该将教育发展的基本规律与中国实际相结合走出一条符合中国实际、具有中国特色的教育发展之路。办好中国的教育必须遵循矛盾的普遍性和特殊性辩证统一的基本原理，要牢牢扎根中国大地。任何类型的大学都是遗传与环境的产物。每一种教育模式都具有文化的适应性。一个国家的教育模式要跟本国国情、文化相适应。显而易见，那些照抄照搬外国理念和模式的做法都是错误的。只有立足中国教育的历史背景和现实基础，植根于中国历史和现实的土壤，接受中国文化的滋养，走自己的教育现代化之路，激活、强大内生因素，才能彰显中国教育发展模式的独特魅力。

教育现代化是支撑、推动和引领我国现代化发展的重要基础和引擎，更是实现中华民族伟大复兴的前提条件和力量之源。当今时代，教育只有

扎根中国大地，汲取中华优秀传统文化精华，以中国为观照、以时代为观照，立足中国实际，才能解决中国问题。以现代化的教育助力社会主义现代化建设，助力中华民族伟大复兴。扎根中国大地办教育，就是要将教育办成现代化意义上的，既要体现中国特色社会主义的特性，又要具有世界水平的办学质量，从而为实现中华民族伟大复兴的中国梦固本强基。在指导思想上，要坚持马克思主义在意识形态领域的指导地位。在办学方针上，学校要同国家发展的现实目标和未来方向紧密联系，能把满足国家战略需要、引领国际学术前沿和解决地方经济社会现实问题统一起来。在人才培养上，要始终坚持立德树人根本任务，切实肩负起中华民族伟大复兴的时代重任。

另一方面，借鉴国际先进经验是由我国改革开放的基本国策决定的，也是由我国教育发展现状决定的。借鉴国际经验是建设教育强国的重要途径，要求我们发现、吸收、借鉴世界教育强国的共性经验，以推动我国教育强国建设。我们要扎根中国、融通中外，充分发挥我国制度优势，努力用中国智慧、中国办法解决我国的教育改革发展问题。教育发展要根据本国的历史传统、现实国情和发展方向进行抉择。中国特色社会主义进入新时代，意味着中国特色社会主义道路、理论、制度、文化不断发展，拓展了发展中国家走向现代化的途径，给世界上那些既希望加快发展又希望保持自身独立性的国家和民族提供了全新选择，为解决人类问题贡献了中国智慧和中国方案。①

坚持教育自信，要从中华优秀传统文化中汲取智慧，吸收国际先进教育经验，积极参与全球教育治理，主动引领世界教育潮流，以更加开放自信的姿态走向世界，形成一个更加公平、完备、丰富、可持续的教育体

---

① 参见习近平：《决胜全面建成小康社会，夺取新时代中国特色社会主义伟大胜利——在中国共产党第十九次全国代表大会上的报告》，人民出版社 2017 年版，第 10 页。

系，为中华民族伟大复兴提供动力源泉。借鉴国际经验是重要补充，这既不是盲目照抄，也不是机械搬用，而是以我为主、博采众长，有利于更好形成建设教育强国的中国方案、中国智慧。处理好这一重大关系，要求我们把坚持扎根中国大地办教育和推动教育对外开放结合起来，认真吸收国外先进的办学理念和办学经验，通过交流互鉴增强我国教育的综合实力。要扎根中国、融通中外、立足时代、面向未来，发展具有中国特色、世界水平的现代教育。

第五节　教育强国建设的基本体系

建设教育强国，要以系统思维协同各方，统筹推进教育强国建设的基本体系。系统思维要求我们从多维度、多层面考虑问题。教育强国建设本身就蕴含着系统的观念：科技创新靠人才，人才培养靠教育，教育、科技、人才内在一致、相互支撑。我们要深刻认识到各体系之间的内在关联，以系统思维统筹兼顾各体系的协同发展、共同进步。固本铸魂的思想政治教育体系排在首位，彰显思政引领力的极端重要性；纵向连接的基础教育、高等教育、职业教育、终身教育等四大体系涵盖各学段，彰显人才培养的长期连续性。科技支撑、教师队伍、国际合作等体系从不同侧面提供了有力支撑，使其成为一个有机整体。

一、全面构建固本铸魂的思想政治教育体系

我们要着眼于培养一代又一代社会主义建设者和接班人，深刻理解党中央推进大中小学思想政治教育一体化建设的重要意义，科学把握其内

涵要求，着力探讨各学段统筹推进思想政治教育一体化建设的实践路径，努力实现思想政治教育的高质量发展。

习近平总书记指出："思想政治工作是学校各项工作的生命线，各级党委、各级教育主管部门、学校党组织都必须紧紧抓在手上。"[①]思想政治工作是一项复杂的系统工程，需要各部门有效参与。在高校，主要体现在包括课程育人、科研育人、实践育人、文化育人、网络育人、心理育人、管理育人、服务育人、资助育人、组织育人等在内的十大工作体系；在中小学，主要体现在以团组织建设、少先队组织建设、班集体建设等为主要内容的德育工作体系。要高度重视青年一代的思想政治工作，完善思想政治工作体系，不断创新思想政治工作内容和形式，就必须在推进大中小学思想政治教育一体化建设上狠下功夫，把强化大中小学思想政治教育各要素、各方面的协同与联动作为完善思想政治工作体系的重点，贯通本学段的人才培养体系，实现不同学段间的有效衔接，充分发挥思想政治工作的融入式、嵌入式、渗入式育人作用。

党的十八大以来，以习近平同志为核心的党中央高度重视并全面加强思想政治教育，形成了推进新时代思想政治工作的一系列新思想新战略新举措。习近平总书记先后主持召开了全国高校思想政治工作会议、学校思想政治理论课教师座谈会、全国教育大会等并发表重要讲话，为新时代思想政治教育提供了根本遵循。党中央和国务院先后印发了《关于加强和改进新形势下高校思想政治工作的意见》《新时代公民道德建设实施纲要》《新时代爱国主义教育实施纲要》《关于新时代加强和改进思想政治工作的意见》等重要文件，进一步把思想政治教育落到实处。培养德智体美劳全面发展的现代化人才，实现思想政治教育高质量发展，需要在现有思想政

---

① 习近平：《论坚持党对一切工作的领导》，中央文献出版社 2019 年版，第 279 页。

治工作基础上，进一步系统整合和有效统筹思想政治教育的资源力量。大中小学思想政治教育一体化建设既坚持全面育人，也强调以德为先；既遵循统一标准，也注重因材施教；既重视社会对人才的需求，也兼顾个体自我完善的需要。将思想政治教育置于更为广阔的视野、宏大格局和历史脉络之中，着力破解各学段衔接、各课程融合、各资源共享等现实问题，从推进学科建设、优化课程体系、完善资源配置、改善管理服务、营造文化情境等方面，为实现新时代思想政治教育高质量发展提供有力支撑和充足条件。

　　推进大中小学思想政治教育一体化建设，首先就要汇聚一体化建设的主体合力，使参与其中的各方主体力量同向同行、通力配合，确保育人效果的最大化。一是党的领导只能加强、不能削弱。习近平总书记强调，"各级党委（党组）要把思政课建设摆上重要议程，各级各类学校要自觉担起主体责任"①。要把思政课建设作为党领导教育工作的重中之重，把思政课建设纳入重要议事日程，中央和国家机关有关部门牵头抓好大中小学思想政治教育建设，地方党委严格落实思政课建设主体责任，增强推动大中小学思想政治教育一体化建设的思想自觉和行动自觉。二是建设高素质的思想政治教育师资队伍。习近平总书记指出："要着力建设一支政治强、情怀深、思维新、视野广、自律严、人格正的思政课教师队伍。"②大中小学思想政治教育一体化建设的关键就是要建设一支专职为主、专兼结合、数量充足、结构合理的高素质师资队伍。通过师资队伍准入培训的一体化、师资队伍教研交流的一体化、师资队伍服务保障的一体化，为大中小学思想政治教育一体化建设提供充足的师资保障。三是健全学校家庭社会协同育人机制。推动学校、家庭、社会的资源整合，将学生的价值诉

---

① 习近平：《论教育》，中央文献出版社 2024 年版，第 239 页。
② 习近平：《论教育》，中央文献出版社 2024 年版，第 239 页。

求与个体发展需求同党和国家发展变化紧密结合，通过项目拉动、社会实践等方式，拉动校外资源助推学校思想政治教育作用的持续发挥，以良好的社会环境、校园文化环境以及家庭氛围，助力学校思想政治教育效果最大化。①

二、全面构建公平优质的基础教育体系

建设教育强国，基点在基础教育。党的十八大以来，以习近平同志为核心的党中央高度重视基础教育工作。基本公共教育服务，是指保障全体人民生存和发展基本需要，与经济社会发展水平相适应的基础性公共教育服务，由政府承担保障供给的主要责任，引导经营主体和公益性社会机构补充供给。习近平总书记指出，"基础教育在国民教育体系中处于基础性、先导性地位，必须把握好定位，全面贯彻落实党的教育方针，从多方面采取措施，努力把我国基础教育越办越好。"②基础教育搞得越扎实，教育强国步伐就越稳、后劲就越足。习近平总书记要求，要围绕服务国家战略需要，聚焦人民群众所急所需所盼，着力构建优质均衡的基本公共教育服务体系，加快缩小区域、城乡差距。党的二十大明确提出，"加快义务教育优质均衡发展和城乡一体化，优化区域教育资源配置，强化学前教育、特殊教育普惠发展，坚持高中阶段学校多样化发展"③。2023年，中共中央办公厅、国务院办公厅印发了《关于构建优质均衡的基本公共教育服务体系的意见》，教育部、国家发展改革委、财政部印发了《关于实施新

① 参见王易：《深入推进大中小学思想政治教育一体化建设》，《红旗文稿》2024年第10期。

② 《习近平关于社会主义社会建设论述摘编》，中央文献出版社2017年版，第57页。

③ 《习近平著作选读》第一卷，人民出版社2023年版，第28页。

时代基础教育扩优提质行动计划的意见》。前一《意见》指出，一是以推进学校建设标准化为重点，加快缩小区域教育差距。实施义务教育学校标准化建设工程，推动义务教育学校各项办学条件达到规定标准，创造良好的教学、文化、生活环境。加大对中西部困难地区支持力度，省级政府聚焦促进省域内不同地市、县区之间缩小办学条件和水平差距。二是以推进城乡教育一体化为重点，加快缩小县域内城乡教育差距。建立与常住人口变化相协调的基本公共教育服务供给机制，合理规划布局城乡学校，加强寄宿制学校建设，以城带乡、整体推进，切实解决城镇挤、乡村弱问题。推进教育数字化，有效扩大优质教育资源覆盖面，服务农村边远地区提高教育质量。三是以推进师资配置均衡化为重点，加快缩小校际办学质量差距。实施校长教师有序交流轮岗行动计划，完善交流轮岗保障与激励机制，加快推动县域内校际师资均衡配置。完善集团化办学和学区制管理办法及运行机制，加快实现集团内、学区内校际优质均衡。四是以推进教育关爱制度化为重点，加快缩小群体教育差距。完善随迁子女入学保障政策，完善孤儿、事实无人抚养儿童、农村留守儿童、困境儿童教育保障和关爱保护，确保不同群体适龄儿童平等接受义务教育。这些举措是坚持以人民为中心发展教育、加快完善高质量教育体系、建设教育强国的重要抓手。

教育公平是社会公平问题在教育领域的一种体现，是社会公平的重要基础。促进教育公平，是党和政府长期以来发展社会主义教育事业始终追求的基本价值取向和始终坚持的基本教育政策，办好人民满意的教育是促进社会公平正义、保证人民平等享有接受教育的机会，维护社会和谐稳定的客观要求和必然选择。教育公平是社会公平的重要基础，要不断促进教育发展成果更多更公平惠及全体人民。在全面推进中国式现代化进程中，始终坚持以人民为中心，是一切事业的核心价值也是教育事业的价值遵循。我们应让现代化建设成果更多更公平惠及全体人民，在推进全体人民共同富裕上不断取得更为明显的实质性进展。我们追求的共同富裕是全体人民的共同富裕，而不是少数人的富裕。在高质量发展进程中增进平衡性是共同富裕的内在要求。习近平总书记指出，要坚持以人民为中心，不断提升教育公共服务的普惠性、可及性、便捷性，让教育改革发展成果更多更公平惠及全体人民。优化区域教育资源配置，推动义务教育优质均衡发展，逐步缩小城乡、区域、校际、群体差距。持续巩固"双减"成果，全面提升课堂教学水平，提高课后服务质量。深入实施国家教育数字化战略，扩大优质教育资源受益面，提升终身学习公共服务水平。①"要加大普惠性人力资本投入，有效减轻困难家庭教育负担，提高低收入群众子女受教育水平。"② 这为教育的发展指明了方向。"要不断促进教育发展成果更多更公平惠及全体人民，以教育公平促进社会公平正义"③。

三、全面构建自强卓越的高等教育体系

高等教育是我国教育体系的重要组成部分，以高质量教育体系支撑教育强国建设，是新时代中国高等教育的使命任务。打造高质量教育体系，推进高等教育发展，是新时代新征程加快建设教育强国、顺应广大人民群众对高等教育美好期待的基础工程和重要途径，把"人才自主培养"等要求落实到创新发展各环节，构建自强卓越的高等教育体系，从而为全面建设社会主义现代化国家、全面推进中华民族伟大复兴贡献高等教育力量。

---

① 参见《习近平在全国教育大会上强调　紧紧围绕立德树人根本任务　朝着建成教育强国战略目标扎实迈进》，《人民日报》2024 年 9 月 11 日。
② 《习近平谈治国理政》第四卷，外文出版社 2022 年版，第 145 页。
③ 习近平：《论教育》，中央文献出版社 2024 年版，第 130 页。

党的二十大报告强调，要全面提高人才自主培养质量，着力造就拔尖创新人才。这既从"科教兴国"与"国兴科教"有机互动融合的视角进一步凸显了高等教育事业的基础性、战略性支撑地位，也为我们在新时代新征程推进中国特色、世界一流大学建设指明了前进方向、提供了根本遵循。2023年5月30日，习近平总书记在中共中央政治局第五次集体学习时强调，建设教育强国、科技强国、人才强国具有内在一致性和相互支撑性，要把三者有机结合起来、一体统筹推进，形成推动高质量发展的倍增效应。坚持教育、科技、人才"三位一体"协同发展，核心在于深刻认识人才是最大、最关键的变量，要牢固树立"教育是第一根基"的强烈责任意识。在此背景下，"双一流"建设高校要履行好科技第一生产力、人才第一资源、创新第一动力重要结合点的职责，坚决扛起为党育人、为国育才的崇高使命，聚焦人才自主培养，着力造就新时代拔尖创新人才。

四、全面构建产教融合的职业教育体系

党的二十届三中全会提出统筹推进教育科技人才体制机制一体改革，加快构建职普融通、产教融合的职业教育体系，着力培养造就卓越工程师、大国工匠、高技能人才。深化现代职业教育体系改革要学习贯彻习近平总书记关于教育特别是职业教育的重要论述，围绕国家重大战略布局和地方产业发展现实需求，深化产教融合，推进职普融通，提高办学质量，创新职业教育人才培养模式，实实在在地把职业教育搞好，培养更多高技能人才、能工巧匠、大国工匠。职业教育是实现新型工业化和中国式现代化的重要支撑力量，是源源不断培养数量充足、结构合理、质量优良高技能人才的主阵地。

我们要把握教育科技人才一体化发展的内在规律性，加强科教融汇、

产教融合、人才培养间的纽带联系，充分认识到科技创新与教育体系互动赋能的重要价值，持续构建职普融通、科教融汇、产教融合育人的体系和过程，推动教育、科技、人才互融互促。在职普融通、产教融合、科教融汇中探索人才培养新范式，加强科研同教学的结合，推动职业院校、普通高校与科研院所深度合作培养人才，把科研优势转化为育人资源和育人优势；构建前瞻性项目与课程体系，革新教学模式和评价体系，打造培养复合型创新型人才的新高地。在职普融通、产教融合、科教融汇中构建学科交叉新格局，创新办学模式，把产教融合、协同育人理念贯穿人才培养全过程，实现资源共享、平台共建，促进跨学院、跨学科的交叉融合、互动发展；汇聚各类社会资源、拓展育人空间，实现多元主体的跨界整合、协同创新，以学科前沿、产业和技术最新发展成果更新教学内容；发挥学科交叉融合作用，全面深化新工科、新医科、新文科建设，改造优化传统学科、布局培育新兴学科，推动自然科学与人文社会科学的融合。在职普融通、产教融合、科教融汇中打造四链融合新模式。职业教育应以"四个面向"为指引，主动融入社会，形成教育、人才、产业、创新紧密融合的链式结构；把产业链对教育链、创新链、人才链提出的新要求作为布局新方向的动力，加强有组织的科研，着力提高职业院校对产业转型升级的贡献率；加强企业主导的产学研深度融合，以人才为核心、企业为主体、市场为主导优化配置各类资源，从而升级教育链、打通创新链、融合产业链、共享人才链，构建适应新质生产力发展的新型生产关系，服务经济社会高质量发展。职业教育应立足地方、面向市场，把服务国家作为最高追求，将服务支撑地方经济社会发展作为重要使命，对标国家战略需求，结合学校学科专业实际，进一步凝练学校学科方向和特色优势科研领域，组建有力支撑地方经济社会发展的科研团队和校企融合的基地和平台，精准服务区域经济发展，推动学校人才和创新资源精准匹配产业，扎实推进职普融通、产教融合、科教融汇，为国家发展增势赋能。

五、全面构建泛在可及的终身教育体系

终身教育与时代发展需要相联系，广泛而深刻地影响着世界教育发展。20 世纪 90 年代，我国提出了建设学习型社会的目标和思路，并将之上升到国家发展战略的高度。时至今日，发展终身教育、建设学习型社会已成为支撑个人、组织和社会学习的重要基石。学习型社会已不仅是一个学术概念，更是重要的社会实践。"面对我们的知识、能力、素质与时代要求还不相符合的严峻现实，我们一定要强化活到老、学到老的思想，主动来一场'学习的革命'，切实把外在的要求转化为内在的自觉，成为自己的一种兴趣、一种习惯、一种精神需要、一种生活方式。"[1]在中国特色社会主义新时代，终身学习的意义已超越了个人需求的范畴，它更是一项需要全社会共同参与和奋斗的事业。

习近平总书记在 2024 年全国教育大会上强调，要深入实施国家教育数字化战略，扩大优质教育资源受益面，提升终身学习公共服务水平。如何发挥教育数字化在推进学习型社会建设中的"倍增器"作用，构建起网络化、数字化、个性化、终身化的教育体系，是新时代发展终身教育面临的重大课题。

构建泛在可及的终身教育体系，是通过数字变革和教育创新，形成多主体协同、多元化教育、多渠道供给、多场景应用的教育生态，营造"人人皆学、处处能学、时时可学"的学习环境，进而推进全民学习、终身学习。这一体系需凸显三个特点：一是普惠性。通过政策支持、资源共享、

---

① 习近平：《之江新语》，浙江人民出版社 2007 年版，第 41 页。

社会参与等方式健全保障机制，推动各级各类教育纵向衔接、横向协同、整体优化，促进优质教育资源向乡村、向边远地区延伸，确保人人都能享有公平优质的教育。二是可及性。以人工智能、大数据、移动互联网等技术应用为支撑，探索形成灵活、高效、便捷的"互联网＋"终身教育新模式，满足学习者多样化个性化的学习需求，带动全民学习热情，让学习成为一种生活方式。三是开放性。围绕国家战略对技术创新和人才资源的需求，打破区域、行业、部门、领域的各种壁垒，推动教育链、人才链、产业链、创新链深度融合，促进人的全面发展与经济社会的可持续发展。

六、全面构建创新牵引的科技支撑体系

科技创新是提高社会生产力和综合国力的战略支撑。当前，世界百年未有之大变局加速演进，新一轮科技革命和产业变革深入发展，围绕科技制高点的竞争空前激烈。习近平总书记指出，要把增强科技创新能力摆到更加突出的位置，整合科技创新力量和优势资源，在科技前沿领域加快突破。党的二十大报告提出，要提升国家创新体系整体效能。我们要坚持以习近平新时代中国特色社会主义思想为指导，深入学习贯彻习近平总书记重要讲话精神和党的二十大精神，提升国家创新体系整体效能，以科技现代化支撑中国式现代化。

2022年，教育部印发《关于加强高校有组织科研 推动高水平自立自强的若干意见》（以下简称《意见》），就推动高校充分发挥新型举国体制优势，加强有组织科研，全面加强创新体系建设，着力提升自主创新能力，更高质量、更大贡献服务国家战略需求作出部署。

高校是国家战略科技力量的重要组成部分。高校有组织科研是高校科技创新实现建制化、成体系服务国家和区域战略需求的重要形式。党的

十八大以来，在以习近平同志为核心的党中央坚强领导下，高校作为基础研究主力军和重大科技突破策源地，创新能力快速提升、重大成果持续涌现、体制机制改革纵深推进，为创新型国家建设作出了重要贡献。立足新发展阶段、贯彻新发展理念、构建新发展格局，高校要把服务国家战略需求作为最高追求，坚持战略引领、组织创新、深度融合、系统推进的指导原则，要继续发挥好自由探索基础研究主力军和主阵地作用，持续开展高水平自由探索研究的基础上，加快变革科研范式和组织模式，强化有组织科研，更好服务国家安全和经济社会发展面临的现实问题和紧迫需求，为实现高水平科技自立自强、加快建设世界重要人才中心和创新高地提供有力支撑。全面构建创新牵引的科技支撑体系，要以国家战略需求为导向，以学校学科优势为基础，研究提出有组织科研的主攻方向，明确主要任务和战略目标。一是要强化国家战略科技力量建设。深入推进"双一流"建设，加快高校国家重点实验室重组、国家技术创新中心新建布局和国家工程中心高质量建设，支持高校牵头或参与国家实验室和区域实验室建设。二是要加快目标导向的基础研究重大突破。研究设立基础研究和交叉学科专项，启动基础学科研究中心、医药基础研究创新中心建设。持续实施"高等学校基础研究珠峰计划"。三是要加快国家战略急需的关键核心技术重大突破。实施"有组织攻关重大项目培育计划"，布局建设集成攻关大平台。实施"千校万企"协同创新伙伴计划。深入实施高等学校人工智能、区块链、碳中和科技创新行动。四是要提升科技成果转移转化能力服务产业转型升级。启动实施"百校千项"高价值专利转化行动，加强国家知识产权试点示范高校建设。启动实施"百校千城"未来产业培育行动。进一步发挥好国家大学科技园国家级创新平台作用，试点未来产业科技园建设。五是要提升区域高校协同创新能力服务区域高质量发展。进一步落实教育部与相关省市合作协议。围绕区域协调发展战略，发挥关键省份和节点城市作用，加强教育部创新平台和高水平科研机构建设。六是要推进高水平人才队伍建设，打造国家战略人才力量。依托重大科研平台组织实施重大科技任务和重大工程，培养造就一批战略科学家。积极吸纳博士后参与重大任务攻关，推进专职科研队伍建设。实施科技领军人才团队项目。实施高校优秀青年团队建设计划。七是要推进科教融合、产教协同培育高质量创新人才。认定一批国家科教协同创新平台。深入实施基础学科拔尖学生培养计划和国家急需高层次人才培养专项。在"双一流"建设学科与博士点布局中，强化与国家科技战略部署衔接。八是要推进高水平国际合作。布局建设一批一流国际联合实验室等平台。鼓励支持高校培育、发起国际大科学计划和大科学工程。深入实施"一带一路"科技创新行动计划。九是要推进科研评价机制改革营造良好创新生态。完善"双一流"建设动态监测系统，引导高校主动对接国家战略布局，提升支撑国家重大科技任务的能力。大力弘扬科学家精神，加强学风作风建设。鼓励探索创新体制机制和建设运行模式，以新型举国体制推进科技创新，找准重大攻关任务，凝聚力量协同攻坚，夯实基础研究根基，加快关键核心技术攻关，瞄准科技前沿和关键领域，提升国家创新体系整体效能。

七、全面构建素质精良的教师队伍体系

教师是立教之本、兴教之源，强国必先强教，强教必先强师。要大力弘扬教育家精神，加强新时代高素质专业化教师队伍建设，进一步营造尊师重教的良好氛围。教育家精神是中华优秀传统文化的思想精髓与新时代教育改革发展的生动实践相结合而产生的，赋予新时代人民教师以崇高使命。2024 年，《中共中央、国务院关于弘扬教育家精神加强新时代高素质专业化教师队伍建设的意见》发布，对弘扬教育家精神、打造支撑教育

强国的高素质专业化教师队伍作出全面系统部署。新时代高水平教师队伍建设，必须要强化教育家精神引领，引导广大教师践行共同价值追求。要推动教育家精神融入教师培养培训，开发教育家精神课程教材资源，依托国家智慧教育公共服务平台，构建日常浸润、项目赋能、平台支撑的教师发展良好生态。推动教育家精神贯穿教师课堂教学、科学研究、社会实践各环节，筑牢教育家精神践行主阵地。强化教育家精神引领激励，建立完善教师标准体系，将教育家精神纳入教师管理评价全过程。出台健全新时代师德师风建设长效机制意见，将高位引领与底线管控相结合，加快健全常态化、长效化、规范化机制，促进教师自律自强，努力培养让党放心、爱国奉献、担当民族复兴重任的时代新人。

八、全面构建开放互鉴的国际合作体系

全面构建开放互鉴的国际合作体系是加快建设教育强国的必然要求。2024年9月，习近平总书记在全国教育大会上强调，要深入推动教育对外开放，统筹"引进来"和"走出去"，不断提升我国教育的国际影响力、竞争力和话语权。扩大国际学术交流和教育科研合作，积极参与全球教育治理，为推动全球教育事业发展贡献更多中国力量。习近平总书记的重要论述，为我们不断完善教育对外开放的战略策略，坚定不移扩大教育对外开放指明了前进方向、提供了根本遵循。

要统筹做好"引进来"和"走出去"两篇大文章。教育高水平对外开放是促进人类文明交流互鉴的重要途径，也是建设教育强国、科技强国和人才强国的必然选择。要有效利用世界一流教育资源和创新要素，使我国成为具有强大影响力的世界重要教育中心。高校作为人才培养的重要基地，应充分发挥其在建设教育强国中的龙头作用，开展高水平国际交流与

合作，把握世界科技发展前沿方向，研究探索最新科学技术，自主培养世界一流的拔尖创新人才。在"引进来"上，要聚焦世界科技前沿、教育优势地区，与国内薄弱点、空白点、交叉点、紧缺点对接；在"走出去"上，推动中国教育理念走向世界，不断提升中国教育的影响力。

要扩大国际学术交流和教育科研合作。参加国际学术交流与教育科研合作，有助于让中国师生了解不同国家和地区的教育理念、教学方法，开阔眼界，培养更多有家国情怀、全球视野、专业本领的复合型人才，从而在推动中国更好走向世界、世界更好了解中国上作出贡献。在推动教育高水平对外开放进程中，应致力于搭建高水平多向合作机制，推动中国高校、科研机构等深入开展务实有效的国际教育交流与合作，践行国际科技合作倡议，积极融入全球创新网络，推动相关学术成果和实践经验进一步走向世界。

要积极参与全球教育治理。我国教育发展取得举世瞩目的巨大成就，建成了世界上规模最大的教育体系。与教育类国际组织合作是中国参与全球教育治理的重要路径，要进一步深化与联合国教科文组织、经济合作与发展组织等重要国际组织的合作。有条件的高校要进一步加强与国际组织、各个国家和地区教育机构的交流合作，主动参与、推动国际教育政策、规则、标准的研究制定。要用好"一带一路"平台，积极参与双边、多边和全球性、区域性教育合作，推动人类命运共同体理念在世界范围内赢得更广泛支持。

第六节　教育强国建设的重点任务

《教育强国建设规划纲要（2024—2035年）》明确了到2027年、2035

年的主要目标，部署了9个方面的重点任务：塑造立德树人新格局，培养担当民族复兴大任的时代新人；办强办优基础教育，夯实全面提升国民素质战略基点；增强高等教育综合实力，打造战略引领力量；培育壮大国家战略科技力量，有力支撑高水平科技自立自强；加快建设现代职业教育体系，培养大国工匠、能工巧匠、高技能人才；建设学习型社会，以教育数字化开辟发展新赛道、塑造发展新优势；建设高素质专业化教师队伍，筑牢教育强国根基；深化教育综合改革，激发教育发展活力；完善教育对外开放战略策略，建设具有全球影响力的重要教育中心。

一、塑造立德树人新格局，培养担当民族复兴大任的时代新人

要落实立德树人根本任务，发展以人民为中心的教育必须致力于培养德智体美劳全面发展的人。党的十八大以来，以习近平同志为核心的党中央把立德树人作为教育的根本任务，深化了对人的全面发展重要性的认识，实现了新时代我党教育方针的重大飞跃。新时代教育将致力于人的全面发展与个性发展，不断丰富全面发展教育的内涵。在当今时代，人的素质也是社会发展的重要资源。重视人的素质培养，是教育这一特殊的社会现象历来所具有的属性，实现人的全面发展也是全面贯彻党的教育方针的必然要求，也是人的综合素质的重要体现。人的素质既是社会文明进步的基础，也是衡量社会文明水准的尺度。教育的本质就是有目的有计划地提高人的素质的活动。全面提高人的综合素质，已列入各国长远规划并且被当作重要的战略举措。

2012年，党的十八大明确提出，把立德树人作为教育的根本任务。党的十八大之后，习近平总书记在多个场合强调立德树人的重要性。2016年12月，习近平总书记在全国高校思想政治工作会议上指出，高校立身

之本在于立德树人。要坚持把立德树人作为中心环节，把思想政治工作贯穿教育教学全过程，实现全程育人、全方位育人，努力开创我国高等教育事业发展新局面。党的十九大报告指出，要落实立德树人根本任务。落实立德树人根本任务，是新时代贯彻党的教育方针的重要体现。为此，2017年9月，中共中央办公厅、国务院办公厅印发了《关于深化教育体制机制改革的意见》，提出健全立德树人系统化落实机制。2019年6月，中共中央、国务院印发的《关于深化教育教学改革全面提高义务教育质量的意见》再次强调，落实立德树人根本任务，健全立德树人落实机制；国务院办公厅印发的《关于新时代推进普通高中育人方式改革的指导意见》提出，到2022年，德智体美劳全面培养体系进一步完善，立德树人落实机制进一步健全。党的二十大再次强调要落实立德树人根本任务。党的二十届三中全会审议通过的《中共中央关于进一步全面深化改革、推进中国式现代化的决定》提出，完善立德树人机制。习近平总书记在2024年全国教育大会上强调，实施新时代立德树人工程。

培养什么人、怎样培养人、为谁培养人是教育的根本问题，也是办好中国特色社会主义教育的关键所在。"培养什么人"面临新形势。当前，各种思想文化相互激荡，不同文明交流交融交锋更加频繁，给教育工作带来新挑战。我国正处于实现中华民族伟大复兴关键时期。全面推进中国式现代化，迫切需要人才作为党和国家事业的智慧动力支撑。"怎样培养人"面临新问题。习近平总书记强调，思想政治工作从根本上说是做人的工作，必须围绕学生、关照学生、服务学生。要引导青年学生全面客观认识当代中国、看待外部世界。"为谁培养人"面临新任务。我国教育发展方向要同我国发展的现实目标和未来方向紧密联系在一起，为人民服务，为中国共产党治国理政服务，为巩固和发展中国特色社会主义制度服务，为改革开放和社会主义现代化建设服务。"为谁培养人"必须要回应这一宏大命题。党的二十大报告再次重申："培养什么人、怎样培养人、为谁培养人是教育的根本问题。育人的根本在于立德。全面贯彻党的教育方针，落实立德树人根本任务，培养德智体美劳全面发展的社会主义建设者和接班人。"① 立德树人是对中华优秀传统教育思想的继承与发展，是中国特色社会主义教育的本质体现，是新时代贯彻党的教育方针的要求。落实立德树人这一根本任务，必须明确"立什么德""树什么人""如何立德树人"。要培养具有崇高德行的人，弘扬社会主义核心价值观，厚植中华传统美德。人无德不立，育人的根本在于立德。要培养具有家国情怀的时代新人。我国教育就是要培养中国特色社会主义事业的建设者和接班人，培养德智体美劳全面发展的人，培养担当民族复兴大任的时代新人。现代教育培养的人才，应具备丰富的学识，在不断学习中掌握事物发展规律，掌握现代科学文化知识，肩负起历史责任和使命。要培养具有高尚情怀的人，帮助学生树立共产主义远大理想，弘扬民族精神，树立全球视野和战略眼光，培养能够为世界和平与发展作出贡献的人。

二、办强办优基础教育，夯实全面提升国民素质战略基点

党的十八大以来，我国教育事业取得历史性成就、发生格局性变化，各级教育普及程度达到或超过中高收入国家平均水平，人民群众的教育获得感更加充实。但还要看到，教育发展不平衡、不充分的问题依然存在，教育公平是老百姓最关心、最期盼的教育诉求之一。聚焦人民群众对教育

① 习近平：《高举中国特色社会主义伟大旗帜，为全面建设社会主义现代化国家而团结奋斗——在中国共产党第二十次全国代表大会上的报告》，人民出版社2022年版，第34页。

公平的期盼，要健全与人口变化相适应的基础教育资源统筹调配机制，深入实施基础教育扩优提质工程，探索逐步扩大免费教育范围，建立基础教育各学段学龄人口变化监测预警制度，优化中小学和幼儿园布局，促进学前教育普及普惠和高中阶段学校多样化发展，提高教育公共服务质量和水平，提升普惠性、可及性、便捷性。要推动义务教育优质均衡发展和城乡一体化，逐步缩小城乡、区域、校际、群体差距，让每个孩子都有人生出彩的机会。要统筹推进"双减"和教育教学质量提升，营造良好教育生态，夯实学校教育主阵地。要坚持规划引领，将教育纳入国民经济和社会发展规划，以及国家区域协调发展战略、主体功能区战略等规划，落实教育优先发展，强化教育资源的投入和前瞻性配置。完善中央财政教育转移支付制度，确保有效满足欠发达地区教育需求，补齐教育发展短板。完善教育东西部协作和对口支援机制，充分发挥教育数字化对教育资源有效配置、高效配置的作用，进一步推动优质教育资源向欠发达地区供给和输入。优化城乡学校布局，推动城镇学校扩容增位，办好必要的乡村小规模学校，加强寄宿制学校建设，推进师资配备均衡化，加快城乡教育一体化。推进教育关爱制度化，加大对农村留守儿童、困境儿童等群体的教育保障力度，健全农业转移人口随迁子女入学保障政策，以公办学校为主将随迁子女纳入流入地义务教育保障范围，确保不同群体适龄儿童平等接受义务教育。要以办强办优基础教育，夯实全面提升国民素质战略基点。教育强国建设是人口高质量发展的战略工程。到2035年建成教育强国，必须深入研判人口规模结构变化对教育提出的新挑战新要求，不断优化区域教育资源配置，形成与人口分布相匹配、相适应的教育资源布局，提高教育资源使用效益效能，增强教育体系的服务能力，让每个学生都能享受到更好的教育，以人口高质量发展支撑中国式现代化。

三、增强高等教育综合实力，打造战略引领力量

高等教育是一个国家发展水平和发展潜力的重要标志，作为人才培养的摇篮、科技创新的策源地和创新实践的推动者，其支撑力、贡献力直接关系到高质量发展的速度和质量。换而言之，高等教育强了，经济社会发展就有坚固支撑，科技人才竞争就有充足底气。建设高等教育强国，大力提升高等教育的影响力和竞争力，持续提升高等教育对高质量发展的支撑力、贡献力，不仅关系到教育强国建设，更是以教育强国建设支撑引领中国式现代化建设的关键所在。

增强高等教育综合实力，打造战略引领力量，要着力提高人才培养质量，筑牢高质量发展的人才基石。推进中国式现代化，本质上是要促进人的现代化，而教育是培养时代新人、推动人的全面发展的根本途径。高等教育要抢抓新一轮科技革命和产业变革的重大历史机遇，优化高等学校学科专业设置，强化科教协同和产教融合育人，推进创新人才培养供给侧结构性改革。要统筹推进育人方式、办学模式、管理体制、保障机制改革，加强拔尖创新人才自主培养，同时加快国家战略人才、急需紧缺人才和高素质技能人才培养，源源不断向现代化建设事业输送时代新人，塑造和壮大全面推进中国式现代化的主体力量，这是教育强国建设支撑引领中国式现代化的核心功能最根本的体现。

增强高等教育综合实力，打造战略引领力量，要增强服务社会经济发展能力，使高等教育成为更好适应、支撑、引领经济社会发展的"快变量"。高校作为服务社会的重要力量，要主动融入国家经济社会发展大局，在学科建设、科研创新和人才培养中应当主动超前谋划，充分彰显和发挥服务高质量发展方面的引领和带动作用。一方面，要调整学科专业设置和人才培养方向，为区域发展提供急需的人才支持。地方高校人才培养尤其

要扎根中国大地、立足区域需求，着力解决人才供给侧与产业需求侧的结构性矛盾，扎实培养学得好、用得上、留得住的高素质应用型人才。另一方面，要紧紧围绕服务国家战略和区域经济社会发展，找到自身在服务区域经济社会发展中的突破口和切入点，主动聚焦地方战略布局，有效整合人才汇聚、科学研究、成果转化等方面的资源和优势，不断增强科技创新和社会服务能力，努力为区域发展实现新突破贡献高校智慧、提供高校方案。

四、培育壮大国家战略科技力量，有力支撑高水平科技自立自强

推进中国式现代化，科学技术要打头阵，科技创新是必由之路。我们要聚焦科教兴国战略、人才强国战略和创新驱动发展战略的有效联动，积极探索服务国家高水平科技自立自强的实践路径。培育壮大国家战略科技力量，支撑高水平科技自立自强，必须全力攻坚关键核心技术，服务国家战略需求。建成教育强国，是全面建成社会主义现代化强国的战略先导，是实现高水平科技自立自强的重要支撑。教育作为国家创新体系整体效能提升的基础性、战略性支撑，已成为国家利益和目标的中心。培育壮大国家战略科技力量，支撑高水平科技自立自强，必须发挥新型举国体制优势，向体制改革要科技生产力。坚持党中央对科技工作的集中统一领导，发挥新型举国体制优势，是我国科技事业发展的一条重要经验。培育壮大国家战略科技力量，支撑高水平科技自立自强，必须重视培养青年科技人才。培养人才是国家和民族长远发展的大计，要锚定国家重大战略急需，深入推动教育科技人才良性循环。

五、加快建设现代职业教育体系，培养大国工匠、能工巧匠、高技能人才

党的二十大报告提出，"统筹职业教育、高等教育、继续教育协同创新，推进职普融通、产教融合、科教融汇，优化职业教育类型定位"①。新修订的职业教育法把职业教育作为一种类型教育由政策规定上升为法律制度，明确职业教育与普通教育是两种不同的教育类型，这让职业教育的类型发展有了法律依据。优化职业教育类型定位，关键是要遵循职业教育发展规律，立足国家经济社会发展，聚焦学生的全面发展，推动职普有机衔接、协调发展，提升学校的综合办学实力和关键办学能力，构建具有中国特色、地域特点的现代职业教育体系。

习近平总书记明确指出："职业教育与经济社会发展紧密相连，对促进就业创业、助力经济社会发展、增进人民福祉具有重要意义。"②遵循经济社会发展规律发展职业教育，培养高素质技能人才，是实施人才强国、制造强国战略的内在需求，是建设技能型社会的必然途径，是推动技术创新的关键因素，是加快发展新质生产力的核心要素。职业学校应紧紧围绕国家重大战略、重点产业、重要民生，紧盯产业链条、市场需求、技术前沿和民生需求，我国教育应着力解决群众急难愁盼的问题，以应用型高校建设促活力，适时考虑就业方向和岗位需求预判，健全专业随产业发展动态调整的机制，引导支持学校优化整合相关学科专业资源，强化培育与重大发展战略和产业契合度高的学科、人才，可在报考

---

① 习近平：《高举中国特色社会主义伟大旗帜，为全面建设社会主义现代化国家而团结奋斗——在中国共产党第二十次全国代表大会上的报告》，人民出版社2022年版，第34页。

② 习近平：《论教育》，中央文献出版社2024年版，第67—68页。

或专业选择上联合相关企业定向就业培养，可实行现代学徒制和企业新型学徒制的人才培养模式，尽早地让学生了解职业特点，也尽快选择就业发展方向；大力发展本科层次的高等职业教育，加大培养应用型、复合型、创新型各层次人才培养的力度，既符合战略发展需要，适应区域经济社会高质量发展和经济产业结构、技术结构、人才需求结构升级的需要，又能提高就业对接效率，助推留住人才的工作方案，服务国家、服务地方，推动形成与市场需求相适应、与产业结构相匹配的现代职业专业结构、课程结构和人才培养方案，推动构建政、校、企协同发展的产教联合体，为中国式现代化提供人力支撑和技术支持。职业学校是培养高素质技术技能型人才的主要场所，产教融合、校企合作是职业学校的基本办学模式和最突出的办学优势。职业学校要以构建市域产教联合体和行业产教融合共同体为契机，以促进就业和适应产业发展需求为导向，实现人才培养标准、职业资格标准、行业准入标准、企业用人标准等有效结合；推动各类主体深度参与职业教育，形成政府、企业和学校专业共建、人才共育、过程共管、资源共享、责任共担的共建共享合作共赢机制。遵循教师队伍建设规律，适应提升"双师型"素养新举措。职业院校教师是职业教育发展的第一资源，是增强职业教育适应性的根本保障。遵循教师队伍建设规律，就要适应新时代高职教师队伍发展新形势新要求，把师德师风作为评价教师队伍素质的第一标准，抓住教师成才的关键环节，优化顶层设计，推动实践探索，破解发展瓶颈，畅通发展通道。要把建设技艺精湛、专兼结合的高素质"双师型"教师队伍作为改革的突破口，坚持制度创新、能力提升、项目引导，不断增强职业教育教师职业吸引力，推动职业教育内涵式发展。

六、建设学习型社会，以教育数字化开辟发展新赛道、塑造发展新优势

数字技术正深刻改变着教育理念、教育模式和教育形态。党的二十大报告将"推进教育数字化"置于"建设全民终身学习的学习型社会、学习型大国"之前，充分体现了数字化在促进全民终身学习中的战略定位和重要价值。习近平总书记特别强调，教育数字化是我国开辟教育发展新赛道和塑造教育发展新优势的重要突破口。只有充分发挥好数字化在资源共享、模式创新、生态重构中的倍增器作用，才能大幅提升学习型社会、学习型大国的建设速度与成果成效。要将数字化作为高质量发展的重要引擎，积极将新理念、新技术引入终身学习领域，不断夯实数字基础设施与平台建设，丰富数字化资源与内容供给，创新泛在多元、智能化、体验式的学习场景与学习模式，打造现实与虚拟深度融合的终身学习新生态。2023 年 5 月，习近平总书记在中共中央政治局第五次集体学习时强调，要建设全民终身学习的学习型社会、学习型大国，促进人人皆学、处处能学、时时可学，不断提高国民受教育程度，全面提升人力资源开发水平，促进人的全面发展。习近平总书记的重要讲话清晰绘制了具有中国特色的学习型社会、学习型大国建设蓝图，旗帜鲜明地提出了"人人皆学、处处能学、时时可学"的建设目标，并特别强调要通过全民终身学习促进人的全面发展，进而为中国式现代化建设提供基础性、战略性支撑。立足新时代，勇担新使命，中国学习型社会、学习型大国建设必须坚持党的领导，坚持走高质量发展道路。

传统教育理念、顶层设计和教育教学体系与工程技术、文化产业、管理服务等社会生产力需求密切相关。传统教育是以记忆性为主的知识教育，以标准化、规模化培养为主要特征，从而产生各行业需要的标准化通

用人才。随着数字化时代到来，物联网、区块链、人工智能等信息技术快速发展，社会和企业需要的不是以知识记忆为主和操作规范的人才，而是具有创意、技术、整合和国际视野、持续学习力的综合素质人才，从而引发当前的终身学习、新工科教育、网络认证国际教育等新教育方式的产生，也推动教育从基础理念、原则、流程到教育教学方法的深层次系统变革。因此，从本质上而言，数字化教育属于网络信息新时代的教育形态；传统以记忆为主和标准化的课堂教育，则是与工业经济时代相匹配的教育形态。数字化革命既是一场技术革命、经济革命，又是一场思维革命甚或是生存革命。

数字化时代要求我们突破传统教育制度体系的路径依赖，以数字变革推动终身教育高质量发展，推进新型基础设施体系现代化，深化人工智能等新一代信息技术的创新应用，加快布局建设未来学习中心，强化多元化数字学习空间融通和多维度数字技术应用支持，培育全天候、全场域、全周期的学习载体。要丰富数字教育资源，分层分类建设面向不同学习者群体的数字资源，打造集成化、智能化、国际化的课程超市，打破现有教育发展水平差异和时空阻隔，实现师资、课程等优质资源在区域间、城乡间、校际的共享。要构建数字教育应用体系，筑牢可信可控的数字安全屏障，以数智化赋能教育治理，深化教育质量监测和评价，精准适配学习服务。提升公民数字素养，从强化社会数字科普、夯实学校数字教育、深化数字技术创新等方面多管齐下，提高公民对数字技术的理解和应用能力，为终身学习和学习型社会建设打下坚实基础。新时代新征程，我们应该积极开展先导性实践探索，构建面向未来的数字教育新范式，为个性化学习、终身学习、扩大优质教育资源覆盖面和实现教育现代化提供有效支撑。

七、建设高素质专业化教师队伍，筑牢教育强国根基

教师是对学生最具能动作用的影响要素，是对学生发挥指导和引领作用的关键因素。教师队伍是国家发展的重要战略资源。教师质量是学习成果的核心要素，高质量的教师和教学也有助于改善学习，实现优质、公平的教育。教师队伍素质直接决定着学校的办学能力和水平。改革开放之后，随着我国教育事业的不断发展，教师的待遇和地位显著提高。教师工作的本质是塑造灵魂，塑造生命，塑造人。2016 年教师节前夕，习近平总书记在北京市八一学校考察时强调："希望广大教师认清肩负的使命和责任，教育和引导学生热爱祖国、热爱人民、热爱中国共产党，教育和引导学生心中要有国家和民族、意识到肩负的责任，牢固树立为祖国服务、为人民服务的意识，立志成为党和人民需要的人才。"[1]"教师是立教之本、兴教之源，承担着让每个孩子健康成长、办好人民满意教育的重任。"[2]"教师承载着传播知识、传播思想、传播真理，塑造灵魂、塑造生命、塑造新人的时代重任。"[3]

教师职业的重要性和特殊性，决定了要有成功的教育，必须有合格的、优秀的教师。加强教师政治思想素质建设是坚持社会主义办学方向的必然要求。要加强师德师风建设，提高教师培养培训质量，培养造就新时代高水平教师队伍。提高教师政治地位、社会地位、职业地位，加强教师待遇保障，维护教师职业尊严和合法权益，让教师享有崇高社会声望、成为最受社会尊重的职业之一。教育以育人为本，育人以立德为先。使学生成为一个品德高尚的人，是教育的基本要求，也是对教师的基本要求。在

---

① 习近平：《论教育》，中央文献出版社 2024 年版，第 131 页。
② 习近平：《论教育》，中央文献出版社 2024 年版，第 33 页。
③ 习近平：《论教育》，中央文献出版社 2024 年版，第 189—190 页。

中华民族几千年的教育传统中，道德教育总是最受重视的方面。建设社会主义并最终实现共产主义，对年轻一代的思想觉悟和道德品质有着很高的要求。教师是国家培养人才的一支重要力量。习近平总书记指出，好老师要有理想信念、有道德情操、有扎实学识、有仁爱之心。在党的二十大报告中，习近平总书记再次明确指出："加强师德师风建设，培养高素质教师队伍，弘扬尊师重教社会风尚。"[1]习近平总书记不仅强调尊师重教的重要性，也身体力行成为尊师重教的表率。

八、深化教育综合改革，激发教育发展活力

教育的发展与社会发展密切相关。社会需要是教育发展的前提，教育是社会发展的重要条件，这就要求在进行社会经济、政治体制改革的同时，也必须进行全面的教育改革。深化教育改革是中国特色社会主义教育理论的重要内容，社会的飞速发展推动着教育改革，教育发展的内在要求呼唤着改革。

教育是科技进步、文化发展的重要推动力量。邓小平同志指出，科学技术是第一生产力。教育改革就是要通过对教育内外部各种关系的调整，使其更加充满活力，能够更高效地完成知识再生产和劳动力再生产的任务。教育发展与社会发展密切相关的属性，决定了社会要改革，教育也必须改革。这是教育发展的客观需求。党的十八大以来，教育领域综合改革全面深化。要进一步增强教育改革的系统性、整体性、协同性。在专业设置上，要适时考虑就业方向和岗位需求预判，灵活设置专业方向，完善

---

① 习近平：《高举中国特色社会主义伟大旗帜，为全面建设社会主义现代化国家而团结奋斗——在中国共产党第二十次全国代表大会上的报告》，人民出版社 2022 年版，第34 页。

学科专业布局，健全专业随产业发展动态调整的机制；在培养目标上，要培养适应社会发展的各类人才。人才数量取决于教育结构，人才质量取决于教育目标、教育内容、教育手段。要转变教育目标，加大应用型、复合型、创新型高层次人才培养的力度；在教学方式上，创新培养模式，采取全日制、学分制等多种学习形式，做到线上与线下结合、课堂与实训结合，营造人人皆学、时时可学、处处可学的社会教育氛围。在改革教育管理方式上，要完善依法自主办学机制，促进学校科学定位、差异化发展，鼓励学校办出特色、办出水平、避免同质化倾向。在教育内容上，要重视人文教育、科学教育、劳动教育以及艺术教育。在教育手段上，要通过5G、AI、大数据、数字化等先进的传播技术和手段来推进教育改革。

新时代，我国经济社会发生了历史性变化，人民群众的文化教育需求越来越强烈。这既对教育提出了更高的发展要求，也为教育提供了源源不断的发展动力：首先，对教育的规模要求大幅度提高。一方面，由于社会的进步和社会产业结构的调整变化，知识在社会生活和社会生产中占有越来越重要的地位，社会对劳动者和社会成员的知识水平要求也越来越高；另一方面，随着家庭收入水平的逐步提高，家庭负担教育的能力也日渐提高，教育需求更加迫切。其次，随着我国各级各类教育的逐步发展，教育机会日渐增多，教育越来越普及，人民群众对教育的要求会逐渐提高，由原来的能接受教育变为要求接受优质的教育。最后，由于社会生活不断丰富，社会生产方式日渐多样，社会对劳动者的能力素质需求也更加多元。同时，随着对教育规律的进一步深刻认识与把握、素质教育的深入开展，要求教育在类型与层次上必须不断进行调整，以适应多样、多元的教育需求。所有这些，也都要通过不断的改革创新加以完善。

主动与社会和经济的发展需要相适应，是教育自身发展的基本规律之一。按照这个规律，一方面，社会政治经济制度发生变革，总要导致教育思想、制度、内容发生相应的变革；另一方面，在同一社会制度条件下，社会发生的科学技术革命、产业结构变革、经济体制变革，也会要求并引起教育自身在观念、制度、内容、方法等方面进行适应性改革。因此，教育自身的发展过程，同样是一个要求不断变革更新，在更新中发展的过程。教育改革必须处理好改革、发展与稳定之间的关系。改革是发展的前提，没有改革，就谈不到发展；发展是改革的目的，改革必须促进发展。如果没有教育的发展，教育改革就失去了意义。而稳定是改革与发展的保证，是做好教育工作的前提和基础。没有稳定，改革无法进行，发展也就大打折扣。要充分考虑教育改革的力度、发展的速度和人民可接受的程度。教育改革的过程实质上就是不断地解决问题、解决矛盾。在这一过程中，也会产生新问题，带来新矛盾。教育改革就是要在不断解决问题、矛盾的过程中研究解决新问题、新矛盾。稳定是对发展成果的消化巩固，也是一种发展，是为了准备更高层次、更高水平的发展。十年树木，百年树人，教育影响着人的一生；如果教育出现大的起伏，有可能影响到一代人的前途与命运。同其他领域相比，教育稳定发展的任务更重、要求更高。

九、完善教育对外开放战略策略，建设具有全球影响力的重要教育中心

开创教育对外开放新格局是新时代教育现代化的战略任务。从内部发展要求来看，教育作为国家综合国力的一个重要组成部分，要努力达到现代化水平。从外部发展要求来看，中国教育在"量"的方面要进一步提高对世界教育的贡献率，成为承担国际教育任务最主要的国家之一；在"质"的方面则要增强中国教育的影响力和话语权，使中国教育与中国经

济、科技等领域一样，成为推动构建人类命运共同体的中坚力量。教育事业既在对外开放中发展壮大，又在对外开放中走向世界。这些实践和观点有力推动了我国教育对外开放工作大步前行，对我国教育与世界关系的认知和实践也应当因时而新、因事而进。

随着我国经济实力的不断壮大和国际地位的显著提升，我国教育在国际上也需承担更多的大国责任，要积极参与全球教育治理，建设与我国国际地位相适应的教育体系。这是中国教育改革和发展的重要使命，也是责任担当。现代化教育不仅在教育思想、机制上有所突破，在教育模式、方法、媒介上也有所转换。教育现代化的本质是教育资源、应用、管理水平等方面的现代性增长。要使我国教育发展水平走在世界前列，就要推动教育理念更新、模式转换、体系重构。实现教育现代化离不开教育信息化的引领和支撑，教育现代化的实现水平也是教育数字化进一步发展的重要依托。在有技术的思想和有思想的技术相互融合的基础上，我们应该以现代网络技术为基础，以优质教育资源为主导，以传统教育质量为优势，采用翻转课堂、微课堂、在线学习等学习模式，创设一种支持创新学习方式、教学模式和技能培养的教育教学环境，依靠现代信息技术重建学校、重构课堂，促进教师个性化教学、学生个性化学习、师生个性化共同成长。在培养学习者的情感、态度、价值观的同时，还要重视培养学生的国际视野、创新意识和实践能力。通过分层教学、合作教学、实践教学等多种渠道，培养学生的批判性思维、信息素质、沟通协作能力和创新能力。教育现代化水平是一个国家或地区教育发展水平的重要标志。教育现代化也促进了世界文化的交流与融合。教育要面向现代化，面向世界，面向未来。教育国际化是世界教育发展的整体趋势，各国的教育发展模式也应融入世界教育体系当中。同时，教育的国际化也会促进世界政治、经济以及文化的交流。我们应该遵循教育发展规律，向世界输出优质教育资源，为世界提供中国智慧和中国方案。

开放是一种需要、一种自信、一种能力。要坚持道路自信、理论自信、制度自信、文化自信，文化自信是更基础、更广泛、更深厚的自信。中国教育改革和发展的成功实践，再一次证明教育现代化的道路不止一条，发展中国家能够走出具有自身特色的发展之路。与经济发展道路相同，中国教育发展走过了一条从率先发展到共同发展的道路。中国教育的发展道路受到了世界各国的高度肯定。中国有着悠久的教育历史。教育思想、教育理论和教育模式创新是中国教育发展的新使命，也将是中国教育对世界教育作出的重要贡献。从教育数字化发展和国家总体战略考虑，教育信息化发展是中国教育发展的新使命，教育实力是彰显国家综合实力的重要力量。教育对外开放对国家建设的影响是全方位的。不同文化的交流促进着人类文明的进步，信息化将会带动全球教育的改革和发展，"教育改革与发展也必须服务于国家战略需求，要服务于推进构建人类命运共同体的使命"[1]。"要深刻认识和把握中国优秀教育理念，筑牢高等教育研究的历史文化基石。"[2] 中国教育发展以中华优秀传统文化为基础，给世界教育提供了中国智慧、中国方案。中国教育模式的转变与创新的经验，以及中国教育发展的伟大成就证明中国特色社会主义教育道路是完全正确的。要建成教育强国，就必须在世界教育强国的共性中体现出自身的个性，有效利用世界一流教育资源和创新要素，提升全球人才培养和集聚能力。要努力将我国建设成为具有强大影响力的世界重要教育中心。

---

[1] 童世骏主编：《建设社会主义教育强国研究》，人民出版社 2019 年版，第 234 页。

[2] 钟秉林、洪成文、李立国、周海涛、李枭鹰：《新时代高等教育研究的取向及路径（笔谈）》，《教育科学》2019 年第 6 期。

第七节　教育强国建设的组织实施

教育强则国家强，教育兴则民族兴。坚持党对教育事业的全面领导，是引领新时代中国特色社会主义教育事业不断前进的最大政治优势，是办好中国特色、世界水平的优质教育的根本政治保证。只有坚持党对教育事业的全面领导，才能在更高水平上实现教育战线思想上的统一、政治上的团结、行动上的一致，才能确保教育事业发展的正确方向，才能坚定走好中国特色社会主义教育发展道路。

一、坚持党对教育事业的全面领导

用习近平新时代中国特色社会主义思想武装全党是党的思想建设的根本任务。全面贯彻党的教育方针，是坚持党的政治领导在教育领域的重要体现，是使教育同党和国家事业发展相适应、同人民群众生活期盼相契合、同我国综合国力和国际地位相匹配的题中应有之义。改革开放 40 多年来我国教育事业的发展历程充分证明，只有坚定不移加强党对教育事业的全面领导，才能坚持正确的政治方向，保证党的教育方针、政策全面贯彻执行，确保教育事业始终沿着正确的道路蓬勃发展；只有坚定不移加强党对教育事业的全面领导，才能真正落实教育优先发展的战略地位。党的教育方针在教育事业发展中具有根本性的地位和作用。党的十八大以来，习近平总书记在北京大学师生座谈会、学校思想政治理论课教师座谈会等多个场合着重强调了党的教育方针的重要性。2021 年，《中华人民共和国教育法》修订，在指导思想方面强调要坚持以马克思列宁主义、毛泽东思想、邓小平理论、"三个代表"重要思想、科学发展观、习近平新时代中国特色社会主义思想为指导。我国教育要始终坚持社会主义办学方向，将思想政治工作贯穿学校教育教学全过程，落实立德树人根本任务，扎根中国大地，坚持教育同生产劳动和社会实践相结合，加大创新创业人才的培养和支持力度，积极探索中国特色劳动教育模式。党和国家出台了《加快推进教育现代化实施方案（2018—2022 年)》《中国教育现代化 2035》等一系列重要文件，为加快实现教育现代化、建设教育强国、办好人民满意的教育作出了全面部署。在教育培养对象方面，党和国家围绕"培养什么人、怎样培养人、为谁培养人"这个教育的根本问题，明确提出培养德智体美劳全面发展的社会主义建设者和接班人。我国改革开放 40 多年来的经验证明，中国共产党是中国特色社会主义事业的领导核心。正如习近平总书记指出的："党政军民学，东西南北中，党是领导一切的，是最高的政治领导力量。"①

坚持党对教育事业的全面领导，要坚持和完善党委在办学治校中的政治引领力。完善党对教育工作的领导体制，完善省级党委教育工作领导小组及其办事机构的工作规则和运行机制，健全党委统一领导、党政齐抓共管、部门各负其责的教育领导体制。要全面加强教育系统党的建设，以党的政治建设为统领，坚持和完善党委领导下的校长负责制，完善党委会、校长办公会的议事规则、规范议事内容、决策程序、会议决议执行办法，确保党委在高校中能够履行好把方向、管大局、作决策、抓班子、带队伍、保落实的领导职责。

二、着力探索教育多元主体协同育人模式

2018 年 9 月，习近平总书记在全国教育大会上指出，办好教育事业，

---

① 《习近平著作选读》第一卷，人民出版社 2023 年版，第 192 页。

家庭、学校、政府、社会都有责任。

我们应着力探索教育多元主体协同的育人模式，凝聚多方力量站在新的历史起点上创新协同育人机制。教育关乎个体、家庭，也关乎国家，是由家庭、学校、政府、社会等共同参与的系统工程。要形成全员、全过程、全方位育人工作格局，全社会都要担负青少年成长成才的责任。学校要大力推进依法治校。全面推动教育行政管理体制以及学校内部管理体制的改革、创新，在依法治校的基础上，构建政府、学校、社会之间的新型关系，加快建设现代学校制度。

三、加强学校网络安全教育

在信息化背景下，教育的功能、作用、主体等方面更加多元化，教育环境也更加复杂，网络安全教育备受关注。我们要推进网络安全教育进校园、进课堂、进教材。建成教育强国是中华民族伟大复兴的基础工程，也是新时代中国特色社会主义赋予教育的新使命。现代教育不再仅仅是技能传授、知识传授的过程。现代教育的一个突出的实质功能就是价值传导性。信息网络技术与教育的有机结合，可以满足不同层次、不同条件、不同需求受教育者的要求，给教育的改革与发展带来了新的活力和契机。在教育高质量发展的同时，树立总体国家安全观是应对各种安全威胁的必要举措，也是实现依法治国、国家治理体系和治理能力现代化的客观需要。树立总体国家安全观已成为国家治理现代化的题中应有之义。我们要在教育工作中贯彻落实总体国家安全观，坚持走中国特色国家安全道路。

第八节　教育强国建设的标准体系

《中华人民共和国国民经济和社会发展第十四个五年规划和 2035 年远景目标纲要》明确提出，到 2035 年我国将基本实现社会主义现代化，建成教育强国。

一、构建教育强国建设的创新体系

教育供给侧结构性改革是供给侧结构性改革在教育领域的延伸。构建与新发展格局相适应的教育供给方式与体系是教育供给侧结构性改革的重要抓手。数智时代的先进生产力为教育供给新需求的实现提供了新思路，为实现教育公平、建设终身学习体系带来了新的解决方案。

（一）"互联网＋教育"的应用

教育信息化是教育多元化的重要推进器，科技的振兴也预示着更广阔领域和更深层次的文化振兴。通过积累的技术、知识等文化资源，人们可以更有效地达到认识世界与改造世界的目标，也有助于实现教育资源、教育手段和教育体验的多元化。教育教学借助高新技术实现了变革，通过一部手机，人们就可以随时了解全球资讯。计算机被智能手机和平板电脑逐步取代，世界进入微时代的"迷你"传播环境，由此催生了许多前所未有的教育形态和学习方式。同时，由于手机、平板的便携性，人们能够把碎片化时间有效地利用起来，随时随地开展网络学习。随着现代信息和网络技术的发展，"万物智联"降低了知识传播的成本，加速了知识传播的速度，提高了知识的应用效率。现在，全球的网络覆盖率和电子产品的使用率已非常高，网络信息技术为学习者提供更加便捷的学习环境。人们已进入万物智联的时代。当今时代，教育从学习方式、形态到结构、从整体到局部都发生着深刻的变革。在新时代，要实现教育发展，就要把线上和线下学习有机结合，提升教育的实效性。一是拓宽智能教育与传统教育模式的选择空间。"互联网+"的广泛应用是教育改革的契机与教育理念的突破，使教育方式、知识传授方式以及知识获取方式发生了极为显著的变化。传统的教学模式虽然稳定但形式较为单一，已经不能满足新时代受教育者的需要。网络信息技术实现了从课堂教学到家庭教育的对接，有助于学习实效性的提高。二是新时代大学生的主体选择。信息化时代使得虚拟学习与实体学习可以同步进行或有效衔接。丰富的优质教育教学资源通过互联网实现了共享，也有助于提升学生的兴趣与求知欲。通过学校学习与自主学习相互交织、相互联动、相互作用，信息化带来一种线上与线下交互融合的重要教育模式——"互联网+"的智能教育模式。三是服务国家发展战略。在我国，教育发展始终强调惠及人民。我们要从供给侧结构性改革视角出发，创新教育资源供给模式，保障人民受教育的权利，通过扩大优质教育资源的覆盖面以及改善教育资源的有效供给，从而解决教育发展中的不平衡不充分问题，让更公平和更高质量的教育服务和教育资源被人民享有。

（二）信息化促进教育发展

以信息化为引领的教育方式变革，使得学习理念、学习内容和学习方式等各个方面也正在发生着重大变革。信息化背景下，智慧学校、智慧课堂、智能学伴、人工智能教师等新的学习共同体形式相继产生。信息网络技术发展使学习共同体成为可能，学习从学校课堂向课堂、社会、网络的全时空发展模式过渡。实体空间与虚拟空间相结合的学习空间建设成为教育发展和学习建设的新主题。教育服务场域发生了根本性的变革，获得知识的主要场所不再仅仅是学校。远程课堂、网络教学、异地同步教学使得学校的围墙正在被打破。同时，信息化带来了一种全新的教师属性，教师的身份呈现协同化、多元化和社会化的特点，教师不再是知识传授的唯一角色，教育的供给方式由知识中心转变为学习者中心。通信技术的运用使交互学习、研究学习、合作学习更加有效便捷。在信息化背景下，学校可将教学内容添加到信息化学习平台，还可以创立模拟课堂、在线互动、线上问答等立体多维的学习模式。学生可以根据自身情况，自主选择学习时间、确定学习内容、把握学习进程、学习频次，能够享有不受时间、地点和空间局限的学习资源。信息技术为学生提供了更加个性化的学习服务，可以满足学生的需求，顾全个体的能力水平，从一定程度上摆脱传统教育学习受时间、环境等方面限制的弊端。教育的学习时空从封闭走向开放，学习方式从集中走向分散，知识学习从系统化走向碎片化，评价指标从标准化走向个性化。信息技术为学生提供了优质学习体验，提升了学生发现问题、分析问题和解决问题的能力，增强了协作意识和实践能力，也可以不断提高自身修养和思想境界。在复杂多变的发展环境中，随着经济社会发展和人民生活水平提高，学生需求呈现多层次多样化态势。新一代信息技术以及多方社会资源可望成为以学习者为中心的教育新生态，为学生提供了优质学习体验，创新了教育供给方式。首先，人工智能技术有效推进了教育发展。人工智能的深度应用将会构建一种较为开放、灵活的个性化教育体系，能够有效实现信息共享、融通、协同和智能的全方位服务。这一技术的应用将彻底打破传统教育的时空限制和供给水平，使规模化前提下的个性化和多元化教育成为可能，人工智能在教育领域里的广泛应用，也破解了一直以来教育的大规模覆盖与个性化支持的难题，推动教育整体运作流程发生改变。其次，要基于 5G 网络，以技术促进教育发展。进一步提升信息技术的基础设施硬件水平和服务能力，加快知识的传播速度，扩展传播范围，进一步缩小学习者之间的知识鸿沟和现实差距。最后，要通过"5G＋AI"的连接助推智慧教育的发展和知识教育的建设。借助"5G＋AI"的连接，通过受教育者、移动端的交互模式，把课程资源、教师、学习者组建为一个学习共同体，为学习方式和教育方式的改革提供技术路径和现实可能，也促使真正高效并富有创造性的深度学习真正发生，在信息类聚整合理解、知识迁移运用和知识体系重构同时也促进了人类不同思维类型和思考方式的切磋。这将有助于当前教育信息化和智能化的发展，也是未来智慧学习的发展趋势。

（三）数字化教育转型的教育发展趋势

当今世界，科技发展迅猛，大数据开启了从 IT 向 DT 演进的时代，数据资源将成为全球最具潜力的战略资源之一。大数据的功能性也影响着人们的生活和社会的发展。网络信息触及社会的各个层面，教育数字化模式正在迎来颠覆性变革。从信息推动到数据推动再到数字资源共享，未来教育发展的新动力不断涌现。首先，应该明确教育数据挖掘的内涵，助推教育数字化发展的载体搭建。通过整合学习者的动机、态度和兴趣指向等信息，对学习者的知识储备、偏好、行为习惯和学习过程进行量化、分析和建模，预测学习者未来的发展趋势，探索和改进适宜学生的教育内容和教育模式。其次，优化教育平台，助力教育数字化发展。有效借助大数据资源，理解和优化学习过程和学习环境，逐步优化智能教育平台资源。在此基础上，夯实大数据基础，分析优化大数据支持下的教育载体，从而推动教育数字化发展。最后，增强大数据的潜在价值分析和运用，不断提高教育数字化发展的精准性和实效性。为学习者提供强大的学习体验，进一步对教育教学活动的数据、学习者的兴趣、习惯和未来发展方向等数据资源进行深度挖掘，从数据量化、数据创新、数据定位等方面入手，更加精准、合理、有效掌握大数据相关信息，加强大数据资源的管理和应用，促进个性化学习和有效学习的发生，可以提高教育发展的科学性和可行性。

数字化作为变革教育体系、提升教育品质的内生变量，可以有效服务国家现代化建设。数字化革命不仅推进人类社会进入网络信息时代，而且助推教育进入全新的数字化新形态，进而引发教育发生深刻变革。人类社会先后经历农业文明、工业文明两个时代，正在进入以数据为资源和要素的数字化网络信息时代。21世纪是人类开始全面进入信息化社会的世纪，数字技术渗透各行各业，以新形态、新生产方式、新沟通方式、新思维方式推进人类社会生产生活各个领域全面发生变革。数字经济、信息经济、网络经济和知识经济等在全球迅速发展，数字化时代已经来临。

二、构建教育强国建设的服务体系

要构建教育高质量发展的服务体系，就要把握世界变局和时代脉搏，联系实际，在社会主义现代化建设的实践中不断提升与经济社会发展的契合度、服务国家重大战略需求的贡献度和人民群众的满意度，更好地为加快教育现代化、建设教育强国提质赋能。

（一）教育要主动面向乡村振兴发展战略和新型城镇化需要

民族要复兴，乡村必振兴。乡村是国家经济、政治、文化、社会、生态文明等方面发展的重要根基。2020年，党的十九届五中全会把"乡村振兴战略全面推进"纳入"十四五"时期经济社会发展主要目标并作出重要部署。乡村振兴实现良好开局，"三农"发展取得了历史性成就。2021年2月，中共中央办公厅、国务院办公厅印发了《关于加快推进乡村人才振兴的意见》。乡村振兴，人才是关键。农业农村高质量发展进程不断深入、农业供给侧结构性改革不断推进，也对农业农村人才队伍提出更高要求。乡村振兴所需人才可以分为农业现代化人才和农村现代化人才两类，包括农业生产经营人才、农村二三产业发展人才、乡村公共服务人才、乡村治理人才、农业农村科技人才等。把握经济社会发展总体趋势和重大需求，是进行教育和人力资源开发战略预测的首要前提。"强化乡村振兴人才支撑"的要求将人力资本的重要性提到了首要位置。要围绕乡村振兴需要，培养全方位乡村人才，扩大总量、提高质量、优化结构，通过教育提高人力资本素质，有效促进技术进步，进而拉动经济增长。我国乡村科技分为科研与推广两大体系。以往的农业科研主要由国有农业科研院所、农业类高校等承担。随着农业产业化、企业化进程的加快，越来越多的农业科技型企业、民营农业科研单位、乡土科技人才等新型农业科研主体开始涌现。农业龙头企业也加大了科技研发力度。综合性高校拓宽了农业传统学科的专业边界，为构建现代乡村产业体系增添了活力。教育服务乡村振兴发展，要依托乡村特色优势资源，在技术革命和创新中发挥主力军作用，同地方政府与企业共同打造农业全产业链，推进农村一二三产业融合发展示范园和科技示范园区建设，并把农业现代化示范区作为推进农业现代化的重要抓手。在这一过程中，国家也加大了对农业院校以及农业科研机构的指导，建立了对"三农"科研单位持续稳定的支持机制，支持建立涉农重点实验室、技术中心。要发挥教育在科技研究与知识创新中的支撑和引领作用，发挥学科综合优势，加强交叉融合的创新布局，促进现代乡村产业体系的构建。要激发乡村创新创业动能，主要是培养农民的创新意识、创新思想、创业能力、创业精神，全面提高农民的专业水平和综合素质，帮助其运用各种资源因地制宜创业。加强产学研一体化的深度融合，增强农村经济发展活力。我国近年来也建立了一些大学科技园，高等学校也通过不同渠道加强了与企业的合作，但高等学校与企业合作的力度仍需进一步适应国家战略需求和经济社会发展的需要。近年来的实践经验证明，可以采用学校和企业建立联合人才培养基地的方式促进乡村科技由单项研究向集成研究转变。各地应围绕产业体系构建，注重相关领域的衔接互动，通过建立科技创新平台、攻关协作组等途径，整合科技资源力量，进行多项技术的联动创新和配套运用，促进科技成果及时转化为生产力。通过发挥教育优势，推进科技资源向产业链集聚，避免重复研究，提高综合效益，为乡村振兴提供内生动力。

（二）有效提升教育服务区域发展战略水平

要提高教育开放水平，整体提升教育服务经济社会发展的能力，紧密结合国家和区域经济社会发展重大战略，推进区域教育整体改革和健康发展。当前，教育与经济发展的关系已经从一般意义上的基础性、战略性作用提升为创新性和引领性作用。要突破思想观念、体制机制等方面的束缚，推动教育向优质化、多元化、个性化的供给转型升级。要在尊重学科发展和科技发展自身规律的基础上，使人才培养、学科建设、科学研究等各项工作更加适应扩大内需、发展现代产业体系、促进区域协调发展、建设生态文明等战略任务的新要求。

（三）全面提升教育对人力资本的供给能力

世界各国都是围绕国家发展目标大力培养创新人才，从根本上促进国家创新能力的提升。教育可以通过传授知识、提供培训等方式提高人力资本存量和增量。学校的根本任务是培养人才，这也是学校区别于科研单位的主要特征之一。基于人力资本理论视角，人力资本是体现在人身上的技能和生产知识的存量。人力资本的提高能够促进经济增长，形成"追赶效应"。20 世纪 80 年代中期出现的新经济增长理论又被称为"内生经济增长理论"。"内生"是指不依赖经济外部的力量（外生的技术进步）的推动，主要由经济的内在动力（人力资本增长、内生技术进步）推动经济实现长期增长。新经济增长理论明确将教育对经济增长的推动作用放在了首要位置。该理论认为教育主要通过两个途径影响经济增长：第一，人力资本作为一种投入要素引入生产函数。这样不仅将个人的教育投资选择在模型中予以明确体现，同时考虑了人力资本所具有的外部效应，从而突破规模报酬不变的假设，表明了通过教育的人力资本投资可以促进产出提高和经济增长。第二，人力资本存量的增加促进了经济的内生增长，尤其是技术进步明确与人力资本存量产生了密切的联系。与人力资本积累（流量）对产出的一次性效应不同，人力资本存量具有促进经济增长率提高的永久性效应。基于人类发展指数视角，人类发展指数（Human Development Index，HD）由巴基斯坦籍经济学家赫布卜·乌·哈格和印度籍经济学家阿马蒂亚·库马尔·森于 1990 年提出，是联合国开发计划署衡量联合国各成员国经济社会发展水平的指标。此指数可帮助划分各联合国成员国的国民生活发展水平（已发展、发展中及低度发展）及度量经济政策对生活质量的影响。[1] 其中，人类发展指数（HD）作为衡量人类发展情况的指标，可以从健康长寿、知识获取以及生活水平等人类发展的三个基本维度衡量一个国家取得的成就。

三、构建教育强国建设的管理体系

教育是系统与社会各子系统不断互动、相互促进而生成的整体性系

---

[1] 参见瞿振元、王建国主编：《建设高等教育强国的意义与使命》，高等教育出版社 2016 年版，第 2 页。

统。教育在不断满足社会需要的过程中促进着社会发展，提升自身能力，这也是衡量教育系统发展水平是否具有竞争力的核心所在。

（一）健全教育人才培养机制

学校要把人才培养作为中心工作，全面提高人才培养能力。不同类型的学校要探索适应自身特点的培养模式，着重培养适应社会需要的创新型、复合型、应用型人才。要加大人力资源投入，创新人才培养模式，推动 5G、大数据、云计算、人工智能等新一代信息技术的应用。要提高教师数字化教学能力，利用数字技术，对教育系统的评价方式进行改革，制定数据采集标准，促进数据的互操作性，推进学生综合素质数据全方位采集，制定综合素质评价体系和标准，推进学生新型能力建设。要把创新创业教育贯穿人才培养全过程。建立健全学科专业动态调整机制，完善课程体系，加强教材建设和实训基地建设，完善学分制，实施灵活的学习制度，鼓励教师创新教学方法。要深化科研体制改革，坚持以高水平的科研支撑人才培养工作，加大哲学社会科学研究支持力度，完善中国特色哲学社会科学学科体系、学术体系、话语体系，构建中国特色的学术标准和学术评价体系，统筹推进世界一流大学和一流学科建设。深入推进协同育人，促进协同培养人才制度化。

（二）健全教育投入机制

要完善财政投入机制。合理划分教育领域财政事权和支出责任，明确支出责任分担方式，依法落实各级政府教育支出责任，进一步健全各级教育预算拨款制度和投入机制。我国教育目前主要依靠政府财政拨款支持，要拓宽大学筹资渠道，完善社会捐赠激励机制。例如，建立捐赠鸣谢反馈制度；建立以捐赠人需求为导向的劝募机制；健全校友资源和校友文化的培育机制；等等。

（三）进一步健全教育宏观管理机制

"内涵式发展"是党中央根据我国教育的发展阶段及所处的时代环境，对教育发展方向目标与实践路径所作的顶层设计规划。"内涵式发展"是一种区别于规模和数量扩增，真正回归教育本身、从学校内部激发发展活力的发展方式。推进教育内涵式发展，要进一步健全教育宏观管理机制，推进教育理念、体系、制度、内容、方法、治理的现代化。内涵式发展也是完善教育自我发展的一项重要指标。要建立标准健全、目标分层、多级评价、多元参与、学段完整的教育质量监测评估体系，健全第三方评价机制，增强评价的专业性、独立性和客观性；完善教育督导体制，促进教育督导机构独立行使职能，落实督导评估、检查验收、质量监测的法定职责，完善督学管理制度，提高督学履职水平，依法加强对地方各级政府的督导，依法加强对学校规范办学的督导，强化督导结果运用；进一步完善教育立法和实施机制，提升教育法治化水平；提高管理部门服务效能，建立和规范信息公开制度。

第四章　教育强国建设的教育哲学维度

教育强国建设哲学基础的研究，要以马克思主义基本原理与立场为基础，积极回应当代社会教育发展中的重大问题。教育哲学作为一种给教育行动赋予意义形式的活动，主要包括三个层面：一是基于主体论，给教育中的个体赋形，确认人是教育对象的意义，阐明培养教育主体的目的；二是基于认识论，给教育实践赋能，依托于感性活动为教育面向生活世界奠基，从而为个体的教育目的寻找内在的起点与依据；三是价值论，给教育现实性赋值，把握置于生活世界的教育活动的价值取向，阐明学校存在之根由，揭示教育在整个社会结构中的地位，促进教育内在目标的实现。

第一节　教育与人的自身发展

把握人的教育本质，要确立人是教育对象的基本观点。无论是教育理论研究，还是实际的教育实践，对此较容易达成共识。那么，既然人是教育对象，是教育活动发生与参与的主体（无论是教育者还是受教育者，都是教育活动的直接参与者、发动者。确认培养社会主体的教育活动的特征，要以人的本质特征为着眼点。就这一点而言，他们体现着教育活动的主体性），正确理解与把握人的本质特征，进而准确理解人的教育基本内涵与可能实施的教育手段就是必要的。

一、"人的教育"的理论研究与实践变革

不论处于哪一个历史时期、哪一个国家或地区，各级各类学校开展教育活动都不能回避人是学校的教育对象这一点。或者说，不能离开人与教育的关系来谈论教育。

(一)"人的教育"主体地位的初步认识

如果把人确认为教育对象，就要阐明教育培养的人能否适应社会，能否参与现实生活。如果受教育者仅仅掌握了科学知识，却不会灵活运用科学知识，不能结合各种条件，创造性地、有效地解决实际问题，这不是学校的教育目标。在教育思想史上，曾出现过一个常见的错误认识，就是把教育等同于改造人性、塑造灵魂的活动。这样认识与理解"人的教育"，合理之处是把"人的教育"看作一种价值性活动，它要求学校通过教育活动，引导人对人生意义、人生价值等问题自觉考量。但是，改造灵魂的教育仍然需要立足于现实人的现实社会之中，如果改造人的灵魂等同于转换概念、变革观念，这就会使教育活动脱离实际，把现实的、客观存在的教育活动引向神秘的、抽象的、浪漫的想象之中。比如，一些古代教育思想家把培养"有德性的人"作为教育目标。在对"有德性的人"的本质把握上，古希腊教育思想家的观点非常典型，他们认为"有德性的人"，就是要把握感性世界背后形而上学的"本原性实体"。就此而言，柏拉图意义上"人的教育"就是在人是理性的前提下，逐渐使人趋向真理的过程，是在超验世界中寻求教育依据，展示教育意义。柏拉图认为，教育价值的基础不是此岸世界而是彼岸世界，这体现出理解教育思想方式的抽象性特征。

在西方，从文艺复兴至启蒙运动时期，对人的尊重以及维护人权的思想不断完善丰富，直接影响人在教育中的位置以及教育对人的价值的认定。夸美纽斯的教育立场是有代表性的观点。在《大教学论》开篇，夸美纽斯提出，教育不仅要认识人，而且使"人成为人"。这表明夸美纽斯是非常明确地坚持人的教育的立场，而且，从"认识人"到"成为人"，意味着实现了对人的问题思考方式的转向。学校开展的教育活动，就应该以"人是理性的人"为立足点，发挥教育在强化人的理性力量方面的作用，从而使人成为名副其实的理性人。据此，夸美纽斯提出学校的教育任务是使学生认识、知道世界上万物的名字，并要学会观察、分析世界上事物变化的原因，使万物为人所用，达到由人主宰万物的目标。这既是达成"人成为人"的目标，又是实现"人成为人"目标的基本途径，同时也是学校的教育内容。夸美纽斯把这一教育目标区分成三个相互联系的目标，这就是要使人达到"博学、德行或恰当的道德、宗教或虔信"的目标。① 可见，使"人成为人"的教育，意味着夸美纽斯已经确立了人在教育中的主体地位，只是，他把人为什么能够成为人的假设归结成上帝，又把"追随上帝"确定为人的发展的终极目标，这使夸美纽斯陷于对"人的教育"思考的矛盾处境：虽然看到人具有无限发展的可能性，但是，他没有找到论证人的独立存在、重视人的价值的思想方式。夸美纽斯从人的成长角度阐释教育的合理性，以及在设计不同类型的学校与教育内容方面作出了重要贡献。这一点在洛克、卢梭等人的教育思想中也有反映。不过，与夸美纽斯的观点不同，他们不是从上帝的角度阐释教育对人的意义，而是着眼于社会与人的关系的维度，看到了社会对人的发展构成的制约因素，看到了人被社会剥夺自然权利之后的生存处境，因而在坚持人生而具有不可剥夺的权利

---

① 参见［捷克］夸美纽斯：《大教学论》，傅任敢译，教育科学出版社1999年版，第10—11页。

的前提下，倡导教育的价值与任务是唤醒人的权利意识，使人养成能够履行这种权利的能力。回避社会，重视人的感官、经验，重视自然、事物教育以及坚持人的自然发展的信仰，成为卢梭、洛克等 17 至 18 世纪西方思想家设计教育方案的重要立场。有研究者称，西方这一时期教育思想的重要特点是"自然的唯实的"教育，教育目的是在世俗生活中养成身心发展的个人（夸美纽斯的神本主义理想例外）。此种类型的个人，虽仍不至于排斥合理的宗教信仰，但是主要任务是传授实学知识，培养绅士式的德性，以实现世俗的幸福生活。因而，在实际教育中，教材以实学为主，教学方法则遵照自然的顺序。①

在西方，受文艺复兴的影响，教育被看作是使"人从自然的状态中脱离出来发现他自己的人性的过程"②。这就是说，这一时期，西方主流教育观点依然强调教育改造人性的作用。但是，"教育改造人性"的含义发生了变化，重点是着眼于人的内在潜力，增强塑造自己的能力。教育是"对人的个性和提高自我意识的兴趣"③。而对人的个性与自我意识的认识，随着受宗教观念束缚的现象的消除，自然就要回归到从人本身寻找原因的思路。但是，如果把人的理性作为检测"人成为人"的关键因素，就得出这样的结论：在现实社会中，人具有思考的能力，具有生产知识与科技的能力，这正是教育重要的本质因素。因而，教育与人的理性之间的关系成为教育研究的重点，确认教育目标是让人学会思考，并且把完善人的理性等同于人的主体性的培养。无疑，这种教育观点具有合理因素。它把教育活动建立在科学与人的理智基础上，有助于教育的科学化、规范化发展。科

---

① 参见雷通群：《西洋教育通史》，东方出版社 2007 年版。

② ［英］阿伦·布洛克：《西方人文主义传统》，董乐山译，生活·读书·新知三联书店1997 年版，第 45 页。

③ ［英］阿伦·布洛克：《西方人文主义传统》，董乐山译，生活·读书·新知三联书店1997 年版，第 32 页。

学技术在社会生活中发挥着越来越重要的作用。对科学的信仰、认定科学知识是可靠的观点，逐步被社会成员普遍接受与认同。这样，也就确认了科学知识产生、传递的模式及其特征，比如知识的实验性、可验证性、客观性等。当社会大众对科学的信仰变成主流思想意识观念时，这种理解科学知识的思路也被迁移到对教育的理解之中，因为传递科学知识是教育的手段及其任务。如此，就把教育认定为一种实证科学活动，只要保证知识的正确性、科学性，就完成了教育的任务。

这种现象最典型的表现是 19 世纪和 20 世纪的机械主义和实证主义思想影响下的教育研究。比如，斯金纳的行为主义教育研究就认为人的行为需要依赖能够观察到的原因加以解释，因而认为讨论思想、价值观、理想和信仰等无法观察的东西，是没有意义的。这样，复杂的、蕴含丰富人性的教育活动被简单化了，被变成可以测量的一种"客观事实"、一个"客观过程"，并且相信教育者所说的一切都是合理的、正确的，确立了知识与教育者的权威地位。结果，对知识的怀疑、对教育者稍有不尊，就被称作是对"常人理智"的"冒犯"。[①] 显然，如果把教育理解成是如此的"科学活动"，在这样的教育环境中并不缺失"知识"，而是缺失了教育承担唤醒人生意义、社会价值的自觉性。正如怀特海所说："知识的价值完全取决于谁掌握知识以及他用知识做什么。"[②] 怀特海认识教育的思路很明确。他认为衡量知识与教育是否有价值，不是看受教育者是否获得了知识，而是要看知识使用的价值。如果只重视传授知识，关心学生是否掌握了知识，这没有完全体现教育的价值。在很长时期内，西方

---

① 参见［英］约翰·齐曼：《可靠的知识：对科学信仰中的原因的探索》，赵振江译，商务印书馆 2003 年版，第 126 页。

② ［英］怀特海：《教育的目的》，徐汝舟译，生活·读书·新知三联书店 2002 年版，第 57 页。

教育界坚持这一认识教育的思路，这一思路也成为教育理论研究争论的一个焦点话题。

英国哲学家洛克把人当作一种"实体"，强调"自然人"是教育必须重视的"第一因"。洛克是从"实体"的角度理解"自然人"，它是指人具有的先天赋予的不可剥夺的理智，他在《教育漫话》一书中多次重申："一切德行与价值的重要原则及基础在于：一个人要能克制自己的欲望，要能不顾自己的倾向而纯粹顺从理性所认为最好的指导。"① 人的理智是教育的前提与基础，是教育活动必须遵循的原则。把人看作一种"实体"、看作有待充实知识或价值理念的"实体"，是从近代以来占据主流的认识思路。直到现象学理论才开始重视人。这一理论以改善人的认知（意识）为核心，把认知、自我意识当作理解人的本质的核心性概念，并且赋予"自我""自我意识""理性"以无限的价值，认为这些个人自由的前提与基础，是不可剥夺的。如此，受教育的人被当作是达到受教育者或社会规定的某种目标的手段，教育功能自然就被异化。

承袭启蒙时期自然主义教育思想的德国哲学家康德的教育贡献是提出了"人是教育目的"的思想。他非常明确地要求教育过程遵循理性原则，及早施行"规训"，教育者不可以将受教育者当作"工具"来使用，以"防止人由于动物性驱使而偏离'人性'"，而使全部"善"能够在世界中产生出来。② 康德说："一个被创造物的身上的理性，乃是一种要把它的全部力量的使用规律和目标都远远突出到自然的本能之外的能力，并且它不知道自己的规划有任何的界限。但它并不是单凭本能而自行活动的，而是需要有探讨、有训练、有教导，才能够逐步地从一个认识阶段前进到另一个

---

① [英] 约翰·洛克：《教育漫话》，傅任敢译，教育科学出版社 1999 年版，第 19 页。
② 参见 [德] 伊曼努尔·康德：《论教育学》，赵鹏、何兆武译，上海人民出版社 2005 年版，第 6—9 页。

阶段。"①人的认识从一个阶段发展到另一个阶段，这一观点是合理的，问题是不能把人的认识能力的发展，看作只是人的理智的活动，更不能看作纯粹是人的自我意识的观念活动。齐良骥教授评论说，康德也像洛克那样认为人的感官有内外之分，意识通过外感官感觉到外面的对象。但是，康德并不承认有独立于意识的认识对象。独立于意识的东西，就不是认识对象，也不是无。这就是说，在康德看来，认识的对象必须要与意识相联系，人的意识与对象关系也构成思考知识问题的着眼点，即考察知识的来源，要以主体为立足点，知识是主体认识活动的结果。②虽然康德强调了知识来源于人的外感官对外在对象的接触与感受，但这一切是建立在人的意识的前提下，这是典型的以人的理性为中心的知识观。马克思强调物质世界是独立于人的意识的存在物，而人的意识、人的认识是大脑对外部世界的反映。因而，外部世界先于人的意识活动、先于人的认识活动，它对人的认识活动来说，占有优先的地位，具有本体的意义。显然，这与康德把人的意识确定是知识来源的观点是有本质差异的。

（二）"人的教育"哲学研究思想方式的转折

随着"人的教育"的理论研究取得新成果，这一理论的发展也影响及推动着教育实践创新。要澄清教育培养人的独立性、自主性、主体性的核心是什么，换句话说，教育培养的人的主体性是指什么，这是教育塑造人的主体性的认识前提。对此，哈贝马斯评述了这一阶段关于主体性问题的认识思路。哈贝马斯认为笛卡尔以来的主体性原则已经影响到各个领域。笛卡尔确定追问"我""我思"，从"我"入手讨论我之对象——客观世界的存在及其意义，与古代思想家的研究方式是截然不同的。他说"我"可

---

① ［德］康德：《历史理性批判文集》，何兆武译，商务印书馆 1990 年版，第 4 页。
② 参见齐良骥：《康德的知识学》，商务印书馆 2000 年版。

以设想没有身体、没有客观世界，但不能设想没有"我自己"。所以，只有在"我的思考"中、"我的怀疑"中才能感觉到"我"是存在的。如果"我"停止思考，即使原先想象已经存在的外部世界是真实存在的，但是，因为"我"已经不存在了，外部世界就不再有意义了。可见，"我的"思考对"我"的存在来说是十分重要的。而人的身体、外部自然，只有对思考的"我"来说，才有存在的意义。他甚至在《形而上学沉思》中讲到，当一个人感到什么都可以不要，什么都可以不需要的时候，正说明他是沉思着的人，正说明他是存在着的。笛卡尔对"我思"的重视，企图通过"我思"确立人的主体地位，而"怀疑"又是"我思"的重大特征与存在方式。在笛卡尔看来，只有经过怀疑，站不住脚的学说与主张才会销声匿迹，进而有利于掌握真知。所以，笛卡尔说，如果要建设可靠的知识新大厦，首先就必须"对每一个问题我都仔细思考一番"①。笛卡尔通过"我思"提出了确立人的主体地位的任务，以及要为人的主体地位建立牢固的基础。在笛卡尔看来，只有"我思"才是真实存在的，自我是一个思维者，只有在"我思"的前提下，客观世界才是有意义的存在，甚至连自身的身体也只有在"我思"条件下才是可能的。这被称作笛卡尔主客分离的思想方式，即人的主体地位可以脱离客观对象而变得独立存在，主体变成是"自我意识"意义上的"主体"，培育人的自我意识成为造就人的主体性的基本课题。换言之，要使人具有主体地位，培养人成为一个社会主体，只能依赖人自身的思维活动就能实现。这样，主体的人变成是现成的、由人的主观（人自身的思维）给予的东西。这种理解"主体"的思想方式是认识"主体"问题的唯我主义、唯心主义倾向。因为由"我思"——主观给予主体的人，缺乏人和现实相互交往活动，必定是空洞的、抽象的，阻隔了人与现实世界

---

① ［法］笛卡尔：《谈谈方法》，王太庆译，商务印书馆 2000 年版，第 23 页。

交往的通道，反而变成在现实社会生活中培养社会主体的一种障碍。如果把"我思"作为人之存在的决定依据，"我思"就成为优先于身体、世界的存在，这使"我思"具有本体意义。其实，这只能是一种形而上学的思考，这也是笛卡尔"我思故我在"的问题所在。由此可说，如果摒弃了把握主体的客观现实基础，要确证人的主体地位，这只能是一种纯粹的理智活动。无疑，这已经暴露了笛卡尔"我思"思想方式的局限性。

在笛卡尔那里，主体性与"自我"有关，主体性是人的主体性。而由对"自我"的认识，笛卡尔转向了主体内在性或主观性的领域，表明笛卡尔把主体性与人的自我意识或自身认识联结起来，只有"自我意识"是真实可靠的，"我思维，所以我存在"，"我思"才是确实可靠的。这样，思维着的我才是主体的我，思维等同于人的主体性，结果是把"人的思维活动"变成人的主体性的具体要求与具体体现。反过来说，要证明人是否具有主体性，则要通过人的思维才能实现。因而，人的思维等同于主体的功能，同时，思维成为人的本质的内在规定。这样，笛卡尔第一次把"思维的自我"当成是理智上自主的、自由的"自我"，是一个理性主体。可见，笛卡尔主体理论的意义在于突出"自我"的地位，要求"自我"不受一切既定权威与成见的约束，享有独立运用自己的理智的自由。这种着眼于把人的思维或理智当作人的主体性的观点，势必使"自我"与主体性成为"空中楼阁"。其实，笛卡尔也意识到这一点，他说："如果我把观念仅仅看成是我的思维的某些方式或方法，不想把它们牵涉到别的什么外界东西上去，它们当然就不会使我有弄错的机会。"[1]人进行思维的目的是解决实际问题，推动人类文明进步。如果为了防止错误的发生，把"思维"当作大脑的"智力"游戏，这不可能解决现实问题。而无法解决现实问题的

---

[1]　[法]笛卡尔:《第一哲学沉思集》，庞景仁译，商务印书馆 1986 年版，第 37 页。

个体，也成不了具有主体意识、主体能力的人。客观地说，哈贝马斯揭示了近代思想家在理解"人的教育"中存在的关键问题，这就是：虽然认识到了人是教育的对象，并在教育实践中体现了对人的尊重与重视，但是，对人的地位的确认，是建立在对"人是理性"的认识前提之上。"人是理性"的认识，既是开展教育活动的前提，又是教育活动的结果，学校教育目标就是使人成为"理性的人"。这样，人就被看作一种"实体"，构成"实体"的核心要素则是人的自我意识。因而，确立人的自我意识，并不断地完善自我意识，被当作人的主体性目标的实现。这样理解人的"主体性"，带来了认识误区。海德格尔说得很清楚："如果说随着作为突出的基底的我思自我，绝对基础就被达到了……这就是说，主体乃是被转移到意识中的根据，即真实的在场者，就是在传统语言中十分含糊地被叫做'实体'的那个东西。"① 把自我意识等同于人的主体性，确立主体性关键是自我意识，改善、确立人的自我意识是教育的目标。但问题关键是主体性的自我意识又作何理解？把自我意识与主体性相联系，肯定人的自我意识的存在，肯定自我意识在人的日常生活中的价值，这一认识是合理的。正如当代现象学教育学对个人自我体验、个人主观性感受的重视，认为教育研究过程中要重视受访对象的个人叙述和研究者的判断，② 由此把教育看作觉悟启蒙与"开始明白"的过程，"在这一过程中，体验通过和别人以一种对话体的遭遇的检验而被理解"③。重视人的主观性体验、人的自我意识

① ［德］海德格尔：《面向思的事情》，陈小文、孙周兴译，商务印书馆 1999 年版，第 75 页。
② 参见 ［美］洛伦·S.巴里特、［美］托恩·比克曼、［荷兰］汉斯·布利克、［荷兰］卡雷尔·马尔德：《教育的现象学研究手册》，刘洁译，教育科学出版社 2010 年版，第 88 页。
③ ［美］洛伦·S.巴里特、［美］托恩·比克曼、［荷兰］汉斯·布利克、［荷兰］卡雷尔·马尔德：《教育的现象学研究手册》，刘洁译，教育科学出版社 2010 年版，第 100 页。

在教育研究中的价值，体现着教育学作为人文科学的特质。这与笛卡尔的自我意识立场是一脉相承的。当然，这种观点的进步意义是肯定主体是人而不是上帝或其他物质或神秘观念，重视人的主体地位的确立。人作为主体，其主体性的体现，则要通过人的一系列"自我活动"，是密切关联着自我意识，也可以把它们纳入"自我意识"概念包含的范围之中。即便如此，对"自我活动"的认识，要避免一种错误的认识，即把它看作个人抽象的"精神的"活动，看作纯粹观念的交换或者是逻辑推理的"思辨"活动，事实上，必须认识到它是现实人的现实的生命活动。这里说"生命活动"，不是指人作为生命体的"生命活动"，而是强调生命活动的实质是人与世界交往关系的建立，是人从确立个体生命自觉向类生命自觉的发展。它意味着人的主体性的发展，是向更高阶段生命自觉的发展与超越，也成为检测人的主体性发展的标尺。

（三）"人的教育"思想变革的实现

马克思终结了理解教育的传统思想方式，实现了教育思想的革命。笛卡尔提出"我思故我在"的论断，在哲学史上标志着哲学研究思想方式的转变，即从古代本体论研究过渡到认识论研究。随着这种思想方式的转变，更重要的意义被凸显出来。笛卡尔把人作为主体来看待。这个论断的提出，是人类历史发展的重大进步。在古代社会，人受到自然界或超越人日常生活之外的神秘力量的制约。人是被动的存在者，因而，只能在超越人的现实生活之外寻找决定人与世界的本质力量。这种立场，古希腊的柏拉图、亚里士多德可谓是代表性人物，他们提出的本体论思想方式影响了西方社会上千年。

马克思肯定笛卡尔以来重视人的自我意识和价值的思想，并提出了理解"理性""自我意识的"本质要求。马克思强调人的教育是培养具有实践能力的人，既要向受教育者传授认识社会、改造社会的知识，培育受教育者做事谋生的能力；又要向受教育者传递社会核心价值观念，培育受教育者的社会责任感，以及养成关怀社会发展、追求美好人生的情感、理想与信仰。这样，学校的教育活动才能增进人之间的信任，增强对自然的责任感，最终使教育成为人的解放（即是使人的潜能得到最大程度的激发）的中介。在此意义上说，马克思对教育思想、教育理论的贡献，不仅是因为马克思坚守了教育是"人的教育"的立场，而且通过阐明理解人的本质的思想方式，把教育与现实人的日常生活相融合。教育是一项现实人的现实活动，是与人的日常生活体验相联系的人的"生命活动"。因而，教育不再把追求脱离现实人的日常生活的超验存在作为目标，也不再仅仅是追求真理与科学知识的理智的、理性的认知活动。这是马克思实现教育思想革命的基本内容。

在《关于费尔巴哈的提纲》中，马克思说："从前的一切唯物主义（包括费尔巴哈的唯物主义）的主要缺点是：对对象、现实、感性，只是从客体的或者直观的形式去理解，而不是把它们当做感性的人的活动，当做实践去理解，不是从主体方面去理解。"① 马克思阐释了"当做感性的人的活动""当做实践去理解"的可能性。这种可能性，马克思是从解析"历史"入手。"真正的自然史"意味着历史是人创造的，人又是现实的、自然的存在。人在认识自然、改造自然过程中造就了人类的历史，这是理解人最基本的前提，也是最直观的、客观的思路。人是在社会历史中的客观存在。只有深入人类活动本身，才能把握人的活动规律、把握人类历史发展规律。而人类活动本身是整体的，包括人类社会物质生产以及人类自身再生产。这既指物质生产劳动，又指精神生产活动。马克思还阐释了"当做

① 《马克思恩格斯选集》第 1 卷，人民出版社 2012 年版，第 133 页。

感性的人的活动""当做实践去理解"的现实意义。马克思指出，实现人的自由全面发展的目标是使人有尊严地生活和有尊严地劳动，这样的人是有"感受力"的人。要做到这一点，实现人的解放，如果通过宗教批判、法哲学批判的途径，是无法使每一个人全面而自由发展的，这就需要"革命"，"使人的世界和人的关系回归于人自身"①。当然，它包括政治革命完成之后的"革命"，即马克思所说的人的解放。实现人的解放的目标，只能在人的现实社会生活中才能完成，这是一条现实的通道。所以，马克思要求把人"当做感性的人的活动""当做实践去理解"，它的现实意义是要消除对人的种种幻想。马克思阐释"当做感性的人的活动""当做实践去理解"是方法论的创新。马克思通过阐述人、人类社会历史、理论以及现实社会生活之间的关系，辩证分析人类社会历史发展，建构了唯物史观。因此，"现实""历史"提供了人的生活基础和条件，也告诉我们怎样理解人、理解实证科学，使之具有理解人的问题的方法论意义。马克思提供了分析社会变革基本规律与发展趋势的方法论，指出了人在社会历史发展中的地位与作用。由此，遵照唯物史观的基本思想，要理解与质疑教育问题，要形成或提出分析教育问题的方法论，这是解决问题的前提。要解决教育问题，必须要在人—社会—教育三维关系中研究与分析教育问题，使教育问题的分析思路具有现实性与客观性。这种思路有异于笛卡尔主体自我与客体世界二元对立的思维方式。笛卡尔二元对立的思维方式的特点是就某事论某事，因而，解决问题的路径是孤立的而不是联系的，是片面的而不是辩证联系的，导致了就"教育"谈论"教育"的思路。"因此，和唯物主义相反，唯心主义却把能动的方面抽象地发展了，当然，唯心主义是不知道现实的、感性的活动本身的。"②这段话意蕴极其深刻与丰富。它

---

① 《马克思恩格斯全集》第 3 卷，人民出版社 2002 年版，第 189 页。

② 《马克思恩格斯选集》第 1 卷，人民出版社 2012 年版，第 133 页。

确立了认识与批判旧唯物主义、唯心主义的依据，与解释、理解人的问题的思想方式相联系。马克思总结了思想史上旧唯物主义与唯心主义的各自历史贡献与局限，在此基础上，找到了理解人、确证人的主体地位的思想方式。

二、教育现实性和历史性确证教育的主体性

教育历史性展示了教育历史性理解教育现实性的基本思路。教育历史性是指任何一项学校教育活动必定立足于社会历史发展过程中，都要受到社会历史文化制约。教育历史性是教育现实性的归宿，是指任何一项具有现实性的教育活动，都要以"教育的历史贡献"作为准则。有利于人类社会历史发展进步的学校教育，才能融入人类社会历史发展的洪流之中，这才使学校教育具有了现实性，也确证了教育的主体性。

(一)"人的教育"的历史性

教育的目的是教育工作的前提，规定着教育工作的发展方向。但是，不同理论视域对教育目的有不同的理解。马克思通过研究现实人的现实社会生活，揭示了人与社会发展的规律。以唯物史观作为教育理解的思想方式，把教育与现实人类社会历史创造活动融合在一起，把塑造全面发展的社会主体确立为学校教育目的，是解决教育现实性问题的首要工作，是学校教育活动顺利有效进行的基础性工作。学校教育的现实性存在于历史性之中。"存在于历史性之中"是表明学校教育活动发生的条件与基础是历史地形成的，因为社会历史发展积累了丰富的科学知识、文化传统资源，创造了社会物质财富，这是推动学校教育改革与创新的文化、思想与知识资源，是支撑教育发展的物质基础。就此来说，教育是有传统的，任何一

项教育创新，都不能割裂传统，都不能放弃传承、弘扬优秀传统文化资源的使命。"存在于历史性之中"还表明人类历史发展是有规律的。教育作为社会发展大系统中的子系统，它的发展要融入社会发展之中，必然要遵循社会发展规律。我们要自觉运用马克思主义理论指导教育事业，寻求教育事业高质量发展的战略思路和行动策略，为中国特色社会主义事业提供强大的智力支持和精神动力。学校通过培养具有创造力的人才体现了教育的历史性。培养创造历史的社会主体，成为学校教育现实性的本质要求。为此，当前各级各类学校都要清醒地意识到提高人的思想道德素质和科学文化素质的紧迫性。人的素质问题，关系到国家的前途和民族的命运。这就要求我们高度重视教育，培养具有良好道德修养、掌握先进科学文化知识的社会主义建设者和接班人。这既是一项长远的战略任务，又是一项紧迫的现实任务。同时，要探索有效提升人的思想道德和科学文化素质的途径、方法、举措。当前，教育事业发展面临新形势新任务，迅猛发展的科学技术知识要求我国教育界转变教育观念、转变人才观念，不断更新教育内容、更新教学方法。只有建构具有时代特征的教育观、人才观，才能培养一批适应未来社会发展的人才。

我们应该把教育与现实人类社会历史创造活动融合在一起，把塑造全面发展的社会主体确立为学校教育目的，从社会发展视角考察教育。处于不同社会、社会的不同发展阶段的学校，形成了不一样的教育目的、教育内容、教育方法，我们应该从人与教育的相互关系中考察教育的本质与功能。学校培养的人才，表现和确证着自己的生命力量、生命价值，成为"自觉自为"在现实社会生活中创造社会历史的主体，这是教育历史性的基本规定，使教育现实性与人类社会存在、变革、发展相联系，进一步丰富与完善了教育现实性的内涵。对"人的教育"的抽象理解，是造成教育现实性缺失的理论前提。这里说"教育的抽象理解"，是指师生开展的教育活动，被当作概念分析或逻辑推理的过程，"教育"成为达到一个抽象目标（理念或上帝）或"知识"的手段，"教育"的目标是训练人的认识能力。当然，学校开展教育活动，实现教育目标，是与人的理智活动密切相联系，需要师生开展抽象的智力劳动。其实，马克思也肯定这一点。他指出，人是内在与外在尺度的统一，说明人既需要学习、掌握系统化、体系化的科学知识，培养掌握生产、生活的技能，以便认识世界、改造世界。但是，认识世界、改造世界又依赖人的"心智完善"，它需要学校开展价值规范、思想道德、审美体验的教育。只有使这两方面有机统一，人接受了完整的教育，才能为过有意义的、快乐的、幸福的生活创造条件。对此，雅斯贝尔斯认定这是教育本质问题："教育须有信仰，没有信仰就不成其为教育，而只是教学的技术而已。"①雅斯贝尔斯提出了关于教育的基本看法："教育过程首先是一个精神成长的过程，然后才成为科学获知的过程。"②由此，雅斯贝尔斯对教师提出了新的教育要求。教育者要对学生平等相待，他要求把教育变成一种爱的活动。对此，英国数学家、哲学家怀特海主张两条原则：一是不可教太多的科目；二是所教科目务必透彻。怀特海以这两条原则指导学校教育工作，并提出了具体要求：一是向受教育者传授的主要思想、概念要少而精；二是要求这些思想、概念相互关联，便于受教育者融会贯通，以便受教育者能够把这些思想、概念变成自己的思想、概念；三是要让受教育者从开始接受教育起，就应该体验发现的乐趣，逐步培养受教育者学习的兴趣、发现的兴趣。③

---

① ［德］雅斯贝尔斯：《什么是教育》，邹进译，生活·读书·新知三联书店 1991 年版，第 44 页。

② ［德］雅斯贝尔斯：《什么是教育》，邹进译，生活·读书·新知三联书店 1991 年版，第 30 页。

③ 参见 ［英］怀特海：《教育的目的》，徐汝舟译，生活·读书·新知三联书店 2002 年版，第 3—9 页。

教育要培养人运用知识的能力，教育要塑造人的心智、促进人的精神成长，这是非常积极的教育理想。当然，论及教育的理想，就要思考什么样的教育理想是合理的，如何使教育理想变成现实的教育实践活动，真正发挥教育丰富人的精神生活的功能。对此，必须提及教育的历史性。教育的历史性是指教育存在于特定社会历史之中，不可能存在脱离人类历史的学校教育。但是，这样理解教育历史性，只是从"时间维度"认识学校教育，因为它只是把社会历史当作一种时间概念，表明了人类的学校教育活动具有阶段性的特征，但是，这种观点没有把握"历史的本质"，因而未能阐释教育历史性的实质以及讨论这一问题的意义。

人与历史的关系，不只是告诉我们历史是人的现实劳动的产物，而且强调历史为人的存在起着奠基的作用。也就是说，对人的存在而言，"历史"更是基础性的存在。马克思提出了理解"历史"的两点思路：一是"第一个历史行动"并不是有"思想"，而在于"生产"，阐明"历史"形成中的"思想"与"生产"的关系，阐明"生产"在"历史"中的地位，如此才能避免像黑格尔那样理解人的思想与社会历史，把"历史"变成抽象的"精神"运动史、人的"观念"变革史；二是人的"生产"活动，不仅生产着生活资料、物质生活，而且人通过"生产"建构了人与世界的交往关系：人认识对象世界，改造着对象世界。这种"人与对象世界的构成"就变成是考察历史的思想路径。人在和世界的交往中被"建构"起来。从"人是生成着的"角度理解人的问题的思路，被称作生存论思路。这种"历史观"的确立，改变了"人是神授"的神秘主义立场，也有别于理性认识论的立场。人是生存着的，人在生产劳动中创造了历史，同时，人也被历史所塑造，历史赋予人以意义，为人的生存提供基础与资源。

（二）"人的教育"的现实性

"教育现实性"，是讨论已经存在的学校教育是否合理、是否有价值，以及理想的、基于社会发展与人的发展需要的学校教育如何成为现实。通俗地说，就是国家组织实施各级各类学校教育项目，是否满足了社会民众接受教育的需求，是否有助于促进现代社会公民的养成，以及教育在社会革新中产生的现实价值。现实社会的需要，是衡量学校教育是否具有现实性的关键，换言之，现实社会的需要是考察学校教育现实性的出发点。强调教育的现实社会需要，并不排斥学校要以促进学生个性自由发展为主旨，因为个性自由的发展也是以现实社会为根基。个性自由发展的实现要以社会生产力发展为基础，"生存于一定关系中的一定的个人独力生产自己的物质生活以及与这种物质生活有关的东西，因而这些条件是个人的自主活动的条件，并且是由这种自主活动产生出来的"①。把社会生产力的发展同人的能力发展联系起来，"个人发展与社会发展的一致"，是马克思考察人的发展问题的基本思路。这使讨论学校教育现实性的实质得以明晰。它是讨论学校教育的出发点以及呈现教育的目的，也就是说教育能够满足社会发展需要，又能有助于人的全面发展。对教育现实性作出这样的构想，是源于从理论与实践两方面反思教育问题的基本要求，意图是寻求适应现代社会发展与公民培育需要的教育，既能够满足社会发展需要，又能有助于人的全面发展。要把教育的客观性、科学性与价值性结合起来，要强调教育对人性改造、社会文化建设产生的积极作用。

当我们说"人的实际生活过程"的意义非常清楚地得到了展示时，它标举了一条理解人的意识、人的存在、人的生活之间相互关系的道路，既要求克服思辨的、抽象化的、逻辑的分析所导致的主观的、虚无的理解，

---

① 《马克思恩格斯选集》第 1 卷，人民出版社 2012 年版，第 203—204 页。

又要求消除科学的、实证的思想方式追求的客观性理解。理解"教育现实性"的一个极其重要的思想方式在于：既反对把教育引入抽象化、思辨化的道路，又需要避免因追求教育的科学性、实证性而导致教育价值、教育功能的虚幻，把教育构建成"教育者利用知识去发展受教育者"的想象共同体。可见，这里提出教育现实性议题，不是指教育活动是客观发生的一种既定事实，是可以经验到、直觉感知到的实际存在，而是对导致教育活动脱离现实社会基础的观念与做法进行质疑与批判，目的是避免使教育变成是纯粹意识的精神活动，避免使教育成为脱离社会生活的概念判断、逻辑推理的认知活动。因此，马克思从实践视域理解教育现实性，对理解教育现实性提出三方面要求：首先，教育现实性指"教育是基于社会"的现实活动决定教育活动的出发点是现实的，它要求遵循教育本质、遵照教育理想，辩证处理社会的教育需求与受教育者个人的教育需求之间的关系。教育需求植根于现实的社会政治经济文化条件之中，植根于现实的人的需要。如果学校教育满足不了社会与受教育者个体的教育需求，就难以收到预期的教育效果。其次，教育现实性指"教育是在社会中"的现实活动。满足教育需求的教育活动必须是在现实的社会中完成的。所谓"教育是在社会中"，是指教育要受到社会政治经济历史条件的制约，社会又为教育过程的展开、学校的发展创造空间，构成教育发展的现实基础。最后，教育现实性指"教育是为了社会"的现实活动。教育现实性还有一个方面是强调教育结果要有助于现实社会的变革，为社会发展提供人力资源与知识及智力支撑，成为社会变革的重要思想源泉与智力库。所以，强调教育现实性，就是要办成为了社会的教育，这样的教育才会受到大众的接纳，才能对社会产生积极贡献。理解"教育现实性"，目的是辨认使教育具有现实性的思想方式，以此确保学校教育价值的实现。不能只是把教育看作一种客观存在的活动，甚至简单地用量化的手段去判断或测量学校的教育活动。当然，这样说，只是指出这些观点没有抓住教育现实性问题的实质，并不否定这些观点所列举的教育活动是教育现实性的具体体现。它的体现形式是非常多样的，绝不仅仅局限于我们通过感官能够直接观察到的一些现象（如教育空间、教育内容等）。如此就给我们理解教育现实性提出了基本要求，即从教育活动的现象转向对教育本质的把握。实现这种转向，前提是要确立理解教育的思想方式。这就需要对理解教育的思想方式作回顾与清理，否定与批判不合理的思想方式。

（三）"人的教育"的价值目标

教育价值目标涉及教育活动的基本问题，要明确培养人的实践能力的教育所蕴含的价值目标。在教育思想史上，对教育价值目标的理解，存在着不同的，甚至是对立的认识思路。近代以来，受工业革命和市场经济的影响，学校教育价值取向向着职业与技能教育方向变革，这就出现了怎样调适与平衡教育的社会价值与个人价值、道德价值与知识价值、超验的价值与实用的价值的问题。要解答这一教育问题，马克思创建的唯物史观提供了一条思路。唯物史观没有从个体与社会对立的思路提出教育价值目标，而是确立人是对象性存在作为分析教育价值的理论前提，使人与社会、人与自然的关系，通过人是对象性存在的理念得到统一。马克思是从"人是对象性存在"的视角阐述人的本质特征，"凡是有某种关系存在的地方，这种关系都是为我而存在的；动物不对什么东西发生'关系'，而且根本没有'关系'；对于动物来说，它对他物的关系不是作为关系存在的"[1]。这就是说，人具有与生俱来的生命力，并且，这种生命力使人产生了为了持续生存的各种欲望。伴随着欲望的扩张，人不断地占有资源以维

---

[1] 《马克思恩格斯选集》第 1 卷，人民出版社 2012 年版，第 161 页。

持生存，这就形成了一个基本事实：人和人自身之外的"某些对象物"建立关系。在建立交往关系过程中，需要人认知对象物，确立与对象物交往的方式、类型，更重要的是需要人对待对象物的态度与价值立场。无疑，建立与对象物交往关系的过程，也是人的能力提升与人的生存发展机会获得的过程。马克思指出，"人有现实的、感性的对象作为自己本质的即自己生命表现的对象；或者说，人只有凭借现实的、感性的对象才能表现自己的生命"①。人与对象构成相互依存关系，人是现实世界中的真实存在，依赖于人的身体、意识与对象物交往、互动。马克思还把人与对象物的交互活动，命名为"感性活动"。这种活动是人与自然、人与人之间关系的一种构成状态，实现了人与人、人与社会、人与自然的交往关系。在互动交往中，人把自身的思想、意志、情感渗透到对象物中，对象物又会影响人的思想、意志、情感。正是这样的互动，体现或激发人的主动性、创造性，也意味着人与对象物的现实交往过程的确立。

人是教育对象。关注人的教育问题，研究人的教育问题，前提是正确把握人的本质属性，这样，才能把人看作现实社会中生活的个体，是现实的个体。如此，才能消除对"人的教育"的认识误区。马克思从人是现实世界的现实存在者的角度指出人是现实的存在者。这种现实存在，是人的实践活动，并通过实践活动使人与世界建立相互交往的关系。这种交往关系使人具有了存在于特定社会历史文化背景的基本特点，我们把它称作人的社会历史制约性。人的发展受社会制约说明了社会是实现人的生存与发展目标的条件，而且证明了人是怎样生存与发展的基本事实，而这恰是教育的价值取向。教育使人获得并培养真、善、美的修养，从而使人了解生活、学会生活、创造生活。马克思说造就"新人"，不仅能够"解释世

① 《马克思恩格斯全集》第3卷，人民出版社2002年版，第324页。

界",而且能够"改造世界",这展示了人的成长的一个基本事实:人是在
与世界交往中发现自己、改变自己的,目标是增强与世界的交往能力。由
此断定,教育的意义是引导人在与世界交往中发现自己的存在,可见,这
种人的能动的生活过程,绝非一个"认知的""理论的"态度与取舍,因
为从认知、理论的角度理解人的生活,是人把与之交往的对象当作认识的
客体,或者外部世界成为满足人的欲望、需要的对象,无法使人对世界确
立平等的态度,难以使人对外部世界保持敬畏之心。在这种情况下,即便
提高人改造世界、改造自身的技能,但缺乏人对外部世界投入一份情感,
缺乏坚守外部世界的伦理姿态。人受到社会历史制约。人从生长、发展到
死亡的客观规律不是人的主观意愿能够改变的。当然,这里强调"人的现
实性",不是人的主观判断,主要是指人的变化、发展、成长的过程,是
在现实社会中客观存在的事实,它不是一个逻辑演绎与判断的结果。这并
不是说人对自身生存的客观世界没有任何主动性,人不能去改造自身的生
存处境。正是基于这样的认识,马克思提出教育价值是促进人的全面、自
由发展。

教育要培养认识世界与创造世界的社会主体,不仅要使人掌握认识
世界与创造世界的某种技能或知识,造成某种改变与创造世界的"结果",
而且是使人确立建构与世界交往关系的意识与立场,即要教会学生能够自
觉地反思我与自我的关系、反思我与他人的关系、反思我与世界的关系,
如此使教育变成"意义与人际关系的'关系重建'"。它包括学习者与客体
的关系、学习者与他(她)自身(自己)的关系、学习者与他人的关系。①
以此关系建构理解学校教育与学生学习活动,关键是解决学生的"意义"
问题,需要帮助学生提高对自我、他人、世界的存在价值与合理性的理解

① 参见〔日〕佐藤学:《学习的快乐——走向对话》,钟启泉译,教育科学出版社2004
年版,第38页。

水平，使学生确立人生理想，坚守人生的信仰，坚持道德关怀的立场，做对生活充满兴趣的"文化人"。实现这些任务，需要赋予学生知识与技能，因为知识与技能反映与体现着学生的认知能力。对此，学校既要反对像工厂生产产品那样把人才培养工作"标准化""机械化"，缺失对学生生动、多样的个性发展的关注；又要避免由于重视知识教育，只关注学生认知能力的发展，而淡化对学生道德法治方面的教育。

三、人的"交往关系"的建构

人的现实生活，是人与自然、人与世界关系的建构，通过这种"交往关系"的建构，人获得了现实生活。人的发展问题，实质是人通过自身的实践，在社会历史文化环境中不断完善、不断生成的过程。这个过程不仅创造着人自身，也创造着历史，最终归结到一个现实的命题：培养社会主体的教育是使人成为人的活动。

（一）人与自然和世界的"交往关系"

马克思承认人是自然的存在，具有与动物界相类似的自然属性，但有别于动物界。动物只是凭本能生存，而人能够凭借本能与理智开辟生存空间，不仅认识世界，而且改造世界。就此，可以明确人生活在现实社会中的基本特征：既不过着纯粹满足于本能需求的生活，也不过着纯粹的理性生活，更不是靠抽象的观念或神的启示而生活，而是通过生产劳动与自然、世界"打交道"的过程，逐步获得生存的空间与生存的能力，成为自然与社会的主人。在此意义上，我们就能够理解马克思提出劳动创造人、创造世界论题的内涵。所谓创造，其实是指人通过生产劳动，建立人与世界的交往关系，这种交往关系是人给予世界的一种影响。它体现着人的因素，无论人抱着积极的、善意的意向，还是抱着占有世界的功利取向，世界都是客观存在着的。它不会主动地与人建立关系，为人"服务"。就此来说，人与世界交往关系的建立，取决于人对世界的态度、立场。换言之，在人与世界交往关系的建立中，人的各种想法、价值理念、道德立场，原本以观念形态存在于人的内心世界之中，但是，通过与世界的不断交往，这些观念得到了现实化，体现在日常生活中，变成可以被认识、被判断的一种客观事物、客观存在。人是现实的社会存在者。增强参与社会生活的能力，成为一名社会主体，是实现人的发展的基本目标。同时，人与世界的交往，也是一个受到世界影响而改造自身的过程。因为人本身是自然界的一个有机组成部分，马克思说："人靠自然界生活。……人是自然界的一部分。"①然而，问题的关键之处是理解人的交往关系是如何建构起来的。马克思肯定是生产劳动使人完成了人与自然和世界的交往关系的建构。并且，这种建构是人的生命活动的必然要求，也是人的生命活动的具体体现，即不只是为了满足个人延续生命需要的活动。相反，个人按照自己的需要、力量、方式和方法，自主地选择对象，设定活动的目的，并通过活动实现自己的目的，在遵照自己的意志、需求，遵循外部世界规律的前提下，改造外部世界，同时也改造自身。马克思就说劳动是"个人本身对他所加工的物和对他自己的劳动才能的一定关系。劳动是积极的、创造性的活动"②。具有"创造性"特点的"劳动"，不是个人自我意识的"创造"，而是一种对象性活动的建构。从对象性活动建构的角度认识"劳动"，实质上显现着人的存在特征，这便是人把自身之外的世界作为劳动、交往的对象物当作自身认识、改造的客体。与此同时，受到"世界"这个对象物的制约、调节、影响，人自身也处于被改造的过程中，即"对象物"包

①《马克思恩格斯全集》第 3 卷，人民出版社 2002 年版，第 272 页。
②《马克思恩格斯全集》第 30 卷，人民出版社 1995 年版，第 618 页。

含的内容、存在形式、属性被人吸收，内化成人的生命活动的重要资源，构成或充实人的本质力量，这是人被自然、世界改造的基本内容。

（二）自然人成为社会人的基本路径及其基本规律

马克思指出，理解人的发展，不能着眼于人本身作为讨论的主旨。对人的发展的认识，也不能把思维机能、自我意识看作人的发展的全部内容，当作人是否获得了发展的基本尺度。因为如果把自我反思、自我意识当作人的发展的全部内容，只能把人的发展引向抽象的形而上学。所以，马克思指出，从人与对象世界关系之中考察人的发展，实质是人的对象性交往能力的增强。学校的教育目的是把受教育者培养成什么样的人的总规定。处于不同社会历史阶段的学校，设计的教育目的是不尽相同的。即使是处于同一历史时期，不同国家、不同地区的学校教育目的也不是一致的。因而，正确认识人的发展的基本含义以及要求，切实把握人的发展的现实道路，这是学校确立教育目的时必须首先要回答的根本性问题。要回答这个问题，就要找到研究人与社会发展的正确理论，以此确立解读学校教育目的的指导思想。人类社会历史和学校教育改变发展的实践证实，唯物史观为学校教育目的形成提供思想准备与认识基础。以唯物史观分析学校的教育目的，是从人类社会发展普遍规律与终极目标的角度阐释学校教育目的，把社会发展规律与学校人才培养工作有机结合。就此，马克思在《关于费尔巴哈的提纲》中作了论断，"人的本质不是单个人所固有的抽象物"①。从"一切社会关系的总和"角度论述人的本质，这与培根等思想家从科学、理性的角度理解人的思路存在本质差异。它也不同于费尔巴哈从人的感觉、感性理解人的思路。因为这些认识人的思路脱离了现实社会文

---

① 《马克思恩格斯选集》第 1 卷，人民出版社 2012 年版，第 135 页。

化讨论人的价值，实质上只是关注人的理智的价值，要么是张扬自然主义教育主张，要么是脱离人的现实社会生活谈论人的感性的价值，变成教育的浪漫主义。诚然，强调社会关系与人的发展之间的关系，并不否定教育与人的理性之间的关系，相反，这一观点非常重视教育在增进人的知识、提高人的认识水平、增强人的生存技能中的作用。当然，这里需要提醒，我们应放弃从教育与人的理性或教育与人的非理性关系理解教育的思路。因为这样理解教育，只是把满足人的某些方面需要当作教育目的。虽然这种观点也抓住了教育能够产生某些价值或功能的特性，但是，它肢解了人的教育的真实含义。也正是因为这样，我们并不完全同意学校教育要着力增强受教育者的生活、工作技能的观点。因为，这种观点只是谈及了教育的某一部分功能，或者说教育给予人的日常生活产生部分的"现实"功能，如果我们把这样的教育"功能"当作学校教育功能本身，当作学校教育的一切，势必发生以偏概全的问题。而这一问题的产生，恰恰是因为理解学校教育的思想方式所导致的。

使人成为人，实质是要成为社会主体，实现人的"社会存在"。但是，在近现代西方哲学史上，如何理解教育是培养社会主体的活动，存在着不同的观点，出现了认识的误区。其中，两种看法较有代表性：一是强调宗教神圣观念对人的控制，二是经济领域的异化理论。前者强调人的主体性塑造，取决于个体的内心世界的变革，认为教育的作用在于促进个体主观意识领域的革命。这样，教育是一种与个人主观有关的活动。后者强调培养人的主体性是在现实生活中完成的。由于现代工业社会的快速发展，市场经济创造了极其丰富的社会物质财富。要实现人的社会存在，既要避免用抽象的精神或神圣观念去改造人，又要避免使人沦落为创造物质财富的工具，马克思强调，"自然界的人的本质只有对社会的人来说才是存在的；因为只有在社会中，自然界对人来说才是人与人联系的纽带，才是他为别人的存在和别人为他的存在，只有在社会中，自然界才是人自己的人的存在的基础，才是人的现实的生活要素。只有在社会中，人的自然的存在对他来说才是自己的人的存在，并且自然界对他来说才成为人"①。这是马克思从人存在的客观事实描述从自然人成为社会人的基本路径及其基本规律。要使个人从自然人的状态发展到社会人，表面看来是个人的生成变化的过程，实质上是"历史的产物"。所谓人的发展是"历史的产物"，是指人必须生活在特定的社会历史文化环境之中，并且通过依靠特定的社会现实生活条件，不断地扩大交往的范围与领域，丰富自身的社会关系。这既是个人增长自身能力、知识的过程，也是为社会创造财富、促进社会变革与发展的过程。正是因为社会历史决定着人的日常生活，使人成为在现实社会中生活的人，这种生活，包括吃、穿、住、行等维持生命存在的基本需要的生活，也包括追求内心愉悦的精神生活，还包括超越现实物质生活、崇尚抽象的宗教生活、艺术生活等，所有这一切都称之为"人的生活"，而且指明人的生活是不可能脱离现实的社会历史环境的，不可能脱离现实的社会政治经济文化条件，因而说人是"现实的人"。可见，这样阐述"人的现实性""人是现实存在的"等观点，不是把"现实性"当作一种标签，用以替代古代的"德性的人""理念的人"及近代的"自然的人""理性的人""精神观念的人""非理性的人"等对人的本质作出的种种判断，在此，只是通过"现实性"这一中介，把考察人的思路奠基在社会历史前提与基础之上，而不是寻求一个关于人的新概念、新语词，以替代传统对人的认识的各种概念。旨在给"人"赋予现实的或具体的含义，是指马克思把社会历史确立为分析人的本质问题的现实基础与认识前提，由此，马克思阐述了人的全面发展的基本观点：人是在现实的社会生

① 《马克思恩格斯全集》第 3 卷，人民出版社 2002 年版，第 301 页。

活中造就自身关系和自身能力的全面性和普遍性，体现着人的发展的历史过程。他提出了人的发展的三个历史阶段。"人的依赖关系（起初完全是自然发生的），是最初的社会形式，在这种形式下，人的生产能力只是在狭小的范围内和孤立的地点上发展着。以物的依赖性为基础的人的独立性，是第二大形式，在这种形式下，才形成普遍的社会物质变换、全面的关系、多方面的需要以及全面的能力的体系。建立在个人全面发展和他们共同的、社会的生产能力成为从属于他们的社会财富这一基础上的自由个性，是第三个阶段。"① 这段论述表明马克思把人的发展划分为三个历史阶段的基本观点是人的依赖关系阶段。它反映了人类早期自然生活阶段的基本状况。由于生产力的落后，群居、聚居（所谓原始公社）的共同体生活是当时人类活动的主要特征。在此情形下，人只有归属于群体（共同体），而没有真正的自我，如果按自我生存，反而失去了共同体的依靠，会遭遇生存的困难。随着生产力的发展，社会经济生活、组织方式发生重大变革。出现了人与物的依赖关系，这是人类发展的第二阶段。这一阶段因对物的崇拜，隐匿了个人的主体地位，貌似在追求人的主体性，实则是被社会功利目的、社会权力体系、社会制度规范所统治，出现了"人不是为自己而活"的状态。第三阶段则是对第二阶段的批判与救赎，被马克思规定是人的自由自觉的存在状态。这一阶段是以生产力的高度发展和人的交往普遍化为社会条件，在此基础上，以独立的个体为原则建构社会共同体。在这种共同体中，每一个人都作为独立的社会主体而存在，同时，与共同体的其他成员保持着真正的人的关系，实现了个人与群体的和谐共存。

人的发展的三个历史阶段理论的提出，是马克思确定个人是物质实践或生产、交往的载体与主体，通过对人与历史相互依赖、相互发展过程

---

① 《马克思恩格斯全集》第 30 卷，人民出版社 1995 年版，第 107—108 页。

的考察而得到的结论，这就有力地阐释了人是社会历史发展主体的基本立场。"有生命的个人的存在"、活生生的个体是研究人类社会历史发展规律的出发点与立足点。脱离现实的人谈论人类社会发展历史规律、谈论人类社会历史发展真理，势必会自觉或不自觉地回归到黑格尔的"抽象的精神运动"的历史观之中。马克思提出的人的发展的三个历史阶段理论，与自然科学研究得出的人的进化或发展的结论并不矛盾，也不否定人的进化理论包含的合理性。这一理论与进化论的观点是有区别的。这种区别体现在人是受到现实的社会历史文化背景制约与规范的基本认识上。马克思认为，人是历史中进行创造性活动的人。

（三）从人与对象世界的关系角度考察人的发展

"个人"相互联系的基础是现实的生产劳动。人在物质生活、生产劳动中结成的各种关系，形成社会与国家。这就是说，马克思提出"现实中的个人"，是为了阐述"现实中的个人"与人类社会发展历史之间的关系。马克思和恩格斯合作完成的《德意志意识形态》对此阐述得十分清楚，"这些个人是从事活动的，进行物质生产的，因而是在一定的物质的、不受他们任意支配的界限、前提和条件下活动着的"①。这是现实中的个人的存在方式与特征，因而，提出"现实中的个人"命题的意义，在于转换研究人的问题的思想方式。它要求直面人的现实生活，转向"描述人们实践活动和实际发展过程"。正是这种转向的实现，消除了抽象的教育研究，使教育研究的现实性、客观性得以凸显。人作为社会主体，就要强调人应该承担建设社会、发展社会的责任感，人既要服务于社会，奉献于社会，又要发展与充分展示个人各方面需求。

---

① 《马克思恩格斯选集》第 1 卷，人民出版社 2012 年版，第 151 页。

　　谈论人的发展，不能脱离马克思主义"人的发展与历史发展是辩证统一的"基本立场。如此，在特定社会历史环境中从事实践活动是人的发展的途径。因而，促进人的发展，把人塑造成社会合格主体，基本策略就是在特定社会历史背景下为人的实践活动提供条件。这样，对培养社会主体为目标的学校教育来说，必定要求遵循马克思主义的基本立场，并把它升华为教育理念，落实在具体的教育过程中。社会主体培育是以现实社会生活为基础的社会主体的塑造，是在现实社会生活中完成的。脱离现实社会生活理解社会主体，将使培育社会主体的活动缺少现实基础，成为精神观念变革的抽象"活动"。这样的学校教育培养的人是掌握了某种抽象观念的"观念人"，这样的教育活动也变成纯粹自然科学知识的教与学的活动。对社会主体培育道路的不同观点与立场，反映着对培育社会主体所坚持的不同历史观。

　　与其他思想家的历史观不同，马克思强调"人"的历史观，认为历史是从"有生命的个人"解决生存矛盾开始的。人类为了生存，需要从事生产劳动，通过生产劳动解决人的生存问题。在此基础上，人又会提出新的需要，又会努力寻求解决之道，如此持续发展就产生了人类历史。由此说，人是在一定的物质条件上获得发展。人的发展不能缺少物质前提，它是制约人的发展的客观基础。而道德、宗教、形而上学和其他意识形态，则成为"与物质前提相联系的物质生活过程的必然升华物"①。在现实社会中从事的物质生产，解决了人持续生存的物质产品，又促使人在物质生产过程中调整或改变着自己的思维方式，这是有生命的个人与自然界其他生物的区别之处。也正是因为这一点，有生命的个人是以现实的社会生产、生活、社会历史为基础的。同时，随着社会生产的极大丰富和发展，民族

---

① 《马克思恩格斯选集》第 1 卷，人民出版社 2012 年版，第 152 页。

历史向世界历史转变，"各个相互影响的活动范围在这个发展进程中越是扩大，各民族的原始封闭状态由于日益完善的生产方式、交往以及因交往而自然形成的不同民族之间的分工消灭得越是彻底，历史也就越是成为世界历史"①。因而，人是世界历史中的人，世界历史成为考察人的发展问题的出发点。因此，世界历史如何发展、发展到什么程度，都将影响着人的发展目标的实现。"每一个单个人的解放的程度是与历史完全转变为世界历史的程度一致的"②。而且，向世界历史的发展，是不以人的意志为转移的客观过程。《共产党宣言》分析了世界历史形成的原因及特点。由于资产阶级开拓世界市场，使一切国家的生产和消费都成为世界性的。不仅物质生产如此，而且各民族的精神产品也成了公共财产。这样，各民族在自觉或不自觉、自愿或强迫中被拉进到资本主义体系之中，从民族历史转向世界历史，"它使未开化和半开化的国家从属于文明的国家，使农民的民族从属于资产阶级的民族，使东方从属于西方"③。这种由民族历史转向世界历史发展中出现的"从属"，意义在于使世界各国、各民族、各地区紧密地联系在一起，相互依存，共荣共衰。所以，考察人的发展，世界历史是重要的视域。人生活在世界历史之中，参与推进世界历史发展的活动。人的日常生活受着世界历史发展的影响。世界历史影响人的日常生活所需的物质产品，也影响人的精神生活产品。这就是说，人的自由而全面的发展，是与世界历史发展进程密切相连的。

马克思和恩格斯在《德意志意识形态》中认为，社会生产的进步推进着世界历史的发展，这是实现个人全面发展目标的重要现实基础。历史不可能脱离人而存在。人的生产劳动赋予历史新的内容，使不合乎时代变革

---

① 《马克思恩格斯选集》第 1 卷，人民出版社 2012 年版，第 168 页。
② 《马克思恩格斯选集》第 1 卷，人民出版社 2012 年版，第 169 页。
③ 《马克思恩格斯选集》第 1 卷，人民出版社 2012 年版，第 405 页。

需要的历史变成传统沉积下来，不断推动历史的发展，这是人与历史相互依存的辩证关系，体现人在产生、传承、再创造历史过程中的主体作用。这样，要创造历史，关键问题是要培养能够创造历史的社会主体。因而，人的发展必须融入人类社会生产之中，融入世界历史发展之中。社会主体培养的条件是真实的"共同体"。社会主体的基本特征是人具有正确认识社会与改造社会的意识，能够自觉地与社会建立和谐共处的关系。在这一意义上说，学校教育不仅要宣传理论，而且更要支持与鼓励学生积极关注社会、理解社会、参与社会活动。社会主体的培养必须通过塑造真实的、充满活力的共同体才能完成。马克思指出，在人的发展第一阶段，人也是生活在共同体之中。只是，对个体来说，这种共同体的价值在于提高共同对付自然界的能力，共同体成为维护人的生存目的的工具。由于共同体的目标一致，在这种共同体中生活，人与人的交往关系是淳朴、简单的，目的是对付自然界，共同获取生活资料、实现生存目的。而人的发展第二阶段的共同体，则是虚假的共同体，因为一部分人把权利让给另一部分人，人与人的交往关系被社会经济、政治权力等因素制约，结果使共同体或他人成为实现自己目的的工具与手段。由此提出了一个历史性的任务，即创造适合个体自主发展的共同体，这对个体健康发展来说，是十分重要和必要的。这样建构的真实的共同体，不是抽象的、虚构的，而是让每一个个体充满活力，与现实社会生活的连接通道是畅通的、交往是有效的。在这个意义上说，马克思强调教育与生产劳动相结合命题的意蕴，不是让教育变成生产劳动的附属，而是强调教育的一个基本性质，即强调教育要关注现实人的生存活动，教育不能脱离人的现实社会活动，避免使教育陷入理想化、知识化、抽象化的误区。从这个角度分析古代或近代思想家的教育思想，可以看到他们的局限。笛卡尔看到了人的自我、自我意识的重要意义，但是，奠基在"我思"前提下的"自我意识"，把"心灵"的本质看作思维活动，这使主体研究退回到主观主义的道路。同样，康德教育思想的核心是改造人的理性能力，培养人的道德自由，立论基点仍旧局限于"人的理性"视域之内。康德认为，教育要置于人性的法则之下，"要使某些东西靠自身发展出来"。以这种思路建构的人的"交往共同体"，不可能是真实的、适合每个个体个性发展的共同体。

对此，马克思坚持认为培养人的主体性任务是在参与社会活动中才能实现。他通过分析人的现实社会生活处境，指出人的发展的现实道路不是纯粹的"观念""精神"的变革。尽管人的现实生活中出现的商品拜物教、货币拜物教、资本拜物教等现象，看起来是人的观念问题，实质则是生产劳动的异化。人们需要探究与反思这些现象形成的根源，"平等地剥削劳动力，是资本的首要的人权"①。要改变这种情况，仅仅通过思想教育是不行的。为此，要通过社会制度建设，为学校教育发展提供宽松自由的环境，便于个体能够展现其独特的思想、观念与知识修养。当然，还应该强调学校教育与社会生活的紧密结合。学校应与社会建立密切的合作关系，让师生在社会之中获得发展。正是在这一意义上说，马克思强调教育与生产劳动相结合，是实现社会主体的培养目标。

第二节　"感性活动"为教育面向生活世界奠基

人的"实践"活动是人的"感性活动"，"劳动"是人的生命力的体现途径与方式。马克思研究人的"感性活动"，就是要从社会历史发展与生产劳动的关联中谈及人的劳动态度与价值，明确我们要开展什么样的教

---

① 《马克思恩格斯全集》第 44 卷，人民出版社 2001 年版，第 338 页。

育，并进而得出教育造就人的全面发展的基本结论。

一、马克思的"感性活动"

人的实践是"人的感性活动"，实践是具有丰富个性的人与客观对象世界之间交往关系的建构。要进一步理解与把握马克思所说的"感性活动"，需要梳理马克思提出"感性活动"的思想线索。

（一）人的实践是检验人的思维、观念合理性的标准

启蒙理性通常指 18 世纪初欧洲启蒙运动开创的新的思想道路。启蒙运动是场深刻的思想解放与社会解放运动。但是，启蒙理性重视科学与实证的思想，既对社会变革与个体意识觉醒产生积极意义，又造成了困惑，这是引发对启蒙理性批判与反思的重要原因。启蒙运动当中，以英国、法国等国家为代表的一批欧洲思想家对宗教信仰展开了批判，为人在世界上生活的合理性找到自然人性、世俗化的基础。启蒙运动带来了物质上的富裕、便利，也带来了心智的启蒙与解放，提升了西方社会公民的基本素养。无疑，这是启蒙运动的贡献。它尊重个人的独立地位与基本权利，崇尚理性，试图建构以维护人权为核心的国家民主体制。启蒙运动对理性坚定不移的信仰，又产生了片面夸大人类理性能力的倾向。由此，批判与反思启蒙理性的时代课题被提出，试图重新考量或者否定理性的作用，以达到解决社会困境的目的。而马克思则提出人的实践的基本观点，以寻求与拓展解决这一问题的新思路。如果仅仅依靠提出一堆抽象的概念或者依赖逻辑推理进行观念革新，只是关注到人的某一方面的需求或特点，没有注意到人在社会生活中是与社会系统（政治、经济、文化、社会、生态）的紧密相连的系统存在，类似的思路并不能有效、彻底地解决日常生活出现的问题。

（二）从人的现实物质生产中寻找批判社会的武器

马克思在《关于费尔巴哈的提纲》提到人是"感性活动"意义上的"实践"的存在。"实践"一词在语义上的相近词有创造、工作、劳动、生产、工艺、技术等。马克思融合了这些词的相近意义，论述人是"实践"的存在，即"通过实践创造对象世界，改造无机界，人证明自己是有意识的类存在物"[1]。在这里，"实践"是人与世界对象性关系的建构与完成，体现着人是"能动"的存在，是"自由的有意识的活动"。所以，马克思断言不仅要认识世界（解释世界），更重要的任务是改造世界。改造世界就是一种"变化世界"，是一种"创造"。因而，提升人的实践能力是教育价值的实现，也是教育完成社会主体培养任务的基本要求。当然，人必须是自主自由的存在者，这是前提。如果这一条件不具备，也不能说是体现了人的主体性地位。人的能力不断增强，并不意味着人是无所不能的"上帝"或"超人"，相反，人要受到各种条件的制约，要对给予自身生存的各种对象物保持一种敬畏与感恩的心态。教育要以培养社会主体为己任，而这个"社会主体"，是在认识世界、解释世界与改造世界中完成与社会、与自然的统一，这一点恰恰是马克思运用唯物史观阐释学校教育的理论贡献。

马克思在《关于费尔巴哈的提纲》中明确提出人的实践是检验人的思维、观念合理性的标准。人的思维是否具有客观的真理性，这不是一个理论的问题，而是一个实践的问题。人应该在实践中证明自己思维的真理性，即自己思维的现实性和力量。[2] 这就需要考察人与世界最基本的交往关系结构，需要在人的实践中解决人的问题。马克思提出"感性活动"，是与马克思批判黑格尔抽象的自我意识观念和费尔巴哈"感性的人"的认识有关。黑格尔认为自我意识是超验的，受制于"神圣精神"观念，人与

---

[1] 《马克思恩格斯全集》第3卷，人民出版社2002年版，第273页。

[2] 参见《马克思恩格斯选集》第1卷，人民出版社2012年版，第134页。

社会发展都与此有关。而费尔巴哈则强调人的感性的力量，看到了人的自然属性的价值。问题正如马克思所指出的那样，费尔巴哈对人的"感性"的重视，其实只是突出人的"感官"在认识中的作用，没有从社会性维度揭示人的本质，结果把感性的人变成了纯自然的人。针对费尔巴哈的问题，马克思着重从人的社会性维度考察人的本质，对"自我意识"与"感性的人"的观点进行改造，提出人的"感性活动"的概念，既否定黑格尔把人的活动看作"自我意识的抽象的精神活动"，又否定费尔巴哈的"自然的人""客观的人"的观点。马克思提到了费尔巴哈的"感性的对象"的观点，并指出费尔巴哈的问题是把"感性"看作在人的感觉之外、在语言和思维之外的实在存在，是感觉论的恢复。费尔巴哈确证了客观对象存在，是独立于人而存在的，人也是感性的、自然的存在，而且是富有理想的、意志的"意识存在物"。当然不能否定，费尔巴哈提出"感性"理论的意义，在于其重视人本身的价值，以人为核心讨论宗教、政治等问题，确立了人本主义的思想方式。这既是对唯心主义的批判，也是对旧哲学（包括旧唯物主义）的超越。对此，马克思肯定进而批判性地超越费尔巴哈的"感性"理论。在此意义上说，感性活动是人的生命的存在形式。

（三）自由的有意识的活动是人的类特性

在马克思看来，所谓"现实的人"，是从事实践活动的人，不是动物那样生存的人。当然，人的"实践"活动是人的"感性活动"，体现着人的理念、精神等"主观意图"。也就是说，人的活动，是把意志、欲望等主观因素投射到需要建构关系的对象物之上，这说明人与对象物建立交往关系，不是盲目的、随意的，而是主动的、能动的。对此，为进一步说明人的活动的本质特征，马克思比较了人与动物的差异。"动物只是按照它所属的那个种的尺度和需要来构造，而人懂得按照任何一个种的尺度来进行生产，并且懂得处处都把内在的尺度运用于对象"①。这就说明人是有意识地认识与改造对象世界。通过改造对象世界，人与对象世界建立相互依存的交往关系。动物则是凭着本能与世界进行交往，基于本能需求。因此，动物不会建构世界，这也指出了人的活动的本质特征。马克思说人在改造对象世界中懂得按照任何一个种的尺度来进行生产，并且懂得处处都把内在的尺度运用于对象，即人能够按照美的规律来构造，这就真正地证明人自身是类存在物。"一个种的整体特性、种的类特性就在于生命活动的性质，而自由的有意识的活动恰恰就是人的类特性。生活本身仅仅表现为生活的手段。"②生活只是展示人的自由个性目的的手段，人的自由本性在生活中实现。这就是马克思所说的"种的类特性"。因此，研究日常生活对人的自由本性的约束因素与障碍条件，并采取各种手段加以改造、改革乃至革命，都是十分必要的举措。但是，这一切的最终价值取向在于人的解放。

二、"实践"视域下教育本质的理解

马克思主义教育思想是以马克思主义哲学为前提，是马克思主义哲学的具体体现。马克思主义哲学与近现代哲学思想的本质区别，在于主张哲学不仅要解释世界，而且要提升人的实践能力，达到改造世界的目的。马克思是在批判旧唯物主义缺陷时提到"实践"的。马克思提及的"实践"，是着眼于人与世界交往的"感性的人的活动"，应该在此基础上理解教育本质。

---

① 《马克思恩格斯全集》第 3 卷，人民出版社 2002 年版，第 274 页。
② 《马克思恩格斯全集》第 3 卷，人民出版社 2002 年版，第 273 页。

（一）从人的实践视角理解人的思想路线

马克思在《1844 年经济学哲学手稿》中提出人的存在的三种样态："观念的生活"、"现实的生活"与"人的存在（社会的存在）"。被宗教统治的人的生活，是对人的内心深处意识领域的统治，是"观念的生活"。而资本主义社会造成的经济异化则是人的"现实生活"的异化，使人受到货币、物质商品等的统治，并把这些"物质实体""神化"或"离奇的幻想"成为"强大的力量"。它们控制着人的欲望、需求与行动。追求这些"幻想的物质实体"被臆想成是人的"生命本质力量"的展示与确证。① 所以，必须从"观念的生活""现实的生活"中解放出来，实现"人的存在""社会的存在"的复归。实现这种复归，应该从观念的东西，从表象的、期望的存在，转化成感性的存在，从观念转化为生活，从想象的存在转化为现实的社会存在，所以，"人不仅通过思维，而且以全部感觉在对象世界中肯定自己"②。人与世界交往关系的确立，既能使人认识世界，又能通过认识世界而使人即自身发生变化（马克思称作是自然的人化与人化自然）。人与世界的双向交往关系的实现，是人的力量的体现。在此意义上理解马克思的"实践"命题，要明确三点：一是要与人的纯粹意识的、观念的、思维的活动相区别，否定黑格尔的"精神"创造历史观；二是要与从科学、技术等实证科学角度理解"实践"思路相区别，把"实践"等同于一种技艺、技术性活动，比如工人生产某种产品的活动；三是要与亚里士多德从道德、德性维度理解实践的思路相区别，不能把"实践"看作一种知识类别，更不能将其窄化成一种伦理与德性知识。因而需要指出，马克思提出"实践"的意义，是通过"人的感性活动"证实人是现实存在的事实。因为只有在人与世界的交往活动中，人才能体现认知、感性、审美等个体所

① 参见《马克思恩格斯全集》第 3 卷，人民出版社 2002 年版，第 305—307 页。
② 《马克思恩格斯全集》第 3 卷，人民出版社 2002 年版，第 305 页。

具有的力量。马克思肯定人的主观性与客观性是在对象性关系建立中得到统一的。这种对象性关系的建立，使主观与客观得到了统一，马克思把它称作感性活动，它的意义与价值在于确证人的本质力量。认识教育目的，除了确认人是教育目的的立场外，还要明确人的教育的具体要求，"人的本质"的现实表现则是人的社会实践能力。因而，马克思在《1844年经济学哲学手稿》中就说，"人不仅通过思维，而且以全部感觉在对象世界中肯定自己"[①]。这种全部感觉，不仅是指人的认知能力、逻辑分析能力等理性因素，而且还包括情感、意志、欲望等非理性因素。因而，塑造具有丰富的、全面而深刻的感觉的人，是学校教育与社会发展的历史使命，也是社会文明发达的象征。对此，马克思把它称作"人的复归"。马克思认为，"人向自身、向社会的即合乎人性的人的复归，这种复归是完全的，自觉的和在以往发展的全部财富的范围内生成的"[②]，从而把人从处于异化的、受奴役的、受愚弄的、未受启蒙的状态中解放出来，这就是"人的复归"。当然，这种"复归"不是回归到人的自然本性，而是使人走向自由自主的社会主体。马克思用非常生动、形象的词语形容人的"复归"特征："具有丰富的、全面而深刻的感觉的人"。"具有丰富的、全面而深刻的感觉的人"，绝不是"美文学"的词语表达，也不是心理学的描述，因为马克思是从社会实践的视域理解什么是"具有丰富的、全面而深刻的感觉的人"。只有在社会中才能谈论人与社会交往关系的建构，从中展现人自身的需求、意愿，比如改造了自然界，形成了丰富的物质或精神产品。如此说，人的能力、人的发展是在"实践"中完成的。提高人的社会实践能力，便成为学校促进人的发展的关键内容。

　　人如何与对象建立相互交往关系，对象如何成为人的对象？依照马克

---

① 《马克思恩格斯全集》第3卷，人民出版社2002年版，第305页。
② 《马克思恩格斯全集》第3卷，人民出版社2002年版，第297页。

思的思路，对一个人的水平与能力乃至整体素质的考察，必须安排在具体的实践环境中，通过人从事各种活动、完成各项事务自行呈现出来。所以，当我们说"人是现实的存在"的时候，不是以某种科学或学科的观点进行判断，而是从"感性活动"的角度去理解人的本质特征，因为，即使是私有财产——生产和消费，也是人的感性的展现，而社会政治、道德、艺术、科学、法等，都不过是生产的特殊方式，同样也是人的"感性"的体现。因此，克服人的异化状态，事实上是使人能够展示他的意志、意愿、情感。这样，人的现实存在，是在人与对象物（世界）的交往、互动中实现的。正是这种建构活动使"人是现实存在"成为一种客观的现象与客观的事实，这是马克思研究人的问题的视角。由此可见，马克思以"实践"统一了人的自然性存在与社会性存在（自然人与社会人）。它便是人依赖意志、智力、情感等内在性因素去认识与改变交往的外部（外在）世界，以进一步创造适合人类生存需要的新的外部世界。伴随这一过程的发生、发展，人在改造外部世界过程中，使人的内在性因素得到外化，而人的内在性因素的外化，也是人的生命力量的体现。在这个意义上说，"实践"阐释着人的生命活动的基本内涵。但是，我们知道人的生命活动是丰富的、复杂的、多样的，如果人的生命活动能够完整、自由地呈现，这说明人在社会中是自主、自由的，社会是文明、开放、进步的。可是，在人类社会发展过程中，人的生命活动的丰富性总是被遮蔽。马克思把它称作人的历史存在，指出人的问题受到当时社会生产力、社会历史条件的制约，解决人的问题是一项社会系统工程。对此，马克思和恩格斯在《德意志意识形态》中阐述的观点是非常清楚的，"有个性的个人与偶然的个人之间的差别，不是概念上的差别，而是历史事实。在不同的时期，这种差别具有不同的含义"①。很清

---

① 《马克思恩格斯选集》第1卷，人民出版社2012年版，第203页。

楚，马克思提出人的实践问题，阐述了人的存在与发展是以社会为前提的基本结论。这一观点得到确立，因而，认识与理解人的生命活动，就不是一个能否认识、认识多少的认识论问题，而事实上已经转换成一个存在论问题，即人与世界关系的建构问题。因为，马克思从实践视野去理解人与世界交往关系的建构，认为实践是人的感性活动。这种"建构"是人与交往的对象物完整关系的建立。对象物不只是人认识的客体，不只是人需要改造的客体。因为人与对象物的交往关系的建构，是人全面占有自己的本质的实现。由此可以说，人要真正成为人的现实社会存在，是随着人与对象物交往关系的确立而得到确证。因而，人的主观活动、人的意识，必须在这样的交往关系中才具有合理性，才是现实的，如此就解决了"人的主观活动"是否具有合理性的问题。

（二）教育本质研究呈现的问题

教育本质研究的本位问题，是完成教育本质研究目标的出发点，它表明教育本质研究的基本立场。重视研究教育中人的问题，或者说从人的角度研究教育，是非常重要的思路。不过，强调教育重视人，不能与教育的社会功能相对立，不能顾此失彼，要正确处理个人、教育、社会三者之间的关系。

教育的质、教育属性与教育本质，教育本质与教育职能、教育性质、教育功能等教育基本理论研究中的基本范畴，是既有联系又有区别的概念。这里只是指出区分概念是揭示教育本质内涵一项十分重要的事项。但是除了做好这项工作之外，更重要的任务是转换认识教育本质的思路，要从教育、社会、个人三者相互依赖的关系状态中进行思考，着眼于三者相互依存的系统角度分析教育问题，不能就教育论教育。这一点实质上反映了教育本质研究思路的重大变迁，即从注重教育本质的概念判断的思路，转变成从教育与社会整体的互动关系中考察教育本质。

人们总是把"本质"看作抽象的、思辨的概念。因而，在很多情况下，人们都从精神文化层面确定教育本质范畴。这种理解教育本质的合理之处是明确体现教育传承、传播、创新文化的功能。但是，这一研究思路容易使对教育本质的理解抽象化，比如强调教育本质是明确"教育应该是什么"，又如强调教育本质是个人的文化陶冶。关注人的文化精神的体验，培养人的精神生命等强调教育的文化功能。关注教育丰富个体精神生活的价值，这是十分重要的思路。但是，必须要正确理解教育改善个体精神生活的社会基础、社会背景，不能抽象地讨论人的精神需要与精神生活。因而，在现代社会，一批研究者着眼于关注人的现实生活，探索教育与人的生存之间的关系，因而使教育研究更加凸显关怀现实的立场。

教育的本质在教育思想史上和教育现实生活中都是一个非常有争议的问题。有人强调教育的宗教本质，认为教育是为人的来生做准备的，如夸美纽斯和一些有着宗教背景的教育家；有人强调教育的世俗本质，认为教育主要服务于人的世俗生活，帮助人们过上美好的生活。有人认为教育就是要尊重儿童的自然本性，促进儿童的自然潜能按照它的内在秩序不断实现，如蒙田、卢梭等一些自然主义思想家；有人认为教育的任务是传承历史文化，造就合格的社会成员，如凯兴斯泰纳、杜威等；有人强调教育的人文性或伦理性，认为教育是提高个人德性、实现人格理想的过程，如康德等；也有人强调教育的社会性，认为教育是引导个人超越自我、服务社会和国家的过程，如黑格尔、涂尔干等；有人强调教育的本体性，认为教育是为人的发展服务的，不太赞成教育为社会政治、经济、文化建设等服务，将教育为人的发展服务与为社会进步服务割裂开来甚至对立起来；反过来，也有人根本否认教育的本体性，只强调教育的工具性和社会功能，完全将受教育者当成可以根据社会需要任意加工的"材料"，无视受教育者身心成长的规律和教育过程本身的科学性与伦理性。以上这些有关教育本质的论争，在思想方法上都不同程度地犯了形而上学的错误，往往是片面地、静止地、抽象地认识教育本质的结果。

其实，不论对教育本质研究采用什么样的研究思路，得出什么样的研究结论，有一点必须要思考，研究教育本质的实质是揭示教育的正当性。所谓教育的正当性，是回答社会需要学校教育的原因，考察与判断学校教育的观念、内容、行为等是否符合社会与民众的需要，社会与民众是否给予学校教育肯定的评价。概括地说，它解决了"学校教育为什么是合理的"这一基本认识问题。那么现代学校教育的正当性依据是什么？不论坚持哪一种理论视角考察教育本质，研究者都在试图给出教育存在正当性的答案。至于采用不同的理论视角与思维方式的重要原因则与当时研究者秉持的世界观密切相连。因此，更需要从世界观维度阐述教育本质。

古代教育受到古代本体论世界观的影响。在柏拉图看来，这一基本观念（理念）是异己的，是超越人的感性经验而存在的，因而，教育的目的是找到决定人作为存在者的最本质因素，以此塑造人的主体地位。因此，教育就是在教师指导下，学生探索理念、认同理念的过程。而要探索理念，就要给予学生自由的时间与空间。通过探索，鼓励和支持学生独立思考、独立判断，鼓励学生过一种"审慎"的生活。

认识论则致力于解决与提升人的认识能力，培根就此论述教育与知识传授的关系。洛克也承认人作为教育对象的重要意义。洛克用主观概念解释人的主体地位。卢梭也是依据自然主义原则设计教育的代表，认为教育是消除不利于人的发展的因素。洛克、卢梭是从人的生理发展的客观特点来认识教育。他们的问题是把人的发展本身作为教育出发点，把教育看成训练人的心智与发展人的技能的手段，夸大教育改变人的本性的作用，忽视人的发展的社会制约因素。

近代教育注重主体的原则。康德指出了教育对人类发展的积极意义，认为，人应是教育的目的，但他明确强调人不是实现教育目的的手段。教育的道德教化功能是把人的理性定为最高原则。由此，教育价值乃是要激励人的理性因素。康德从服务人的发展的角度提出"人的教育"构想，目标是要找到决定教育存在合理性的依据，这个依据是人的理性能力。应该看到，康德教育思想中最核心的内容，是否定教育过度信赖实证科学的做法，反对把传授知识作为教育的目的，反对把教育变成知识传授的手段，提出要重视教育与人的理性自由的关系问题。然而，他对教育自由的假设，是由先验批判的方法完成的，这仍然停留在近代的主体世界观之内。因而，要对近代主体教育思想进行反思，解决主体与客体分离、对立的格局。斯·麦克莱伦的《教育哲学书》比较清楚地把握了分析教育哲学对教育的理解。他认为研究教育就应该研究人类理性在教育实践中所采取的独特形式，也就是说研究人类理性在产生了"教—学"的特别行动的互动中所采取的独特形式。他所提出的研究思路是有意义的，但是对教育仅做理论分析，容易把教育带入一种空幻。离开了人，如果说尚有教育活动，那也只是观念之间、意识之间相互流动，这不是现实人的活动。因为现实人的活动，包含着人内在世界的活动，比如心灵的思考、精神观念的交流等，也包含着人与外部世界交往积累的经验活动，体现着人的某种具体行为，比如认识某件物体、改造某种产品等。由这两方面可知，人的活动其实是完成了建构人与所处世界交往关系的活动。如果仅仅把教育理解成人的观念与意识活动，就无法反映人与世界交往关系是客观存在的事实，这种认识方式是不可能揭示教育的本质的。

人的教育，是使人成为理性人的过程。就这一点而言，就能够发现以往教育本质研究中存在的认识局限。脱离了现实的社会基础讨论人，只能是从思辨的、精神观念的维度理解人。如果把人当作抽象的人，把人的意识形态或思想观念的变化等同于人的发展，就剥离了教育本质形成的现实社会基础，把教育本质变成人的意识活动的抽象表述。这些思路，实质上是绕开人去讨论纯粹的教育本质。学校从事传授科学知识的教育活动，但不能把学校的全部教育功能等同于知识传授。近代以来，知识的社会作用被放大，同时又把这一作用简单地归结为生产力功能。但是，有知识的人未必成为社会有用之人。近代以来，学校教育发生的一项极其重大的变革是走向世俗化。所谓世俗化，简单地说，就是社会生活不再受宗教观念的制约，越来越依赖于人的理性与科学技术。这里讲学校教育趋向世俗化，同样也指学校教育摆脱宗教的专断与控制，强调教育与人的日常生活的结合，强调教育与近代工业生产的紧密结合。重视实科教育，是学校关注现实社会生活的鲜明特点。重视实科教育，要求学校传授工业化大生产所需的专门知识，按工业生产方式批量化培养专门人才。这样，教育开始了世俗化进程，但陷入了被工具主义思维方式束缚的困境。教育本质被功利目标所异化，淡化了教育中的价值因素。尤其是在近代工业革命的推动下，这种研究思路尤其突出。纯粹从知识角度讨论教育，使教育活动变得简单化，即教育成为训练人提高劳动技能的一种手段。

（三）用"实践的思维方式"理解教育本质

理解教育本质的认识前提，就是要改变已有的研究教育本质的思路，从世界观的角度切入，并对马克思主义教育思想的当代价值进行分析。从社会生活中寻找决定教育本质的根源，对辨析当今教育理论研究中的若干重大问题具有指导意义。马克思指出，实践思维是理解人与环境及教育关系的重要思维方式。马克思作了非常明确的断言："环境的改变和人的活动或自我改变的一致，只能被看作是并合理地理解为革命的实践"①。这要求实现理解教育的认识方式的转变，改变认识教育的思维方式。对马克思标明的"革命的实践"，关涉的主题至少有两点：实践的重要性和实践之于人的存在意义的实现。马克思用简单的、通俗的"革命的实践"阐明了人生存于世的本质。这样，要求确立"实践"的观点，或者说确立"实践的思维方式"，即"从现实的、有生命的个体"的存在活动去理解人与人之间的各种社会交往现象，从人的历史地生成变化的过程中把握人的现实生活、精神生活的历史限制及其变化、发展的特点。基于此，马克思认为全面发展的个人不是自然产物，而是历史发展的产物。只有当人融入现实的社会生产过程中，与他人、自然、社会结成相互交往关系，才能不断地创造社会文明，创造社会生产力，同时也在丰富着自己的知识、能力以及个性。然而，在西方，这种正确观点在很长时期得不到确立，相反形成了"抽象而不切实际的思维"②。这种思维不能正确理解教育与社会之间的关系，不能正确把握学校的教育功能，片面夸大学校及教育对人的变革与发展产生的作用。为此，马克思指出，把握教育本质的思路与把握国家的政治、法、宗教等本质是一致的。首先，马克思批判了政治、法、宗教本质观的认识问题。在《黑格尔法哲学批判》的"导言"中，他明确指出，"对宗教的批判使人不抱幻想，使人能够作为不抱幻想而具有理智的人来思考"③。其次，马克思提出了寻求理解宗教本质的正确思想路线。马克思不仅批判了宗教本质观，而且对黑格尔的精神生产理论、资产阶级意识形态等理论观点作出批判，指出费尔巴哈的宗教本质理论、黑格尔的精神生产理论以及其他资产阶级意识形态理论存在根本性不足。为此，马克思论

---

① 《马克思恩格斯选集》第1卷，人民出版社2012年版，第134页。
② 《马克思恩格斯全集》第3卷，人民出版社2002年版，第207页。
③ 《马克思恩格斯全集》第3卷，人民出版社2002年版，第200页。

证了从实践角度解读宗教本质、意识形态的基本思路，把"本质问题"还原为"现实的人"的问题。因此，虽然马克思没有直接、明确地谈论教育本质，但是马克思提出从实践观点解读宗教本质、意识形态批判的思想方式，也是解读教育本质的思想方式。

马克思通过对宗教本质的批判，指出现实社会生活是宗教形成的基础。不对现实社会生活进行改革，就无法消除宗教本质。马克思开展宗教、法及教育等意识形态批判，是以批判意识形态形成的社会根源为前提的。作为人类实践活动之一的教育，它的本质，是现实的而不能是抽象的思辨、不能是概念的逻辑表述。而要达到这一点要求，需要把与学校教育相联系的现实社会生活作为认识前提，从社会生活中寻找决定教育本质的根源。如此，对辨析当今教育理论研究中的若干重大问题也是有指导意义的。

人类开展教育活动的历史十分悠久。在不同的社会发展时期，对教育的理解与对教育的需求是不一样的。在这个过程中，要对一些不合时宜的教育本质观进行大胆舍弃，吸收历史上形成的合理观点。强调历史性，更重要的原因是满足人认识与改造世界的需要。通过承续历史上积累的知识、技术、道德、信仰等社会文化资源，以便更经济、更有效地解决人认识与改造世界的目标，这是人类教育活动合理性根源的呈现。从历史的维度理解教育，使教育与人类社会实践活动相融合，体现着教育活动的实践性。这就是说，人类发生的每一次教育活动，无论是学校教育还是社会教育，无论是有组织系统化教育，还是不自觉的、分散在日常生活中的教育，都与人的知、情、意、行相联系，都与人的日常生活相联系，因而，教育便是人的实实在在的活动之一。既然教育是与人日常生活相关联的活动，就不能把它理解成抽象的智力活动、智力游戏，就不能把教育活动理解为仅仅改善受教育者读、写、算技能的知识学习活动。这里说教育活动是实在的、客观的活动，既不是古希腊思想家在伦理意义上理解的"实践"，即把实践看作人的德性、品性；也不是近代启蒙理性实证科学视角理解的"实践"，即把能否实证的、可否计量等指标作为评价"客观性的"依据。这一观点把"实践"作为人与世界关系建构的媒介，将教育看成与人的生存活动、社会历史建构密切相连的现实活动。这种阐释"实践"的思路，伦理学家麦金太尔的解说更加明白与具体。他说实践概念不是职业概念，它比职业概念更具有吸引力和建构性。不过，麦金太尔理解实践思路的出发点仍然是德性论的传统，因为他非常明确指出，讨论实践的目的，是使通过实践活动激发人的"内部善"，比如，人有过绘画实践的追求，才能培养出最好的色彩、色调、结构、视角、线条、比例感等。激发了人的"内部善"，才能达到善的卓越标准。比如，处理金钱、荣誉、地位、权力等一系列人在世俗生活中遭遇的"义与利"的课题。类似麦金太尔那样关注"实践"问题，并从生存意义、道德价值维度理解人的职业活动与日常的世俗生活对当前学校教育来说是富有启示意义的。比如，向受教育者传授知识与培养技能，是非常重要的教育项目、教育内容，但是，这不能作为评价人的教育的标准，因为它可能导向"非目的教育"，例如应试教育就是把教育促进学生成长的"认知目标"当作教育目的（可能是无意识的、不自觉的）。所以，从历史视野全面系统地分析教育本质的变迁，总结不同历史时期关于教育本质的主要观点，从中建立正确的教育本质理论是十分必要的。比如，古代社会教育的重要职能是帮助年轻人获得谋生技能，为阶级分化创造条件，体现教育的政治职能。而西方文艺复兴以来教育的重要职能是培育人的理性因素，逐渐克服宗教因素对教育的影响，建立世俗化教育体制，使教育变成人性解放的助推器。

当然，强调教育本质的历史性，并不否定运用逻辑的手段研究教育本质的合理性。逻辑往往被定义为进行正当推理的科学和过程。在教育本质研究过程中，运用逻辑的方法是非常正常与合理的。因为教育本质是从纷繁复杂的教育现象、教育事件中寻求共同性的、普遍性的"本质"，这就需要依赖逻辑的缜密思维过程，把诸多教育事件、教育材料进行排列、分析以及演绎论证，得到材料充分、观点可靠、论证合理的结论。必须指出，逻辑的方法是与人的思维密切相联系的，是人的一种特殊的思维方式，如此，就会联系到人的理性与人的主观性。也就是说，因逻辑的方法而突出理性的作用，甚至把理性当作人的本质特征。这种观点没有发现逻辑与现实的人、现实的世界之间的关系。其实，人的任何一项思维活动，包括逻辑推理，都与人类现实社会历史存在着紧密联系。逻辑、思维能力的发展，本身就是人类现实活动的产物，是人的"感性活动"的产物。马克思以"劳动"这一范畴为例，指出任何抽象活动都是历史产物。以往的哲学家们把"思维变成一种独立的力量"，就像古代柏拉图那样先把世界分成感官直接接触的、变动不居的现实的世界，以及作为感性世界摹本的不动不变的理念世界。而逻辑的、思辨的、推理的方法，是与理念世界沟通的基本方法，是比感官认识更高级的思维能力，这样就把人的逻辑方法神秘化了。马克思指出了导致逻辑方法神秘化的根源："凡是把理论引向神秘主义的神秘东西，都能在人的实践中以及对这种实践的理解中得到合理的解决"①。思维问题终究是人的现实生活问题。认识到这一点，就能把握社会生活与人的思维逻辑之间的内在必然联系，就能从根本上克服从理性层面理解逻辑推理的局限。

与近代其他思想家一样，马克思也是从人与教育的相互关系中考察教育的本质与功能，进而得出教育造就人的全面发展的基本结论。但是，

---

① 《马克思恩格斯选集》第 1 卷，人民出版社 2012 年版，第 135—136 页。

马克思的卓越之处是强调人与世界交往共存的对立统一的辩证立场，为理解教育本质建立新的思想与认识前提。马克思批判了黑格尔用"理性"描述人、描述社会与国家之间关系的基本立场，指出人与社会及国家之间是现实存在的客观关系。比如，人是独立存在的，人并不是国家。当然，国家需要人，有人的组合，才谈得上是国家，国家是人的产物。可是，在黑格尔看来，国家与人之间的现实关系都被理解为是观念的内在想象活动。如果照黑格尔所言，观念成了主体，而现实的人则变成观念的产物，是非现实的存在，这是借助思辨、逻辑与理性的方式完成了"人"的抽象化。因此，要坚持人是现实的人的立场。它是指人是现实世界中的人，世界是现实的人活动着的场所，离开人就无法讨论世界的意义。人与世界是交融一体的，世界自然是人感性活动的产物。马克思早就说过，感性"必须是一切科学的基础。科学只有从感性意识和感性需要这两种形式的感性出发，因而，科学只有从自然界出发，才是现实的科学"①。在此就表明，"感性意识"与"感性需要"是科学的基础。马克思所说的"感性"，是着眼于人与世界的关系提出的人的"需要"、人的"观念"。世界一切活动与成果，都不能离开人的感性活动。现代工业文明也是现代人的感性活动所生成的。所以，教育任务不仅是增长人的感性活动的能力，而且是提升人的品质，不能把"教育"简单地归结成增长人的知识与改善人的心智能力。在此基础上，马克思又指出，在不同的社会背景下，人与世界的关系变得十分复杂，出现了人被世界控制与奴役的现象，呈现在我们面前的个人不再是生动的、具有个性的人，而是处于一种异化状态之中片面发展的人。而人的异化，恰恰也是在现实人的活动过程中完成的。但是，人的生产活动，直观而言是人与自然的交往关系，实质上是人与人之间的社会关系，

---

① 《马克思恩格斯全集》第 3 卷，人民出版社 2002 年版，第 308 页。

是人的社会关系制约着人的活动，这也是造成人的片面发展的根源。其实，马克思阐述"人的本质"立场的意义，表明人是在社会环境中实现发展目标的，不是要寻求决定人的发展的"普遍真理"或者说"规范性标准"，并不是给所有人的发展规定目标、方向与途径。人的异化问题也必须在人与世界的交往之中才能找到解决的答案。人的生存特质，恰恰是人与世界交往关系的建立。因而，认识教育本质，需要回归到人如何构建与世界交往关系的课题。而这种交往关系的实质，是教育本质规定的核心内容。

三、"劳动"是人的生命力的体现途径与方式

生产劳动给予人的意义，不只是"物质的变换"、为人的日常生活提供物质生活资料，更重要的意义在于，人在生产劳动过程中，改变了自然，也改变了自身的自然（人的自然属性），完成了人与世界交往关系的建立。这是需要强调的立场。正因为如此，生产劳动满足于解决了人的"生存"问题，构成了人的基础与前提。这是理解教育与生产劳动相结合思想的认识前提和诠释框架。

（一）生产劳动赋予人存在与发展的意义

要理解教育与生产劳动相结合的思想，就会涉及这两者为什么要结合的问题。回答这个问题，与理解教育目的有关。马克思研究资本主义与共产主义的基本思路，是通过对资本的批判而揭示社会发展的基本规律，阐述自由发展是人的本质特征，指出要通过政治解放实现人的解放的最终目标。这是马克思理解人的发展的基本线索，也是理解生产劳动问题的思想路径。我们通过重读马克思关于生产劳动的表述，就能够清晰地意识到马克思强调两者结合的目的，以及展示马克思强调两者结合所隐含的理解

教育的思想方式。教育与生产劳动相结合的理论存在着被误读、被实用化的倾向：一是实证主义思路的解读。这种解读从生产、制造物质财富的角度理解生产劳动，是为了消除学校纯粹注重传授书本知识、理论知识学习的片面性，训练学生掌握从事生产劳动的职业技能；二是用机械的、僵化的方法论理解两者的结合。这种解读认为开展生产劳动（知识与技能）的教育是重要的教育内容，并把它看作补充课堂教学和理论知识学习不足的手段。与课堂教学、理论知识学习相比较，"生产劳动"的课程目标是解决学生技能问题。其实，这两种认识思路都没有很好地把握马克思教育与生产劳动相结合的理论本质。马克思研究"生产劳动"，不是要证明人类是怎样劳动这样一个"技术性""生产性"的问题，而是从社会历史发展与生产劳动的关联中阐明"生产劳动"的本质，解答"人是对象性存在"的"秘密"，论证人是生动的、活动着的现实个体的基本内涵。

马克思和恩格斯合写的《德意志意识形态》一文中，对"生产劳动"是这样表述的，"生命的生产，无论是通过劳动而生产自己的生命，还是通过生育而生产他人的生命，就立即表现为双重关系：一方面是自然关系，另一方面是社会关系；社会关系的含义在这里是指许多个人的共同活动，不管这种共同活动在什么条件下、用什么方式和为了什么目的而进行的。由此可见，一定的生产方式或一定的工业阶段始终是与一定的共同活动方式或一定的社会阶段联系着的，而这种共同活动方式本身就是'生产力'；由此可见，人们所达到的生产力的总和决定着社会状况，因而，始终必须把'人类的历史'同工业和交换的历史联系起来研究和探讨"①。在这一段关于生产劳动的论述中，马克思指出了"双重属性"是"生产劳动"的重要特征。所谓"双重属性"，一是指生产劳动是物质财富创造的源泉，

---

① 《马克思恩格斯选集》第1卷，人民出版社2012年版，第160页。

人在创造物质财富过程中，建构了人与生产对象的自然关系，这反映着生产劳动的"生产属性""劳动属性""自然属性"；二是指人在生产劳动过程中，是"许多个人的共同活动"，形成了人与人的交往关系，逐步构建社会关系，这可看作生产劳动的"社会属性"。马克思对生产劳动"双重属性"的规定，让我们重新思考生产劳动的必要性。这就是不能把"生产劳动创造社会物质财富"作为研究重点，而是要揭示生产劳动蕴含的更深层次的作用与价值。诚然，认识"生产劳动"更深层次的作用与价值不能脱离对生产劳动意义的直观认识。如果从人的社会生活经验看，人通过生产劳动创造社会物质财富，以满足日常生活需要。这就是马克思透过生产劳动创造物质产品这一直观现象，研究人在生产劳动中发生了什么。这至少凸显两个方面的研究要求：一是要研究人从事某一种生产劳动的技能或知识；二是要分析人在生产劳动过程中，作为生产劳动的主体与劳动对象建立相互交往的关系。按马克思的说法，生产劳动增强了人认识自然与改造自然的能力；同时，人也在改造着自身、建立丰富的社会关系。正是这一点，才能说是把握了生产劳动的实质，显示了生产劳动的意义。由此说，生产劳动赋予人存在与发展的意义，使人不断改善与提高生产、创造物质财富的技能与能力，为人的持续生存提供生活条件。而且进一步说，人在生产劳动中收获的价值既能改进人与自然、人与社会以及人与自身的关系，又能激励人对争取更美好生活、扩大与世界交往的兴趣与想象力。生产劳动的顺利开展，需要人的知识与技能。通过生产劳动，人获得了知识与技能，实现了人的意志、愿望与自由。

（二）"生产劳动"是人"有意识的生命活动"的呈现

直接参与物质资料的生产劳动，是人与对象物直接建立交往关系。这是人使用一定的生产资料或技术手段（如机器设备等），按照一定的工作流程，把一定的原料加工为一定产品的过程。影响生产劳动的发生、发展及其劳动质量的关键因素是人。不同人的素质、技能，直接影响生产劳动的质量。生产劳动除了受人本身的因素制约还会受到人与人之间构成的各种关系的制约。它既包括人际互动关系，也包括已经把人际关系凝固成制度、规程的"制度文本"，比如生产劳动的组织方式、管理体制等"社会制度"。他们对人的生产劳动发挥着规范、约束、引导、激励等作用。此外，人是有意识的生命活动，还表现在人参与的现实社会政治活动、意识形态活动等。尤其是意识形态活动，不仅是指人参与的政治意识形态，而且还包括人在日常生活中参与的宗教、伦理、法律或艺术等活动。这些活动调节着人的精神生活，丰富或调整着个人的自我意识。类似这样的生命活动，并不局限于某一阶层。其实，全社会所有成员都面临着、参与着这样的意识形态的生产，只是他们对意识形态的需求内容、目标、价值是有差异的。正是因为这种差异，现实社会存在着人格差异，不同的人设定了不同的人生境界。这就需要在全社会开展具有高尚内容与先进价值理念引导的意识形态教育，着力加强每一位社会成员的人生理想、人生信仰的教育，加强人生修养的锻炼，提升人生境界。同时，马克思指出不同形式的生产劳动表现了人的日常生活的丰富性与复杂性，也意味着使人的发展走向负面状态是可能的。对人的发展的负面现象，马克思把它称作人的劳动异化。并且，马克思揭示了劳动异化形成的原因以及克服劳动异化的思路，这是马克思研究生产劳动的理论贡献之一。在马克思生活的德国社会，批判异化已经是一个深受关注的议题。当时，重点是讨论宗教问题，对宗教的本质及社会功能开展争论。比如，费尔巴哈在《基督教的本质》中强调，人们对宗教以及围绕宗教提出的各种问题，实质是人的问题。因为人是有意识、能产生意识的"动物"，人的"意识"是人区别于动物的本质特征，它"不仅是宗教的基础，而且也是宗教的对象"①。宗教的意识是人的意识中的一部分，它仅仅"是对无限的东西的意识"。然而，每一个个体的存在都是有限的存在，作为有限的人又是如何能够产生"无限"的意识，这是费尔巴哈认定的人的本质观。基于此，费尔巴哈肯定人的本质是形成宗教的决定性因素，"理性、爱、意志力，这就是完善性，这就是最高的力，这就是作为人的绝对本质，就是人生存的目的"②。由此，费尔巴哈断定宗教的本质是人的本质，上帝是人创造的而不是上帝创造了人。"人在宗教中将他自己的隐秘的本质对象化。这样就必然证明，上帝跟人的这种对立、分裂——这是宗教的起点——乃是人跟他自己的本质的分裂"③。费尔巴哈进一步证明，如果说宗教本质不是人，只有在宗教另有本质的前提下才是可能的，"如果属神的本质——宗教之对象——确实不同于人之本质，那么，就不可能发生分裂了"④。费尔巴哈发现了上帝的秘密在于人本身，是人创造了上帝。不过，问题是费尔巴哈没有正确阐述人的本质，他把"意识"作为人异于动物的本质特征，把人的本质归结成人的"知性"，即"理性或理智"。费尔巴哈说人的本质"不是别的，正就是知性——理性或理智。上帝，作为人之对极，作为非属人的、非人格型的属人的存在者来看，则就是对象化了的理智本质。纯粹的、完善的、无缺陷的属神的本质，是理智之自我意识，是理智对自己的完善性的意识"⑤。正是这种"理智"，具有无限的能力，使人能够摆脱自身的局限，去构想无限的、普遍的事物。由此，他断言人的理智创造了上帝，并得出上帝是人创造的基本结论。"理智是类所原有的能力；心代表特殊的事情，代表个

---

① ［德］费尔巴哈:《基督教的本质》，荣震华译，商务印书馆 1984 年版，第 30 页。
② ［德］费尔巴哈:《基督教的本质》，荣震华译，商务印书馆 1984 年版，第 31 页。
③ ［德］费尔巴哈:《基督教的本质》，荣震华译，商务印书馆 1984 年版，第 67 页。
④ ［德］费尔巴哈:《基督教的本质》，荣震华译，商务印书馆 1984 年版，第 67 页。
⑤ ［德］费尔巴哈:《基督教的本质》，荣震华译，商务印书馆 1984 年版，第 68 页。

体，而理智则代表普遍的事情；理智是超乎人的，就是说，是寓于人之中的超人格的和非人格的力量或本质性。只有通过理智并且只有在理智之中，人才具备力量摆脱自己，摆脱自己的主观的、个人的本质，将自己提升到普遍的概念和关系。"①这也解答了形成如下景象的原因：人创造了上帝反而被上帝主宰，人把上帝变成是一种偶像，对它顶礼膜拜。由此，费尔巴哈得出这样的结论，神学的本质即是人类学，但是，他对人类学的理解，从分离人与现实世界之间关系的角度理解"人性"，把人内心中的"爱"的情愫当作人类学的本质。费尔巴哈说得很清楚："人本学是跟思辨哲学截然不同的。人本学并不像被神秘的假象所眩惑的思辨那样把人化看做是某种特殊的、奇突的神秘……人本学批判了教条，将它还原为其自然的、人生来就有的要素，还原为其内在的发源和中心点——爱。"②费尔巴哈把人的本质以及社会本质归结为人的"爱"，认为"爱"是构成推进社会发展与人的成长的原动力。这既体现了费尔巴哈人本思想的创新之处，又暴露了费尔巴哈人本思想的局限。马克思认为，把问题归结到人自身某种"要素"是不够的。这种人身上所具有的要素，类似费尔巴哈所说的理性、理智、爱等，只是一个完整的人身上的某些特殊构成要素。说人是完整的、整体的存在者，是指人是在社会日常生活中进行客观的、现实的活动的存在者。正是基于这样的认识，马克思把人与社会的关系作为考察人的本质问题的切入点。以此为前提，他作出人的本质是社会关系的总和的结论。也就是说，只有在人与社会的联系中才能考察人的知、情、意、行。由此，马克思要求回归到现实的社会生活，在复杂的社会关系中考察人的问题。如果只做主观的臆测或抽象化的概念分析，是难以把握人的问题的实质的。对此，马克思在《〈黑

---

① ［德］费尔巴哈：《基督教的本质》，荣震华译，商务印书馆1984年版，第69页。
② ［德］费尔巴哈：《基督教的本质》，荣震华译，商务印书馆1984年版，第89页。

格尔法哲学批判〉导言》中指出了研究思路与研究方法："真理的彼岸世界消逝以后，历史的任务就是确立此岸世界的真理。人的自我异化的神圣形象被揭穿以后，揭露具有非神圣形象的自我异化，就成了为历史服务的哲学的迫切任务。于是，对天国的批判变成对尘世的批判，对宗教的批判变成对法的批判，对神学的批判变成对政治的批判。"① 在现实日常生活视域中找到问题根源及解决策略，是解决问题的思想方式及方法论要求。在这种思想方式引领下，马克思通过商品这一资本主义生产方式中最基本的对象，揭示了商品与资本的秘密在于劳动。商品的价值与交换价值与凝结在商品中的"劳动"直接相关，而"劳动"是劳动者提供与创造的，劳动者应该拥有劳动的权利。然而，受资本主义私有制支配，作为劳动主体的劳动者（工人）为了维持生存，必须要与资本发生着直接的联系。所以，这种联系的建立，完全是基于劳动者维持生存的需要，而不是以劳动者满足个人发展、享受等多方面需要为依据。这样，劳动者就把"劳动"作为与资本交换的手段与媒介，并且，因为社会生产的分工，造成了劳动者承担不同的职业、从事不同的工作。从事不同职业和工作的劳动者只能靠出卖与这些职业、工作相类似的"劳动力"。如果换一种职业或工作，劳动者就难以胜任，就难以出卖劳动与资本建立交换关系。马克思指出，这是资本主义私有制条件下的劳动异化。它使劳动者与劳动构成对立关系。劳动之于劳动者的意义，仅仅是维系劳动者基本的生存需要，以便有体力与能力继续从事劳动。不过，马克思认为出现这种情况是与物质生产的历史变革紧密联系着的。"人在这种状态下生产的东西不多于他直接的需要。他需要的界限也就是他生产的界限。"② 就这个意义上说，人对生产具有占有权、支配权。生产是人满

① 《马克思恩格斯全集》第3卷，人民出版社2002年版，第200页。
② 《马克思恩格斯全集》第42卷，人民出版社1979年版，第33页。

足自己需要的产物，是人的生命力的体现，"我的劳动是自由的生命表现"①。但是，随着私有制的确立，"它是生命的外化，因为我劳动是为了生存，为了得到生活资料。我的劳动不是我的生命"②。"我的劳动不是我的生命"，并不是说劳动与人的生命力呈现无关，而是劳动者为了生存，不得不出卖自身的劳动，不能在劳动中感受尊严、收获快乐与对劳动自主、自由支配，只是自身劳动力的出卖者、提供者。劳动者把自己的劳动能力当作商品参与到资本主义的市场交换之中。马克思作了这样的描述："在私有制的前提下，我的个性同我自己疏远到这种程度，以致这种活动为我所痛恨，它对我来说是一种痛苦，更正确地说，只是活动的假象。因此，劳动在这里仅仅是一种被迫的活动，它加在我身上仅仅是由于外在的、偶然的需要，而不是由于内在的必然的需要。"③人的"内在的必然的需要"，是指人追求个性发展、实现人的自由本质的需要。当劳动者不能自主、自由地支配自身的劳动时，人就不可能处于自由、自主的状态之中。因而，劳动者的所作所为，必定是被迫的，处于服从与被支配的状态。马克思指出这是人的异化，是劳动的异化。他在《1844年经济学哲学手稿》中分析了"异化"的四种表现形式：劳动产品与劳动者的异化、劳动过程与劳动者异化、人与人之间关系的异化、人与自己类本质关系的异化。并且，马克思强调，"工资是异化劳动的直接结果，而异化劳动是私有财产的直接原因"④，在这里，劳动的概念发生了重大变革。这种变革不仅是劳动功能的变化，而且是劳动在人与社会发展中地位发生的变化，同时，马克思通过对劳动与私有制产生关系的考察，转变了

---

① 《马克思恩格斯全集》第42卷，人民出版社1979年版，第38页。
② 《马克思恩格斯全集》第42卷，人民出版社1979年版，第38页。
③ 《马克思恩格斯全集》第42卷，人民出版社1979年版，第38页。
④ 《马克思恩格斯全集》第3卷，人民出版社2002年版，第278页。

我们理解社会的思想方式，即确立了劳动与人的生命存在、社会存在之间所具有的内在联系。关于这一点，马克思在《詹姆斯·穆勒〈政治经济学原理〉一书摘要》中分析得更加清晰。马克思提出："人们——不是抽象概念，而是作为现实的、活生生的、特殊的个人——就是这种存在物。这些个人是怎样的，这种社会联系本身就是怎样的。因此，以下论点是相同的：人自身异化了以及这个异化的人的社会是一幅描绘他的现实的社会联系，描绘他的真正的类生活的讽刺画；他的活动由此而表现为苦难，他个人的创造物表现为异己的力量，他的财富表现为他的贫穷，把他同别人结合起来的本质的联系表现为非本质的联系，相反，他同别人的分离表现为他的真正的存在；他的生命表现为他的生命的牺牲，他的本质的现实化表现为他的生命的失去现实性，他的生产表现为他的非存在的生产，他支配物的权力表现为物支配他的权力，而他本身，即他的创造物的主人，则表现为这个创造物的奴隶。"① 马克思对异化处境中的人的存在境遇的描述，意图是阐明人已经被变成"非人"的存在。造成这种"非人"的生存状态的缘由，不是人的主观意志、个人情感，相反，起决定性力量的是现实的社会制度。马克思正是通过分析生产劳动及劳动异化，揭示了人的存在与社会历史发展的秘密，提出了一条证实人是现实的社会存在的思路。马克思断言："我们的生产同样是反映我们本质的镜子。"②

（三）从现实的人的生产活动解析人的本质特征

从现实的人的生产活动解析人的本质特征，这是马克思之前的思想家未能涉及的论题。此前的思想家，有如费尔巴哈，虽然拒绝以思辨的

---

① 《马克思恩格斯全集》第 42 卷，人民出版社 1979 年版，第 25 页。
② 《马克思恩格斯全集》第 42 卷，人民出版社 1979 年版，第 37 页。

方式把人看作抽象的观念的产物，或者是上帝的造物，但是，依然用"爱"等抽象的"美文学"词句概述人的本质，因而他的问题是仅仅把"理论的活动看做是真正人的活动"，"他不了解'革命的'、'实践批判的'活动的意义"。① 马克思肯定个体的生命力量内在于个体之中，不是上帝赋予或先天形成的，而是借助一定的渠道、载体、个体生命力才能得到展示。事实上，日常活动、生产劳动正是人的生命力量的具体体现。因为，任何一次劳动过程的发生，要具备"有目的的活动或劳动本身"、"劳动对象"和"劳动资料"等三要素。从劳动过程的三要素来看，任何一项劳动过程的完成，是三要素相互影响、相互作用的结果，这种"相互依存性"是劳动社会性特征的体现，也是劳动社会性特征的必然要求。马克思肯定劳动是人的生命力的体现途径与方式。人与劳动融合的意义，是人对外部世界的关系和人与人自身内部世界关系的重构，马克思把它称作人的内在本质力量的体现。所以，马克思批判费尔巴哈只知道"感性的直观"，不知道人的"感性活动"。结果，费尔巴哈脱离了现实社会生活去理解人，用抽象的"爱""意志"等字眼阐释人的发展目标与实现人的发展目标的路径。要消除费尔巴哈思想的局限，一项重要使命是对于人的全面发展条件给予新的规定。马克思转换了解决问题的思路，思考怎样让人真正成为劳动的主人。只有这样，人的生命力的体现才是正当与合理的。如此，一方面要求培养能够从事劳动的主体，而不是从事"异化劳动"的"主体"，以此展示人的生命力量；另一方面培养人成为"主体"的教育目标，只有在"劳动"过程中才能得到实现。所以，要使教育成为造就人的自由而全面发展的途径，必须是在现实的人的劳动、日常生活中展开的。它不是观念的抽象与概念的逻辑思辨活动，无疑，这

---

① 《马克思恩格斯选集》第 1 卷，人民出版社 2012 年版，第 133 页。

是理解学校教育需要坚持的思想方式。对这样的思想方式，海德格尔称之为把握了"历史事物的本质性"。他在《关于人道主义的书信》中谈到了这一点："马克思在体会到异化的时候深入到历史的本质性的一度中去了，所以马克思主义关于历史的观点比其余的历史学优越。但因为胡塞尔没有，据我看来萨特也没有在存在中认识到历史事物的本质性，所以现象学没有、存在主义也没有达到这样的一度中，在此一度中才有可能有资格和马克思主义交谈。"①可见，研究"异化劳动"的意义，在于提供一种从历史的、社会的、人的存在的角度研究问题的思想方式。只有这样，才能把教育看作人有意识生命活动的一部分。如此理解学校教育，就不会脱离现实社会和现实人的生存处境，不会把教育理解成"纯粹意识的活动"或者是"抽象的精神观念"的变化过程。相反，我们应该从"人是对象性存在"的角度理解学校教育的本质，进而使学校确立教育目的是培养从事生产劳动的社会主体，培养能够主动、自觉地参与、融入社会生活的社会公民。

马克思以人与社会关系为依据，阐述了人的发展三个阶段的理论，即从"生产能力只是在狭小的范围内和孤立的地点上发展着"，到"以物的依赖性为基础的人的独立性"，再发展到"建立在个人全面发展和他们共同的、社会的生产能力成为从属于他们的社会财富这一基础上的自由个性"②。实现人的自由个性，是马克思提出人的发展理论的终极目标。但是，实现人的个性自由，是立足在人的社会实践活动前提下谈论人的自由发展，理应成为学校教育的目标。人的发展三个阶段的理论告诉我们，人的发展是不断消除"依赖""压制"，走向"自主""自由"的过程。但是，人不同于动物，人的需要能够驱使着人去改造生存的环境与条件，也是因

---

① 孙周兴选编：《海德格尔选集》（上），熊伟译，上海三联书店1996年版，第384页。
② 《马克思恩格斯全集》第30卷，人民出版社1995年版，第107—108页。

为人的"改造"能力，又会出现人被"物"所制约的"异化"的处境。学校通过改善人的智力、发展人的技能、培育人的德性等途径，使学校教育在人的发展中具有独特的意义。但学校教育促进人的发展目标的实现，要在与现实社会生活、生产相结合的前提下才有价值。就此，马克思在《1844年经济学哲学手稿》中对未来人的理想说得十分明白："它是人向自身、向社会的即合乎人性的人的复归"，而且这种"复归"，是"人和自然界之间、人和人之间的矛盾的真正解决，是存在和本质、对象化和自我确证、自由和必然、个体和类之间的斗争的真正解决"。① 人寻求自身的发展，与人成为一名社会人，即建立能够解决"人和自然界之间、人和人之间的矛盾"的社会制度。

马克思在考察资本主义发展历史后，一方面指出人的自由而全面发展是实现人的发展目标；另一方面指出资本主义社会条件下存在着人被"异化"的可能。造成人的异化的原因，主要是客观现实的社会基础。马克思在批判蒲鲁东关于分工与人的发展关系的观点时提及了这一点："现代社会内部分工的特点，在于它产生了特长和专业，同时也产生职业的痴呆。"② 这是事实，但是，真正造成人的片面发展的原因并不是分工本身。"分工"是社会历史发展过程中的一个阶段、一种社会生产的组织方式，促进了社会生产力的发展。当然，不能据此否定分工是制约社会与人的发展的重要因素。它造成了人的片面发展，尤其进入现代机器大工业生产时代，机器逐步取代工厂工人的劳动能力，机器生产率超过了工场手工业生产时期工人的生产效率。这样，机器分工造成工人生产能力的降低、造成工人在工厂生产中地位的下降，甚至导致工人的失业。就此，马克思指出，资本主义社会分工产生了特长和专业，同时也制造了职业的痴呆。

① 《马克思恩格斯全集》第3卷，人民出版社2002年版，第297页。
② 《马克思恩格斯选集》第1卷，人民出版社2012年版，第249页。

而要克服分工产生的消极影响，则需要社会生产力与生产关系的革命性变革的实现。所以，马克思说要改变这种职业的痴呆、消除人的发展的片面性，只有通过变革工厂制度才能实现。从这个意义上说，马克思指出"工厂"具有革命性，"自动工厂中分工的特点，是劳动在这里已完全丧失专业的性质。但是，当一切专门发展一旦停止，个人对普遍性的要求以及全面发展的趋势就开始显露出来。自动工厂消除着专业和职业的痴呆"①。可是，"工厂"具有的这种"革命性"难以被理解与发现，即使是蒲鲁东也没有意识到这一点，结果只能感叹人的命运不济，由此设计的出路是回到中世纪做一名手工工场的师傅，满足于"只要有一次感觉到自己是人也就够了"②的"理想之中"。蒲鲁东对人的生存理想有所渴望与希求，但是，找不到解决人的生存困境的出路。

西方传统教育思想把人的自然属性归结为人的本质特征，因而，教育的意义被认为是改造人的理智与身体。要突破传统教育思想理解"人的教育"困境，必须运用马克思创立的历史唯物主义理论作为思想武器。以唯物史观理解人的教育，是对理解教育思想方式的一种变革。廓清把握"人的教育"本质的认识路径，是马克思唯物史观的重大贡献，它辩证分析了人、环境、社会及教育之间的相互关系，从社会历史发展的维度论证人的自由发展教育价值目标的合理性。对于这一点，在对费尔巴哈人本主义的批判中，马克思、恩格斯批判"人"及"人与历史"的观点，并不是说不要谈论"人的问题"，而是强调揭示人的社会本质是解决"人的问题"的关键。

---

① 《马克思恩格斯选集》第 1 卷，人民出版社 2012 年版，第 249 页。
② 《马克思恩格斯选集》第 1 卷，人民出版社 2012 年版，第 250 页。

第三节　生活世界承载教育现实构想的价值取向

马克思指出，建立在资本主义生产前提下的人的交往关系，是一种"人与人""人与物"的依附关系，是被"资本统治"的关系，不是人的自由的交往关系。因此，马克思主张打破这种物对人的统治，建立个人全面发展的"联合体"，确保人的交往活动的丰富性、多样性，以及交往关系的全面性，从而使人回归到本真的生活之中。在这个意义上说，马克思通过人的感性活动提出生活世界的命题。马克思主张回到被"理性"遮蔽的人的感性世界，体现着其生活世界理论的实质。

一、生活世界的研究主题

教育领域对"生活世界"的关注，很重要的原因是这一术语极易使人联想到人的日常生活。其实，作为理论研究的"生活世界"，包含的内涵与意义不只是局限于人的日常生活范围。哲学就是一种反思态度，可以使人类的全部活动都上升成为普遍有效的知识，而其实质则是以概念、思想的形式对自身的反思。自身的经验与存在构成哲学反思的现实基础。

（一）把生活世界作为理论研究的对象

德国的胡塞尔是现象学创始人、20 世纪最重要的哲学家之一。他的现象学思想影响了一批哲学家，比如马克斯·舍勒、马丁·海德格尔、让-保罗·萨特、莫里斯·梅洛-庞蒂、列维纳斯等。而且，受其思想影响的学科远不止哲学、社会学、人类学、历史学、艺术、文学等学科领域，都受到胡塞尔现象学深刻、广泛的影响。概括地说，胡塞尔的哲学贡献主要集中在三部分：一是早期在数学哲学和逻辑学方面的研究逐渐导致他发现现象学的方法；二是用超验论的观点去发展并明确表达与论证这种方法；三是把现象学的方法应用于诸如知觉、想象、记忆、空间、时间、主观际性等问题研究之中，并且还应用于研究科学哲学、伦理学、社会学等学科领域。而生活世界理论的形成、阐述的基本观点以及对以后哲学家产生的影响，是与胡塞尔哲学研究思路与研究方法密不可分的。当然，胡塞尔重视生活世界，但没有把它看作哲学研究的课题，而是通过它达到追问通往现象学的先验哲学途径的目的。所以，在胡塞尔生前发表的著作中，我们很少能够看到关于"生活世界"这一术语。因为胡塞尔给自己规定了一项极其重要的工作——建立作为严格科学的哲学①。就哲学史而言，胡塞尔认为哲学史从古希腊起就是追求严格科学的历史。他倡导的"现象学"，则是寻求哲学成为"严格科学"的一次努力。

胡塞尔创立的现象学，其核心思想是要求专注于纯粹的自我意识，由此提出现象学还原的方法，即通过"悬置"一切日常观念、科学见解和生物学思想，专注于纯粹意识现象，为研究哲学问题确定认识前提与研究边界。随着意识的流动与变化，事物的本原得到清晰显示。胡塞尔设想通过"还原"或"悬置"，借助人的体验流、意识流，还原人的先验存在，从而规定哲学研究的问题域。胡塞尔试图以人的意识（纯粹意识）维护人的主体地位，把意识与主体性画上等号。然而，这一研究思路遇到了与笛卡尔类似的困境，即处在现代社会中，人的主体性凭借"纯粹意识"就能得到确立吗？基于这一点，为了探求纯粹意识所带来的困惑，胡塞尔希冀在"生活世界"概念下寻求塑造社会主体的可能性。在1913年出版的《纯粹现象学通论》一书中，胡塞尔提到了生活世界。在这一本著作的第二

---

① ［德］胡塞尔：《哲学作为严格的科学》，倪梁康译，商务印书馆2010年版。

编《现象学的基本考察》中的第一章"自然态度的设定及其排除"，胡塞尔论述了"我和我周围的世界"。他说，我们从自然生活中的人的角度开始思考，这样就会意识到一个"在空间中无限伸展的世界"。胡塞尔把这个"对我而存在的世界"称作"周围的世界"。它不只是纯粹由客观事物构成的世界，也是价值世界、善的世界和实践的世界。依赖它，人与人相互交往才能得到实现。对生活世界这一术语作更为详细的讨论则是在《欧洲科学危机和超验现象学》一书的第二部分第九节，它的标题就是"生活世界是自然科学被遗忘了的意义基础"。这一标题已经显示了胡塞尔理解"生活世界"的背景与内涵。胡塞尔说生活世界是客观存在的，它恰恰是人生活的世界，是不可回避的。任何科学活动，以及由科学构造起来的世界，并不改变它，只是以它为基础的前提下提出的各种实践和理论问题。但是，长期以来，人们所谈及的"世界"，是人的意志、意愿改造的对象，是建构的"世界"，特别是受到伽利略以来对数学方式的确信，以及受到由此影响形成的科学理性主导的认识观念的制约，结果遗忘了通过知觉实际经验到的、并能够经验的世界，其实它是客观存在的。胡塞尔指出了这一点："我们所发现的这个世界是一切已知的和未知的实在的东西的世界。时空的形式以及一切以这种形式结合起来的物体的形状，都属于这个实际的经验直觉的世界。我们本身生活在这个世界之中，我们的人的身体的存有方式是与这个世界相适应的。但是在这个世界中我们看不到几何的理念存有，看不到几何的空间、数学的时间以及它们的一切形状。"[1]显然，胡塞尔在这段话中阐明了"生活世界"的基本立场。其中，有三点是理解"生活世界"的关键：一是"生活世界"是一种"视域"，是人认识、解释、改造"世界"的对象总和。二是"生活世界"与科学活动不同。科学活动

---

[1] ［德］埃德蒙德·胡塞尔：《欧洲科学危机和超验现象学》，张庆熊译，上海译文出版社1988年版，第60页。

是使人把世界确定为某一个明确的对象，把世界当作一项研究课题。比如，冶金术就是把世界中存在的矿产作为认识与改造对象，最终得到关于冶金的技术、能力与知识。三是人的所有活动，包括科学世界的建构，都是与生活世界密不可分、密切联系的。生活世界是人的活动的基础。从这一意义上说，胡塞尔提出了关于生活世界的一个基本观点：生活世界是科学世界建构与发展的基础。讨论胡塞尔的生活世界理论，需要提及胡塞尔思想产生的社会背景。在胡塞尔的研究工作中，他前期主要强调"自我意识"，后期转向生活世界理论，这与时代环境的变化密不可分。

（二）生活世界与科学世界

经历了启蒙运动的洗礼，20 世纪以来，在欧洲社会，一方面理性、民主、自由、法治等现代观念得到进一步强化，推动着科学、技术的发展，促进了社会生产力的进步；另一方面社会问题不断涌现，经济危机、工人失业、社会价值观混乱、战乱不断，使欧洲社会出现了现代文明与社会危机同在的现象。因此，消除社会危机，寻求与确立人生价值坐标与意义归宿成为一些思想家的时代使命。对危机的忧虑，对解决社会问题方案的求索，成了胡塞尔后期研究的重点。在《欧洲科学危机和超验现象学》一书中，胡塞尔阐述了欧洲人的危机以及欧洲文明的危机。对此，胡塞尔提出欧洲科学危机的批评重点，主要批评科学对社会变革、社会公民生存理念形成的负面影响，即伴随着近代工业革命而日益膨胀起来的物理学的客观主义及其演变形式——实证主义对社会变革出现的消极影响。胡塞尔认为，近代科学的发展与技术的进步，不仅仅是科学知识与人的劳作、生产技能的改进，而且科学与技术已经变成一种"观念"、一种影响人们日常生活与工作的"观念"。受此影响，人们会习惯用这一"观念"去评价生活的周围世界。这样，周围世界就被"观念"衡量着，进而，人们就会按"观念"把周围世界区分成有用与无用。而对那些无法被测量又具有无限的道德价值、审美价值的因素，人们则未予重视。更重大的问题是，人们并未意识到自身依靠科学世界形成的观念去生活与工作的局限，并未意识到自身鲜活的灵魂已经被生硬的理性、僵化的制度与不变的技术统治着，结果，人虽然获得了"科学知识"，但是失去了"精神"，获得了丰厚的物质财富但失去了对灵魂的自觉滋养。基于此，胡塞尔指出了生活世界不同于人为建构的科学世界，两者有着不同的意义规定与价值取向。科学世界是人类借助理性力量围绕功利性的目标而逐步建造起来的。它是人为的。一方面，科学世界满足了人类生存与发展的需要；另一方面，人类不断扩充功利化目的，又无法采取措施加以制止，结果遗忘了构造科学世界的原初目标。谁也辨别不清一个人为什么会去从事这样的活动、做这样的事情，甚至会把错误的、不正当的目的当作合理目的加以宣扬与传播。这是"科学世界"隐含的片面性、狭隘性。科学世界隐藏的类似问题，虽然有时候会被社会意识到，但是，人们只是意识到了科学世界出现的问题与困境，没有找到形成问题的根本原因，反而把问题当成了原因。与科学世界相反，生活世界是一个自在的世界。也就是说，生活世界不是人为构造的，是先于人而存在着的。它既是历史的、也是当下的。"我们一般不会把生活世界作为一个普遍的课题来加以专门研究"。人的日常生活、活动与工作都处于生活世界之中，人不可脱离生活世界。这样，胡塞尔为我们划定了两个世界：一个是基本的世界，即永远被视为当然的、已知和未知的、作为普遍领域的生活世界；另一个是为追求这种目标而产生出来的科学家的生活、他们感兴趣的境域、科学的实在性和成果的境域。

同时，胡塞尔强调生活世界与科学世界之间存在着密切联系。科学世界是在生活世界之中被建构起来的，生活世界为科学世界奠基，包容着科学世界。生活世界的基础地位，不是由人规定的。但是，在生活世界基础上，人们从事科学研究，建构科学的知识系统、科学的世界，它是与人密切相连的世界。就此来说，科学世界是开放的、值得人去探索的，因而也是无限的。在此基础上，胡塞尔指出，要形成多样的生活世界观。生活世界涵盖面是广泛的，不同的理解就会形成不同的生活世界，这就涉及不同的生活世界观，至少有三种生活世界观是需要关注的：一是地理学、物理学意义上的生活世界。它是客观存在的世界，是人类生活、生存发展的基础，是必须要依赖的场所。二是人的科学研究活动构成的科学世界。通过科学研究，人们创造科技文明，形成科学文化。这种科技文明的取得，是与人类对未知世界不断拓展相伴随，但它用知识、理论形式去描述与表达客观世界。三是从人的精神世界理解生活世界。人有别于动物，人有精神追求，创造精神财富，构成精神生活。人往往用神话、文学艺术等形式去直观表达世界，或者对世界进行象征性、抽象化的表达。

很清楚，胡塞尔着眼于整体视域理解生活世界，指出了生活世界的两个基本特征：一是生活世界是一切有意义事物的源泉。胡塞尔肯定每一个人都生活在这个世界中。不过，每一个人对生活世界的取舍是不一样的。有的人只满足于客观的物质世界，有的人只关注科学创造的文明世界。这些都没有从整体、全面角度把握生活世界，更没有从人的精神、人的意义维度去理解人与世界关系。生活世界理应成为一切有意义事物的源泉。生活世界是属人的、"为我的存在物的总体"世界。二是科学世界是生活世界的一部分。对于人来说，生活世界是自在的存在物。它与主体并无关联地独立存在，因而是客观的。就这层意思上说，不能把生活世界等同于人的目标、意愿。它不能用逻辑、概念的方式给予表达与呈现。只有当人与生活世界的交往关系形成时，生活世界才在人的意识中得到呈现、敞开。所以，生活世界的意义与价值，只有对人而言才能显示，只有与人相联系，生活世界才变得有意义。生活世界也是在与人建立交往联系的过程中，才是有意义的，使人获得认知事物、分析事物的视域与境界。这就与科学世界不同，科学世界本身就是人的目标产物，是"目标构成物"，意味着人的理论思考的胜利，并且体现着人是具有理智的、逻辑的力量。胡塞尔指出，生活世界是人安身立命之处。所以，强调生活世界的价值是因为它构成了人的日常生活、社会交往、科学活动的意义之源，由此阐明了人是一个意义的生物体。人只有自觉追求人的意义、社会的价值，才能确保完整的人生，才能实现科学进步与社会昌明。在这层意义上说，生活世界不是我们要不要去认识、能不能认识的问题，而是成为决定我们一切行动的意义之源。胡塞尔关于生活世界的研究成果给予当前的意义，主要是迫使现代人重新思考生活的意义与价值，为人与世界交往关系的确立寻求正确的思想方式。胡塞尔关于生活世界的理论是为拯救欧洲生存危机寻求出路，由此使生活世界的理论与观点受到了重视。

（三）生活世界提供了人建构与世界交往关系的视角与立场

哈贝马斯把寻求解决社会合法性危机作为研究工作的重心。他借助马克斯·韦伯的工具理性与价值理性的基本观点，把人的交往行为作为研究切入点，通过阐述交往行为的合理性，分析社会危机与人的危机的形成机制以及解决策略。为此，他在吸收胡塞尔现象学、美国人类学家米德的符号互动理论、法国社会学家涂尔干的社会理论、美国社会学家塔尔科特·帕森斯的社会行动和结构——功能分析理论的基础上，阐述了他的生活世界理论。哈贝马斯认为，对生活世界基本内涵的理解，应该遵循现象学生活世界的分析线索。① 不过，与胡塞尔的观点有些区别，哈贝马斯并

---

① 参见［德］哈贝马斯：《交往行动理论·第二卷——论功能主义理性批判》，洪佩郁、蔺青译，重庆出版社1994年版。

不满足于把生活世界看作科学世界形成的基础，并不赞成把生活世界看作产生人的"意识"的基础，而是以人的交往行为合理性为着眼点，认为人生存的世界是继承了一定文化传统和社会规则的世界，是人与人共存和交往的世界。任何个人的成长发展（社会化），必定要受到社会发展的影响。只有促使个体发展与社会发展保持一致性，才能具备个体发展合理性，才能使个体与社会之间建立交往行为并确保交往行为的合理性。对此，哈贝马斯提出交往行为的合理性在于"个性系统（主要考察语言能力和行为能力）"和"社会系统"之间的一致性，因而，研究人的理想交往行为的基本特征与要求，是研究交往行为合理性的重要任务。一个人从出生到成长，直至成为一名参与社会生活的社会人，这是任何一个人都要完成的任务。只有这样，人才能够被称作是人。同时，必须指出，个人的社会化不是由个人主观意识决定的，而是以社会范围内不同主体之间相互认同为前提。而人的相互认同，是在现实社会中完成的。但是，这种交往关系的确立，仍然不能摆脱物质、时间等因素的制约。这正说明交往关系具有鲜明的现实性特征。就此而言，人与人相互交往构成的共同生活空间不仅包括客观存在的物理空间、地理空间，也包括长期形成与流传的文化传统。这些"空间"与"文化传统"构成满足人的理想交往情境的视角或背景。对这些与人的交往行为相联系的各种因素，哈贝马斯概述成是生活世界。哈贝马斯肯定生活世界源于它对交往行动产生重要影响的把握。同时，他又强调生活世界与交往行动是有区别的。生活世界不是交往行动本身，而是交往行动的一种补充概念。所以，哈贝马斯说生活世界应该是"交往理论的生活世界"，它不仅是人实现交往行为的背景因素，而且因为社会规则体系的存在，成为影响人与社会、人与人正常交往的重要因素。由此，哈贝马斯主张把社会分成"生活世界"和功能化、系统化的社会机制（简称"系统"）两部分。前者是按照价值目的建构完成的，为人领悟生活意义与人生意义创造条件；后者是按照功利主义思想建构起来的，约束与规范着人的思想观念、行为方式。而且，这种约束与规范是通过强制性手段实现的，是为了达到一定目的采取的一种手段。因此，要研究的问题是如何坚守对价值与意义的追求旨趣，并使它不再受到僵化的社会体制以及社会功利主义思想与做法的影响。哈贝马斯肯定生活世界是独立存在的，但又认为它是融进社会文化体系之中的。这不同于胡塞尔的观点。胡塞尔把人们周围所处的世界区分成生活世界与科学世界。对此，哈贝马斯有不同的看法。他在评述与分析波普尔的三个世界理论之后，提出生活世界结构由文化、社会和个性三部分组成，而生活世界并不属于这三个因素中的任何一个因素，是与这三个因素并存的。说它是并存的，不是把生活世界当作构成社会结构的第四种因素，而是强调它与其他三个因素是相互融合的。所以，在促进与实现人与世界交往关系的建构中，哈贝马斯提出这些因素有着各不相同的作用，不能简单地肯定生活世界对科学世界具有奠基作用。而且，哈贝马斯特别强调社会结构三个因素的融合，并强调发挥生活世界对人建构与世界交往关系中的作用。对这一点，哈贝马斯认为其是生活世界的生产功能，能够确保人与社会交往关系的建立与发展。如果人们能够有效地发挥生活世界的生产功能，生活世界就不是独立存在的。它已经成为文化的一部分，影响着个体的个性发展。从这一点可以看出，哈贝马斯强调生活世界理论的出发点，主要是建构人与世界的交往关系。因为人需要坚持一种立场与视角，这种立场与视角指导与规范着人与世界关系的建构。而生活世界提供了人建构与世界交往关系的视角与立场，是建立与世界交往关系的背景因素。如此，哈贝马斯提出从"结构"的角度理解生活世界的认识思路，是考察影响与决定交往关系结构形成的关键，并把这种"结构"作为一种视角、一种背景，目标是揭示与阐明社会交往行为的合法性。因此，它既不是本体论，也不是认识论的思路。"合法性意味着，对于某种要求作为正确的和公正的存在物而被认可的政治秩序来说，有着一些好的根据"①。任何事物的存在是否具有合法性，必须要探究其存在的依据。对交往行为的合法性来说，同样如此。通过研究分析交往行为合法性的依据，进而分析交往行为与社会体系完善之间的关系，从而寻求批判病态社会现象的思路与策略，寻求建构适应美好社会建设的社会理论。围绕这一研究，哈贝马斯规定的研究任务是揭示交往行为如何发生，旨在说明社会现代化理论的建构思路。

对于人的认识活动，既要承认人的认识、观念、行为的产生，受到自己已有的生活世界的影响与规范，又要充分考虑不同交往对象、交往主体之间的生活世界是否具备沟通的条件及其可能性。哈贝马斯从生活世界概念中引申出另一个重要名词，即交往合理性。它是指交往主体之间就交往目标达成共识的条件。由于影响交往主体交往行为的生活世界是不相同的，因而在现实的交往过程中，交往主体会表述自己的见解、观点与立场。如果在交往过程中，只有一方显示独立的观点与立场，对方只是被动接受，没有表达意见、看法与观点，这不是民主的交往行为，而是独断的、武断的交往行为。如果交往主体都能够表达观点、阐述立场，使交往过程呈现出多种视域、多元化的观点与立场，就说明这样的一个事实：交往主体建立的交往活动，包含着丰富的内容、多样的观点，而这种丰富性是与交往主体密切相关的，同时，又会对交往活动参与者产生影响。针对这一现象，哈贝马斯把生活世界称作交往主体的"信念库"，因为它影响着人的思想、观念与行动。而这种"信念库"的构成，包含着每一个交往主体的社会经历、知识结构等因素。据此，哈贝马斯分析了"信念库"的构成与作用。哈贝马斯指出，"信念库"不是主观的，不是个人的意识活动，而是与社会化进

---

① ［德］哈贝马斯：《交往与社会进化》，张博树译，重庆出版社 1989 年版，第 184 页。

程联系在一起。"文化、社会和个人作为生活世界的结构因素与文化再生产、社会统一和社会化的这些过程相适应"①。这就是说，构成生活世界的各种因素对个人思想、言语与行为方式产生有效影响，但是，这种影响的产生，不会按照个人的意愿而发生变化，从这一角度说，它对个人交往行为产生的影响是潜移默化的、"潜在的"。正是因为这样，人的交往行为会受到生活世界的影响，是生活世界各种因素综合发挥作用的结果，难以明确地把某一方面因素归结为对人的行为产生决定性的影响。

结合生活世界功能的认识，哈贝马斯概括了构成生活世界的三个因素：文化、社会与个人。文化是一种知识储存，社会是合法的秩序，而个性则是一个主体在语言能力和行动能力方面具有的权限。人的交往行为的发生与这三个因素密切相连。这些因素是人的交往行为产生的"媒体"，交往行为便是借助这些"媒体"而进行的"再生产"。因此，作为信念的生活世界，其内在的构成因素之间是相互联系的，结合成一个完整的知识整体。总之，哈贝马斯的生活世界理论目标在于为交往行为的合理性阐明社会基础。有两点需要引起重视：一是通过关注生活世界而建构社会价值秩序，确证社会秩序的合法性。它强调交往行为合理性与社会变化发展的一致性、同一性，不能脱离社会文化、社会秩序的约束。二是生活世界是"媒介"，具有生产的功能。哈贝马斯强调个人依赖生活世界构造交往信念、价值准则，进而以此为基础产生创造性的行为。只有个人的创造性才能推动社会的进化，这也是哈贝马斯非常关心的个人的自我发展与社会发展之间的同一性问题，是肯定哈贝马斯生活世界理论积极意义的基本因素。20 世纪以来，对生活世界关注的思想家，除了上述介绍的胡塞尔、哈贝马斯之外，还有不少人阐述了对生活世界问题的基本看法。比如

----

① ［德］哈贝马斯：《交往行动理论·第二卷——论功能主义理性批判》，洪佩郁、蔺青译，重庆出版社 1994 年版，第 189 页。

维特根斯坦提出要从理想的人工语言转向对日常语言的研究，要重视研究"生活形式"，目标是解决语言的意义来源问题；语言丰富的意义只能在生活中得到展现。存在主义理论创始人海德格尔也是研究生活世界的重要代表之一。他的观点与胡塞尔、维特根斯坦、哈贝马斯的观点区别在于试图寻求人的真实、原初的生存境遇，也就是未被社会与文化所异化的生存状况，他称之为研究人的存在，因为人以存在者的形式呈现在日常生活中，也即所谓具有某种社会角色或被社会文化所规定的某一类人、某一种人。结果，生动多样的个性以及个体需求的丰富性与差异性，得不到充分关注，出现了千人一面的现象。这被海德格尔看作人的异化处境。它阻碍着个性的培育与发展，是对人的存在事实的遮蔽。海德格尔断言，人的日常生活或者说人生活的日常世界，是"不真实的世界"，是"遗忘了人的存在的世界"，因而，追问遮蔽人的存在的根源及回归人的本真存在，成了海德格尔留下的精神遗产。如此，反思与消除人的异化处境，是引发生活世界研究的重要动因。因而，当代社会看到的是物的不断产生，消亡的却是我们自己。当然，西方思想界研究生活世界、日常生活世界的观点不只这些，以上只是对生活世界主要观点作了极其有限的介绍。从中也能清楚地发现生活世界理论研究的前景与价值。比如，这些思想家通过生活世界寻求社会的价值信仰，分析促进人的发展与社会进步的合理途径等。当然，在肯定这些理论观点与研究思路具有积极意义的前提下，不能否定这些观点也存在一定问题。对此，我们需要结合马克思的生活世界观加以批判性的解析。

二、学校存在之根由

通过对马克思"生产劳动"概念的辨析，我们可以知道，人的对象性关系建构是人的生存活动的基本方式，人不可能脱离生活世界而存在。只有在与世界的交往中，人的价值的实现才有可能性。也正是因为人与世界交往的发生，证实了人是活生生的存在者。无疑，培养受教育者与世界交往的意识与能力，是十分关键与重要的课题。在哲学视野中，人获得这种交往关系的意识与能力，是人的主体性的体现。它是人成为人的核心与关键。因而，如何把一个人培养成为社会主体，意义重大。这也是现代教育极其重要的使命。然而，问题的关键是怎样培养社会主体，由此就能够阐释为什么需要学校教育，同时也为怎样举办学校提供认识准备，明确学校存在的理由。

（一）学校存在理由的历史沿革

古代思想家认识教育存在问题，主要是源自对世界存在合法性的认识。这是一条古代本体论认识思路。本体论，是关于一切事物最后根源、本质的学说。古希腊思想家从本体论角度理解教育的合法性，把寻求世界本源、世界普遍规律作为教育合法性存在的决定因素。比如，他们用抽象的数、理念等因素规定教育目的。这样，教育就是教会人运用理性思辨与逻辑能力去把握抽象的数、理念等决定世界存在的"本体元素"，以获得对人的存在意义的领悟，进而完成人的职责。显然，按照本体论的理解，决定人的意义、人的价值的因素，不是在日常生活世界中，而是在虚幻的"超验世界"中。可以说，古希腊思想家构想的教育合法性，是理性的逻辑分析与抽象的超越精神的统一，继而被神学教育思想转变成具有更大威力的神或上帝，这便是用绝对精神统率个体的精神生活、"精神世界"。因而，教育的意义不是承认个体作为社会主体的独立地位，而是张扬超越现实世俗生活的"神圣的精神世界"。

在西方，文艺复兴以来，人的理性能力被重视，教育被当作挖掘人的潜能的手段。在启蒙运动崇尚科学的思想影响下，人被看作理性的机器，被认为是可教的。教育的关键是寻求最好的知识。比如，赫尔巴特提出教育的心理学问题，用心理学知识论证人的教育是可能的。但是，赫尔巴特的教育理论仍然不能解答一个基础性命题，即如何阐明"人是教育对象"命题的实质意义。不过，我们需要辩证反思这些思想家关于教育合理性的追问。他们倡导教育的人文关怀，力主教育促进人性的改善，培育受教育者融入世界的意识，这是有价值的教育思想与教育实践。但是，离开了人的现实生活世界理解教育的价值，把教育人文价值归结成人之外的某种本体性因素，体现着教育理解的形而上学思路。无疑，现代学校教育活动的开展以及教育学科的形成与发展，受到了形而上学思想方式的制约与影响。至今，它对学校教育活动产生的影响并没有完全消除。用一种标准化的、统一的、普遍性的目标引领所有受教育者，使他们步调一致朝着共同的、崇高的目标发展，这是不切合实际的"思辨哲学"的产物。

形而上学思想不仅对学校具体的教育活动与教育环节产生影响，而且还深刻地影响着教育学科的构建、教育理论的发展。近代之后的教育活动和教育学科建设，受到形而上学思想方式的影响。重要原因是，启蒙运动之后，西方社会倡导人生而自由平等的观念，重视人的自我意识，重视人的权利与自由，甚至把"自我意识"等同于人的发展，等同于人的主体性的全部内容。卢梭说，他最为关注、真正关注的是"人的地位"。所以，教育是人的教育，"从我的门下出去，我承认，他既不是文官，也不是武人，也不是僧侣。他首先是人"①。把教育与人联系起来、反对脱离人讨论教育，这是卢梭教育思想的重要价值。

教育使人知道"做人"。而要达成这一教育目标，理清人的本质的认

---

① ［法］卢梭：《爱弥儿》，李平沤译，商务印书馆 1978 年版，第 13 页。

识思路是前提。因而，批判与清除教育理解的形而上学思路，是马克思教育思想的重要贡献。为解决这一问题，马克思是从探讨解决问题的前提与基础着眼，认为它是问题解决的理论基础。因为，不同的前提假设会出现解决问题的不同思路。而具体采用什么样的解决问题思路，一方面取决于理论基础与前提，另一方面又是技术性、操作性的"问题"，可以根据问题的变化与环境的改变，随时作出调整。马克思把环境的改变与人的活动的一致的"实践"视为根本前提。人的实践展示着人的生存方式，也是人的思想观念、社会意识形态形成的基础与前提。只有把现实人的现实实践当作教育基础，才能为谈论教育现实性确立前提，从而把人的现实实践作为评判"是否是现实的教育"的尺度。这样，传统教育确立的前提与基础被摧毁了。哈贝马斯在概述形而上学历史时提到了这一点："撇开亚里士多德这条线不论，我把一直可以追溯到柏拉图的哲学唯心论思想看做是'形而上学思想'，它途经普罗提诺和新柏拉图主义、奥古斯丁和托马斯、皮科·德米兰德拉、库萨的尼古拉、笛卡尔、斯宾诺莎和莱布尼茨，一直延续到康德、费希特、谢林和黑格尔。古代唯物论和怀疑论，中世纪后期的唯名论和近代经验论，无疑都是反形而上学的逆流。但它们并没有走出形而上学思想的视野。"[1]这就是说，克服形而上学思想方式对教育的消极影响，消除对教育虚无的、"神性化"的理解，把教育变成现实社会现实人的现实活动，是马克思对教育思想方式创新的贡献。对此，马克思通过对资本、劳动的批判性分析，揭示隐藏于人的生产劳动之中的秘密，科学地回答了人的问题，提出了极富启示的教育论点，克服了工具论或功利论的学校教育价值观念造成的消极作用。所谓从工具论或功利论理解学校教育，是指没有把促进人的持续、全面发展作为学校教育的目的，把学

---

① ［德］于尔根·哈贝马斯：《后形而上学思想》，译林出版社 2001 年版，第 28 页。

校教育变成为了实现"某一种目的"的工具。这种现象在市场社会利益原则的冲击下，并不少见。因此，克服教育的功利化，寻求教育的人文价值，成为教育发展的一个重要目标。要克服这一认识误区，使学校教育回归到"本真"状态、"原初"状态，即教育是人的教育，学校是师生健康成长的快乐园地与精神家园。这就需要明确学校教育的价值取向，为学校教育实践规定方向，发挥它对教育实践的引领作用。马克思唯物史观视野中人的发展，是从原始社会"人对物"的依赖阶段，逐步发展到人的本质力量释放的未来社会。最后这个阶段是实现人的自由本性的阶段，是"人完成占有自身的本质特征"。因而，一方面，实现人的自由本性是人的发展的最高阶段，是人的发展的理想境界；另一方面，人的发展是在与世界交往的过程中完成的。不过，这种互动关系，不能用某一种"技术"的方式就能完成。这就是教育与人性的联系。教育既有"求真"的使命，更有"崇善""尚美"的使命，是对人性需求的呵护和对人生的终极关怀。故此，教师组织实施教育活动，要求教育者挖掘教育活动中蕴含的人性美，使教育科学、教学技术和方法奠基在"善与美"的基础上。这样的教育活动才是合理的、是有意义的。唯物史观开启了理解教育的价值向度。教育具有一定的经济功能，特别是对提高劳动力、促进社会经济发展，创造科学技术成果有着积极贡献。学校对推动社会经济发展、产业结构调整、人力资源开发具有重要价值。但是，这只是学校教育功能中的一部分，如果要完整把握教育的功能与意义，这种认识思路是不完整的。

（二）确立"自然"在学校教育中的地位

实现学校的教育职能与教育使命，不是一个"理论"的话题，而是需要落实在具有脚踏实地的改革精神和创造能力的受教育者身上，通过他们实现学校使命。因而，学校组织传授知识的教育活动，帮助年轻学生理解、接受科学知识，实现学校的知识教育目标，但这不是学校的唯一教育目的。事实上，学校给予学生的意义与价值，是培育学生理解自然、参与社会的态度、品质与能力，使学生最终成为主动参与、关怀公共事务、具有公共理性品质的人。学校是在社会中被不断建构起来的，是社会的、历史的，不是纯粹的自然存在物。因此，学校的教育目标、任务、内容与方法是"人为的""人造的"，是改造完成了的"自然"，如此，学校的教育工作渗透着社会的意志、意愿。其中，科学发展、高质量发展、低碳发展关涉着人类未来。这些观念、意识理应纳入学校教育的范畴，比如培养年轻一代"对自然的态度"，养成学生的"自然观"，构成当代学校教育的一项重要任务。在这层意义上，马克思提出劳动与教育的关系问题，原因在于劳动是面向"自然的"，是"劳动"帮助人完成了自然观的建构。当然，马克思提出的"自然观"，既不是在人与自然处于对立的状态下理解自然，认为"自然"只是满足人的需要的客观存在物，也不是把"自然"看作独立于人之外的"客观存在"，不是把"自然"当作被认识、被改造的"客体"，而是把人与自然的关系看作两者"共生共荣"的"共在"关系。所谓人的自然化与自然的人化的统一是形成这种"自然观"的关键，是转变理解"人与自然"关系的思想方式。也就是说，我们无法从纯粹的认识论或知识论的维度理解自然人化与人化自然，自然是客观存在的，不可能具有与人相同、相近的思维能力、逻辑推理能力。但是，我们可以从生存论意义上理解人与自然这一对关系。它的重点是强调人的生存自觉的重要意义，也就是体现人在处理与自然关系时的自觉性、能动性。当人具备生存自觉时，就不会把"自然"看作只是在人之外客观存在"物"。它还包含着人对自然的一种价值取向，是人与自然建立认识。这符合马克思提出的对待自然既要保持科学的态度，又要保持价值的态度。科学的态度，是认真严肃地按照自然规律办理，遵循自然规律；价值的态度，是指人要爱自然，就像爱自己一样。破坏了自然，没有了自然，也就是在破坏人类生存未来。可见，培育自然观是十分重要与必要的课题。学校如何正确处理学生与自然的关系，培育学生正确的自然观，就有必要看看马克思提出的改善人与自然关系的基本策略，"对我们的直到目前为止的生产方式，以及同这种生产方式一起对我们的现今的整个社会制度实行完全的变革"①。在此前提下，马克思提出要了解、认识劳动，并通过劳动确立正确的自然观。在此意义上，要求学校帮助学生学会劳动，其意义不仅是为了掌握、了解生产劳动的过程与能力，而是尽可能地使学生既能通过读书掌握科学知识，又要求学生能够尽早确立正确的自然观。

（三）学校应以"生存"教育为使命

马克思通过劳动建构"自然观"，展示了一条生存论意义上谈及人的劳动态度与价值的思路。所谓"生存论意义上"是指人是生存着的。生存着的人是丰富的多面体，既有认知客观世界的需要，又要展示自身的情感、意志、欲望等非理性需求。这就使人对自然的关系，不只是认知关系（认识自然），还包含着人对自然的理解、感受与欣赏，体现着人与自然之间构成的认知关系、道德关系、审美关系。同时，强调"生存论"，是因为生存的人与生活的人有着重要差异。前者强调人是一个创造性的存在者，能够自我创造、自我发现、自我实现。后者只是强调人是生活着的人，机械、重复、满足动物一样的生理性需要为首要目的的生活。这两种不同生活观的本质差异在于是否体现人的主动性、创新性，以及是否把精神向度作为满足人的需求的目标。但是，在特定社会历史文化条件下，人不是"生存的人"而是"生活的人"。因为人的创造性潜力、潜能未能被

---

① 《马克思恩格斯选集》第 3 卷，人民出版社 2012 年版，第 1000 页。

激发出来，反而被压抑、压制了。这种处境，马克思称作"人的异化"。异化的人，创造力被压制。这并不是说人的创造力完全消失，或者说人是不可能具有创造力的。因为，"压抑"不等于"不存在"。因而，人要使自己从"生活的人"转到"生存的人"。这成了使人成为人的教育任务，也就是怎样使人成为自觉、自主、自为的人，这应该成为学校开展人的教育、开展生命教育的核心要旨。对此，尽管传统教育观提及了这一点，即主张学校要帮助学生度过幸福人生、增进学生福祉，这并没有错。但是，必须补充一点，幸福生活是通过艰难与痛苦的拼搏而获得的。与其让学生幻想幸福，还不如尽早教会学生如何克服痛苦的煎熬。马克思在论述劳动时，看到了劳动对人类历史产生的意义与价值，也指出劳动并不是一件十分快乐的事。马克思指出，在未来社会，人与生产劳动之间的关系将会发生变革，逐渐消除劳动异化的处境，人成为支配自己劳动的主体。从事劳动的人是自主、自由、快乐的。但是，这种变革是以社会所有制关系的革新或革命为前提。随着所有制的变革，人的劳动态度也会变化、对劳动取舍的变化，这种变革如何理解？这是问题的关键。如果我们认为人是可以随心所欲无所限制，这似乎又回到了没有制度、没有法律、没有道德的时代。可见，这些问题的提出及解答，关键取决于"理解的思路"。马克思描述了所有制变革引发人的劳动的变化，表明所有制变革给人的生存方式及生存价值带来的革命性变化。所有制变化之前，人的一生或人生活的很长一段时间，就如同一个机器人，只学会一种生产技能，只从事一种工作（工种）。而所有制变革之后，人们不再为谋生而生存，也不再屈从于某种工厂制度的安排，走自己的路，独立思考，寻求自身对生活的感悟与意义。因而，帮助人寻找消失或迷失了的"精神家园"，是时代赋予现代人的使命。但是，这条道路，海德格尔并没有彻底揭示，而马克思早就做到了。马克思寻求社会变革，改变社会所有制，使人自主支配自己，充分展示自身，包括展示个人的意志、欲望、情感及才能。这样的人，才称得上是真正生存的人，而不只是为了谋生。因此，现代学校教育的目标就是帮助学生确立"生存意识"，培养"生存能力"。

（四）揭示科学教育观的实质

传授科学知识是学校教育的基本任务。长期以来，传授科学文化知识、追求真理，被认为是学校教育的基本职责。由此，学校把科学知识划分成不同的学科类别，根据不同学科，设置相应的课程，并选择教学内容。应该说，学校在传递、继承、传播科学知识、培养科技工作者等方面工作卓有成效。在肯定取得成就的同时，不能不强调学校科学教育中存在的问题。学校教育要形成正确的科学教育观，核心是两个方面的内容：一是把握科学及科学教育的本质；二是实现自然科学教育与人文社会科学教育的协调发展。正确把握科学的本质，是确保科学教育工作取得成功的认识前提。马克思十分重视科学的价值，指出只有科学技术的进步才能够推动与创新社会生产力。马克思在《1857—1858年经济学手稿》中论证了科学技术对提升生产能力的贡献，这一点是不容置疑的。但是，重视科学技术的贡献，前提是要确立正确的科学观。科学观是对科学产生、发展、功能、价值等基本问题的看法，核心是把握科学本质。这就是说，科学、技术与人是密切相关的，是人的力量的具体体现。讨论科学问题，不能丢掉"人"这个现实的基础。把科学与人联系起来讨论，不是想说明科学是人研究与发明的成果，而是重点表明人通过科学展示人的本质力量，这是处理人与科学关系的正确立场。马克思又以现代工业为例说明这一问题。现代工业深受现代科学影响，是科学与技术发展水平的一种具体体现与反映。无论现代工业发展到何种程度，都是人自己的本质力量的体现。马克思认为，不能把科学变成纯粹的"科学知识"的集结，变成教科书中的科学。科学是生动的、实践的，是与人密切联系的。学校既要看到科学知识及科学发展历史所展示的人的智慧与人的力量，使学生通过学习"科学"，掌握科学知识、概念、规律，更要使学生通过学习"科学"感受到人的力量、人的尊严、人的价值。马克思通过对现实的人的把握，以独特的思路统一了科学与人文。他认为，无论是自然科学还是人文社会科学，都是人的创造，是人的本质力量的体现。具体地说，马克思认为自然科学与人文科学是统一的，是一个问题的两个方面。如果着眼于科学与人的关系来说，不存在自然科学与人文科学的分离，两者都是人的科学。对此，马克思和恩格斯在《德意志意识形态》中专题讨论人类社会历史的发展问题。历史可以从两方面来考察，可以把它划分为自然史和人类史。这样，研究自然史是自然科学，研究人类史是人文科学，两者都与历史相关，马克思把它们看作一门科学，即"历史科学"。

当然，马克思把历史科学、自然科学与人文科学归为一门科学，绝不能等同于现代科学语境中的"自然科学与人文科学是一门科学"。马克思是从认识自然、改造自然的进程中阐明科学是人类活动的产物，"工业的历史和工业的已经生成的对象性的存在，是一本打开了的关于人的本质力量的书，是感性地摆在我们面前的人的心理学"①。在此，马克思提及"心理学"，是指与人的本质相联系的人的对象性活动的全部展示，正如马克思提到的"感觉""激情"，不同于当代心理科学关于"感觉""激情"的概念解释。马克思借助"心理学"这个词语，表明人的本质力量展示的历史基础（比如"工业的历史"），不是人类技术的代名词，不是指现代工业使用了多少先进技术设备等之类的科技词汇。这样叙述的"现代工业"，只是关于工业、科学、技术的知识与概念的陈述。为此，马克思提出用

---

① 《马克思恩格斯全集》第3卷，人民出版社2002年版，第306页。

"心理学"理解"工业历史",是要表明工业是人的本质力量的发展历史。可是,人们总是把心理学当作一门实用科学,分析它的"有用性",没有从人的本质力量的角度进行理解。被这样理解的"心理学"不能在社会生活中产生应有的作用,原因不是人们缺乏心理学的知识或者是缺少运用心理学知识的能力,而是把心理学仅仅当作一种工具,按"有用性"判断心理学的价值。而以"有用性"作为心理学运用的依据,其局限性是显而易见的。比如,"有用性"极易受到人的主观意志的左右,这样就失去了判断的客观性。由此,学校应该使自然科学教育与人文科学教育协调发展,这就要求从科学、技术的本质理解科学教育。科学教育是着眼于人的社会存在的视角,解决的是人的生命存在与发展的需要。它必然要求学校关注社会,从生产劳动与人的现实社会存在的思想语境中增强教育的历史意识,在人类认识自然、社会的历史进程中理解教育的合法性,增强学校教育工作的历史责任感,研究学校的教育特点与规律,明确实现人的培养目标的有效措施。这样就能避免从知识论角度理解科学教育,把科学教育等同于传授系统的科学知识,让学生背熟与牢记一些概念。上面讨论可知,马克思强调教育与生产劳动相结合,其理解的出发点,是对具体生产劳动的抽象,是强调"一般的生产劳动"。它不是以劳动的经济价值或者劳动者创造多少物质财富为终极目标,而是重在突出生产劳动的哲学意义。与此相比,传统教育思想倡导教育与劳动、教育与生产生活的结合,原因是受教育者掌握社会文化知识不能完全依赖外部灌输,必须由受教育者自己努力以获得社会文化知识,并把它吸收与内化成自身的知识、观念与精神,这就需要以受教育者"自我活动"为基础。因而,"劳动"是受教育者体验社会文化的手段。促进人格完善的教育,既不能等同于人格教育学所倡导的仅限于个人"天赋能力""理智能力"的发展,也不能等同于把学生弃之于社会之中的"社会教育",仅满足于社会文化的习得,而是要把两者相结合起来，达到人格完善的目标。这种理解教育与生产劳动相结合的思路，实质是把生活劳动理解为一种"实体"，是与受教育者密切联系的、能让受教育者看得到、把握住的一种具体形态或类型的生产劳动。学校教育要与劳动结合，要开展劳动教育，目标是自觉感受、接受社会文化，促进人格的陶冶，完善受教育者的人格品质，养成符合社会规范的生活方式。比如，近代瑞士著名的民主主义教育思想家裴斯泰洛齐就以标举人文教育著名。他强调教育要遵循个人自己决定自己的自发性原理，推崇直观教学，倡导完善人性、养成理想人格的教育目标。因而，他把"劳动"看作有助于增进人的感官与四肢的重要手段，并且，逐渐发达的感官与四肢又会促进理智力、想象力的形成。就此看来，裴斯泰洛齐虽然重视"劳动"，但是，"劳动"在教育中的作用也只限于身体感官与技能的训练，劳动只是作为学校重要的教育手段之一。又如，对现代教育作出重大贡献的德国哲学家赫尔巴特，也是一位关注教育与现实社会劳动、人的日常生产生活相结合的教育思想家。赫尔巴特通过分析"活动""劳动"在学校教育中的地位，阐述学校组织实施"活动"教育的建议。他肯定"活动"在教育中处于次要的地位。可见，虽然提及"活动""劳动"的教育作用，但是，他只是把劳动教育看作学校知识教育的补充，是教育的一种辅助手段。

三、生活世界与人的问题的消解

"感性活动"不只是人在日常生活中的一种活动方式或表现形式，而是建构了人与对象物之间的"感性世界"。"感性世界"的建构，既是人的本质特征的必然要求，也体现着人的本质特征。不同的时代有着不同的交往形式、内容与手段，体现着人的思想、观念与行为方式的差异，体现着社会文明程度的差异，也深刻体现着社会生产力的差异。我们需要反思人的交往关系的发展历史。

（一）马克思生活世界理论奠定了消解人的问题的依据

关于人的问题的探究，马克思之前的思想家由于没有确立理解人的本质和人的存在的思想方式，往往是从人本身之外的超越世界中寻找解释人的日常生活的本源，结果把人的问题推向了抽象的彼岸世界，或者是无限制地放大了理性或非理性因素的社会历史价值。这样，就不可能真正抓住人的本质和生活的根本。在这样的背景之下，提出对生活世界的关注与研究，明确人的问题、切实把握人的本质，是理解生活世界本质及意义的优先课题。而马克思通过确立人的感性活动的思想方式，指出了解决人的问题的紧迫性以及道路。马克思指出，人类活动不能从抽象的人性或客体化的绝对精神中寻找人的生存和发展的真实根据。全部庞大的上层建筑是"人为"的，而不是先验的或自然产物，它以物化或固化形态体现着人的精神、意识活动，而精神、意识的来源是人的实践，"社会生活在本质上是实践的"①。

（二）马克思生活世界理论开启了人的自由而全面发展目标实现的通道

马克思通过对感性活动的分析，揭示了决定上层建筑的经济基础，进而论证了市民社会与国家及法之间的关系。这是马克思从另一层面揭示"生活世界"存在的事实，以及"生活世界"给予的意义。这便是马克思批判政治经济学的理想，即寻求人的解放、人的自由发展的思想线索。马克思研究黑格尔的法哲学理论之后指出："我的研究得出这样一个结果：法

---

① 《马克思恩格斯选集》第 1 卷，人民出版社 2012 年版，第 139 页。

的关系正像国家的形式一样，既不能从它们本身来理解，也不能从所谓人类精神的一般发展来理解，相反，它们根源于物质的生活关系，这种物质的生活关系的总和，黑格尔按照 18 世纪的英国人和法国人的先例，概括为'市民社会'，而对市民社会的解剖应该到政治经济学中去寻求。"① 马克思认为，人类的解放，让每一个人自由地发展，并不取决于政治解放。政治解放并不等于真正的人的解放，人类解放的基础还在于市民社会。"对思辨的法哲学的批判既然是对德国迄今为止政治意识形式的坚决反抗，它就不会面对自己本身，而会面向只有用一个办法即实践才能解决的那些课题。"②

（三）马克思生活世界理论明确了理解人的问题需要立足现实社会生活

马克思提出的生活世界理论，确立了从人与现实世界交往的视角考察人的问题思想方式，既表明人的问题需要立足现实社会生活，又指出要用发展的视域消除制约人的现实社会生活的各种障碍，真正实现人的解放。如此，我们能够反思胡塞尔、哈贝马斯的生活世界理论的意义。这些理论思考了人的存在处境，对人的异化现象作了深刻的理论批判，但是依靠个人理性自觉或者培养良好的道德觉悟，是无法达到人的自由而全面发展的目的，无法使人过上幸福自由的生活。紧随其后的比如政治自由主义、社群主义的立场，也难以解决人的发展问题。

---

① 《马克思恩格斯选集》第 2 卷，人民出版社 2012 年版，第 2 页。
② 《马克思恩格斯全集》第 3 卷，人民出版社 2002 年版，第 207 页。

第五章　以中国教育哲学自主知识体系支撑教育强国建设

中国式现代化进程的快速推进和中国特色社会发展经验的不断积累，都需要借助中国特色哲学社会科学来帮助人们认识世界和改造世界，以此为新时代中国特色社会主义建设提供知识供给与思想保障。习近平总书记指出，要加快构建中国特色哲学社会科学，归根结底是建构中国自主的知识体系。面向 2035 年建成教育强国的目标任务，需要我们思考与之相匹配的中国教育哲学知识体系是怎样的？教育哲学知识如何成为教育强国建设的思想和理论先导？如何将中国教育理论上升为普遍的规律性认识，进而为世界贡献教育强国建设的智慧？这些问题成为建设教育强国必然要回答的关键问题。

第一节　中国教育哲学自主知识体系支撑教育强国建设的内在机理

面向中国式现代化的教育学自主知识生产蕴含着内在创生性逻辑和外在批判性反思的重构意识，开启了探索中国教育哲学自主知识生产特质、中国教育现代化知识，开拓世界教育目的共性的教育学知识生产之路。

一、中国教育哲学自主知识生产的特质

习近平总书记指出："如果没有中华五千年文明，哪里有什么中国特色？如果不是中国特色，哪有我们今天这么成功的中国特色社会主义道路？"① 国外教育实践可以参照，教育思想可以借鉴，但教育强国之路必然是内生的和自主的。走别人的路即便做得再好，也只能跟在别人后面。只有走自己的路，才能真正走向自主、成熟与强大。具有世界影响力的教育思想和理论必然植根于民族文化传统的深厚土壤中，这是教育强国的历史基因和文化内核。中华民族有百万年的人类史、一万年的文化史、五千多年的文明史。先秦诸子百家的思想灿若星河，留下了《论语》《孟子》《大学》等传世经典，儒家的"有教无类、因材施教、教学相长、循序渐进、温故知新、知行合一"以及道家的"为学日益、为道日损"等思想，始终是中国教育理论和实践创新的"根脉"。

习近平总书记指出："哲学社会科学的特色、风格、气派，是发展到一定阶段的产物，是成熟的标志，是实力的象征，也是自信的体现。"② 中国教育哲学的主体性和原创性突出地体现在中国教育学派的形成和标识性教育学概念命题理论的提出上。在教育哲学自主知识的建构中，蔡元培的"以美育代宗教"以及"学术自由、兼容并包"思想、黄炎培的职业教育思想、陶行知的生活教育思想、陈鹤琴的"活教育"思想、梁漱溟的乡村教育思想等，都是本土化教育思想探索的典范。20 世纪 80 年代以来，我国涌现出一大批当代中国教育哲学的奠基者和开拓者。从百余年来中国教育哲学知识的发展来看，紧扣时代脉搏、发掘传统文化和结合中国实践，是中国教育哲学彰显原创性和时代性的基本途径。

① 《习近平谈治国理政》第四卷，外文出版社 2022 年版，第 315 页。
② 《习近平著作选读》第一卷，人民出版社 2023 年版，第 478 页。

随着全面推进中国式现代化，中国教育哲学越来越注重强调自主知识创新和理论自立。中国教育哲学的知识生产正在深化对本土教育实践的理解和研究，以社会实际和文化价值为基础，重新构建教育学理论和实践框架。中国教育哲学的知识生产将中国的历史经验和文化特性转化为教育理论的创新资源。同时，中国教育哲学自主知识生产正逐渐成为国际学术交流的有力声音，通过积极参与全球教育话语的构建，展现出中国教育理论的全球意义和应用价值。这种对外开放和交流不仅有助于提升中国教育学的国际地位，也促进了国际教育学术界对中国教育实践的认识和理解。

二、中国教育现代化知识的探索

中国教育哲学以构建中国特色社会主义教育哲学为旨归，表达中国教育哲学本土化的学术方案，展现中国教育哲学理论创生的逻辑，凸显中国教育实践话语的探索成就。作为中国式现代化发展的重要支撑，中国教育哲学自主知识生产对中国式现代化知识的探索在很大程度上确定了中国特色社会主义教育哲学构建的目标，正积极有为地构建中国教育现代化的知识生产模式。探索中国教育哲学自主知识生产离不开教育哲学本质的规定性和思想逻辑性。一是以习近平新时代中国特色社会主义思想为指导，阐释教育哲学自主知识生产特性，把中国教育学自主知识探索融入教育理论和实践问题，在表达中国教育学本体论、价值论基础上构建教育哲学的中国视角、中国方法、中国话语。中国教育哲学知识生产的自洽性展现了中国教育哲学不是照搬西方、模仿他者的教育哲学，而是在坚持以马克思主义理论为指导的前提下创造性构建的中国本土教育哲学理论。二是中国教育哲学自主知识内含的特征，汇聚了中国深化教育改革的时代诉求。中国教育哲学知识不只属于中国，也属于世界。中国教育哲学自主知识生产在中国与世界双重视野中建构新理论、新范式，充分表达出中国和世界教育的共同理想。三是坚持问题导向，为中国教育学发展夯实实践根基。哲学社会科学工作者要自觉以回答中国之问、世界之问、人民之问、时代之问为学术己任，瞄准国家教育发展重大问题，为中国教育学发展奠定基础。

三、贡献人类文明知识创生的向度

中国教育哲学自主知识生产不仅要凸显主体性和时代性，还要展现中国教育哲学贡献人类文明知识创生的向度。从这一意义上讲，中国教育哲学自主知识生产不仅要有言说自我的话语，还要有诉说世界的话语；不仅探究中国教育问题、总结中国教育发展规律，而且还关切人类公共的教育问题，为世界教育不断完善提供建议；不仅主动邀请世界各国参与中国教育探讨，而且积极汲取人类文明发展成就。这些自主的知识也是人类共同的知识。共同知识则被看作是进入社会科学"论题"必不可少的方式；这些知识构成了研究者能够得出"发现"的前提条件。可以说，中国教育哲学知识创生以广阔的视野和宏大的格局把学习人类知识和自主创生相汇通。中国教育哲学的知识体系创造既具有民族特色，又具有世界文明的共同特性。这种教育哲学知识的自主生产是对全人类文明进步的重要贡献，体现了中国教育哲学在全球范围内的引领作用和影响力。

第二节　中国教育哲学自主知识体系支撑
教育强国建设的研究范式

"不断推进学科体系、学术体系、话语体系建设和创新，努力构建一个全方位、全领域、全要素的哲学社会科学体系"①，是中国特色哲学社会科学体系建设的重要任务。"学术自主""知识生产""系统体系"的结构形式，是中国教育哲学自主知识体系支撑教育强国建设的研究范式。

一、推动教育哲学学术自主

就结构形式而言，学术自主是中国教育哲学自主知识体系构建的理念层。在一定意义上，教育哲学的学术自主关涉主体性，这一主体性主要包括两个层面的内容。第一个层面的主体性主要是针对学者以自身的切己性学术行动促进教育哲学的学科发展。作为教育哲学学术研究的主体，学者在从事研究时，需要以审慎态度研究现实教育问题。在从事学术研究的过程中，秉持主体性意识即是对自身学者使命的自觉践行。唯有基于主体意识，才能助力教育哲学学科理论创新。第二个层面的主体性主要是针对教育哲学学术研究而言的，意在突出研究对象所处的中国场域。在这一意义上，教育哲学学术研究是具有中国特色的，在直面教育现象和教育问题时要切实立足于中国教育历史、中国教育文化以及中国教育现实，自主建立中国教育哲学的认识和经验系统，以促进中国教育哲学的学科发展为现实指向，推进中国学术的自主性。这是中国教育哲学在应对教育这一世界性公共问题时作出的独特贡献，有助于提升中国教育哲学的国际影响力。要注重中国话语的提炼与创生，以符合国际学术规范和表述逻辑的方式增进中国教育哲学知识贡献的国际认同。

---

① 《习近平著作选读》第一卷，人民出版社 2023 年版，第 485 页。

二、促进教育哲学知识生产

促进中国教育哲学知识谱系的扩展是教育哲学学科建设工作的重要指向。中国教育哲学的知识生产需要基于教育这一研究对象，围绕教育哲学的研究主题——"教育与人""教育与社会"开展相应的教育哲学研究。布迪厄坚定地主张社会科学必须首先确立自身的自主性，建构起自己的研究对象。在确立研究对象的过程中，首先需要对教育哲学学科场域与其他场域间的关系有确切认知，明辨与之相关的本体性研究和关系性研究，进而能够以科学的知识生产促进中国教育哲学自主知识体系的构建。教育哲学知识生产的重要表征是形成教育理论，进而观照教育实践。如何切实围绕教育理论与教育实践的关系，不断促进教育哲学的知识生产，是现阶段需要思考的重要内容。教育哲学研究不仅需要不断深化关于教育自身的本体性研究，而且需要不断拓展与教育相关的关系性研究。作为社会复杂系统的重要构成，教育哲学需要对社会重大问题施以专业视角进行研究。由此，需要对现实社会的重要公共问题秉持公共关怀，以专业立场深化对社会公共问题的形上理解，提供学科视角的应对之策，提供切合实际的解决方案。

三、完善教育哲学系统体系

中国自主知识体系的构建必须同建设教育强国、推进中国式现代化及创造人类文明新形态联动起来，着力发挥科学知识对人类社会的引领作用。立足新时代，我们有必要系统构建中国特色教育哲学的学科体系、学术体系、话语体系，增强中国教育哲学的学科自信。教育哲学思想的发展推动着学科体系、学术体系、话语体系、育人与治理体系的发展。学科是以不同认识对象、方式和领域分类的知识体系，随着时代发展也在不断扩大研究范围与领域，形成不同的分支学科及组织机构、学术团体。学术思想是学术体系的根源、核心、灵魂，一门学科内部因学术范式不同而形成不同的学术体系。哲学社会科学的重要功能、价值和使命是育人。教育哲学的学术体系重在呈现基于学术逻辑而开展的教育哲学学术研究活动和形成的学术研究成果。其中，不论是学术研究活动还是学术研究成果，均是切实基于教育这一研究对象开展的本体性研究和关系性研究。教育哲学的话语体系，是对教育哲学概念和范畴等进行阐释的言语表达系统。话语体系必须以逻辑和逻辑关系强化内在联系。中国教育哲学话语体系的构建需要基于教育哲学话语体系的历史逻辑、理论逻辑和实践逻辑，基于教育哲学学科发展的内在逻辑。聚焦学科体系、学术体系和话语体系整体推进教育哲学系统体系的完善，是中国教育哲学自主知识体系构建的核心内容。[①]

第三节　中国教育哲学自主知识体系支撑
教育强国建设的实现路径

构建中国特色社会主义教育哲学自主知识体系，要在党的领导下，以马克思主义为指导，继承弘扬中华优秀传统文化，吸收世界文明有益成果。这一教育哲学自主知识生产过程不仅具有本土化、时代化的特点，而且通过其学术自主性和创新性促进了教育理论与实践的进步。

---

① 参见刘楠:《中国教育学自主知识体系构建的要义、机理与路径》,《教育评论》2024年第11期。

一、坚持以马克思主义为指导

在革命、建设和改革的过程中，党团结带领全国各族人民继承和发展了马克思主义教育理论，为中国特色社会主义教育哲学奠定了理论基础。新时代，习近平总书记关于教育的重要论述，是马克思主义基本原理与中国教育实践相结合的最新成果，深刻地改变了中国的教育实践。它既是中国教育改革与发展的行动指导，也是习近平新时代中国特色社会主义思想的重要组成部分。要坚持以马克思主义为指导发展我国哲学社会科学，特别是要坚持以马克思主义中国化时代化最新成果为指导。

在深化中国教育改革的道路上，中国教育哲学在理论与实践的结合中展现了自主性和现代性，教育探索与中国具体实际相结合、与中华优秀传统文化相结合，推动中国教育知识的不断迭代生产。从文化基因的视角来看，中国教育哲学孕育于中国大地，是中国传统文化基因的天然传承者，诠释着中国传统文化为人、为学、为师的教育学知识生产内涵。中国教育哲学自主知识生产植根于中国特色社会主义建设伟大工程。这决定了构建中国教育哲学自主知识体系需要挖掘中华优秀传统文化资源。博大精深的中华优秀传统文化是中国教育哲学知识体系建设的文化基础。中华优秀传统文化中的教育思想闪耀着穿越时空的光辉，是我们坚定教育自信的精神之基、力量之源。中国共产党自成立以来始终重视教育的重要作用，党和国家领导人关于中国哲学社会科学体系发展、教育发展的重要思想和论述，为建设教育强国指明了方向。我们应以高度的文化自觉深刻领悟中华优秀传统文化中的教育思想的人文精神、价值理念、道德规范，从中汲取智慧、提炼精髓，努力实现中华优秀传统文化的创造性转化与创新性发展，扎根中国大地办教育，走出一条中国特色社会主义教育哲学发展之路。

中国教育哲学体系既是在中国特色社会主义现代化建设引领和推动下不断发展和创新、成熟的，也对中国特色社会主义现代化建设发挥了重要作用。发展中国特色、世界先进水平的教育必须以中国特色、世界先进水平的教育学知识体系为支撑和指导。形成中国特色、中国风格、中国气派的教育哲学自主知识体系是中国教育学自身成熟的标志，是推进中国特色、世界先进水平的教育现代化的需要和使命，也是实现中华民族伟大复兴的中国梦的需要。只有以我国实际为研究起点，提出具有主体性、原创性的理论观点，构建具有自身特质的学科体系、学术体系、话语体系，我国哲学社会科学才能形成自己的特色和优势。

二、构建中国教育哲学自主知识体系要服务于国家重大战略任务

教育作为重要的社会领域，教育哲学作为这个社会领域的理论知识体系，要服务于国家重大战略任务。在全面建设社会主义现代化国家新征程上，我国既需要担当国际责任和应对外来挑战，又要协调推进国内改革发展稳定各项工作。这种国家特征和定位，反映在教育和教育学的发展上，则主要会表现为：教育发展越来越需要在整体上服务于国家重大战略任务，教育哲学发展越来越需要通过统合其他方面的主体力量而服务于国家发展战略。构建中国教育哲学自主知识体系，实质上就要在核心取向上强调新时代中国的国家主体需求。中国教育哲学知识体系的自主性，在根本上就要体现为服从和服务于国家重大战略任务。①

---

① 参见朱旭东、余清臣：《建构中国教育学自主知识体系的国家逻辑》，《教育研究》2024 年第 12 期。

三、中国教育哲学自主知识体系支撑教育强国建设的话语策略构建

回望历史、展望未来，面对新一轮科技革命和产业变革的到来，面对各种矛盾挑战，我们需要深刻认识和理解坚定教育自信的含义，把握其精神实质，增强行动自觉，进而全面推进教育强国建设。坚持党对教育事业的全面领导，是办好教育的根本保证，是做好教育工作最宝贵、最重要的经验。社会主义教育主权与属性的确立、人民充分享有的教育权利、教育体制的改革与创新、为社会主义现代化建设培养人才、全球教育治理体系中国话语的建立等，无不丰富了教育自信的内涵。坚持和发展中国特色社会主义教育理论体系和教育制度、树立教育自信是保持改革定力、稳步推进中国特色现代教育建设的前提。

中国教育哲学发展需要从中国教育发展的实际出发，也需要科学合理地借鉴世界教育哲学的有益研究成果。中国教育哲学如何在理论创造、思想阐发和话语表达中体现中国特色、中国风格，是我国教育哲学面临的重要问题。中国教育哲学的创新与发展，既有对我国优良教育传统的延续与激活，也有对世界优秀教育哲学成果的兼收并蓄。厚重的历史文化和优良教育传统形成了中国教育实践独有的风格，社会的迅速发展使中国教育实践呈现出前所未有的丰富性。要寻求新的理论生长点，必然要求教育哲学话语不断创新，以原创性的思想和观点提升中国教育的国际影响力。教育哲学最终要回到教育实践中，去推动、改进教育实践。尽管教育哲学由于在现实中受各种因素的综合影响，其对教育实践的作用和意义在短时间内可能难以显现。但有一点我们不能否认，那就是教育理论不仅能认识、解释教育实践，还能够改进、完善教育实践。社会的迅速发展使教育实践呈现出前所未有的复杂性，这就要求教育哲学的理论研究要深入教育实

践，从而为中国特色教育实践奠定基础。

提升中国教育学的话语权和国际影响力，需要进行系统的策略构建。习近平总书记指出，在解读中国实践、构建中国理论上，我们应该最有发言权。

教育可以成为全世界共同的语言，知识生产具有"先占原则"，在国际传播中具有独特优势。因此，要加强中国教育理论的学术表达，形成具有标识性的新概念新范畴新表述，实现中国经验的国际表达，以对世界教育学知识增长的贡献获得国际认可。要做好教育国际传播工作，使中国教育得到国际广泛认同，深度参与全球教育治理，塑造教育话语权。

范式是科学共同体共同接受的世界观、本体论、方法论和价值观，也是学科体系构建的基础。当前，中国已进入数字时代，并在一些领域取得重要的先发优势。蓬勃兴起的数字技术革命推动中国经济快速发展，也影响着社会科学的研究范式。我们应积极在社会科学研究中吸纳数据科学、计算机科学等新兴学科的知识和方法，通过实践领域的需求引领重组学科组成结构和学科互动模式，通过方法层面的数字赋能促进交叉学科融合与创新，超越工业时代的学科体系，探寻数字时代的新学科生长点，进而在新领域、新议题、新场域中探索数字时代社会科学的新世界观、本体论、方法论和价值观，建构基于中国发展与治理的数字时代学科结构、组织形态、类型学认知。这种新范式对于进入数字时代的学科体系来说具有重要意义，或将推动数字时代社会科学学科体系的总体变革。

建构中国教育哲学自主的知识体系，应植根于全面推进中国式现代化的历史进程基础上，将中国发展与治理实践中蕴含的价值理念、伦理原则、科学判断、机制方法、工具手段等进行有效概念化、理论化，形成对中国发展与治理的完整性、体系性解释。在此基础上，通过有组织科研有效组织研究者瞄准紧迫议题开展科研攻关，探索新领域、新工具、新问题，并在重要议题上实现理论引领。进一步地，中国自主学术体系构建还需要在更广意义的概念、理论与方法上实现跨越式创新。例如，通过打造跨学科范式碰撞平台，推动差异性知识的交叉融合。通过社会科学实验室建设，快速提高社会科学研究的组织性和吸引力。与此同时，培养理论研究者自主开展概念、理论与方法创新的学术自觉。在新范式、新概念、新理论和新方法基础上，中国自主知识体系建构还需要与之匹配的话语体系以承载新叙事，以真正让新知识成为学术体系中得以认可的内容。要重视并善于讲好中国教育故事、传播中国教育经验、发出中国教育声音，向世界展现真实、立体、全面的中国教育。要加强国际传播能力建设，让全世界都能听到、听清、听懂中国教育的声音。通过多双边平台支持其他发展中国家教育发展，分享教育改革发展经验，贡献中国智慧、中国方案，推动构建人类命运共同体。更加积极主动地设置全球教育发展项目，深化与联合国教科文组织等多边机构的合作，在教育援助、教育减贫、教育数字化、教育交流等项目当中发挥更大的作用，有效提升中国在全球教育中的话语权。

参考文献

一、经典文献

[1]《马克思恩格斯选集》第1—4卷，人民出版社1995年版。

[2]《马克思恩格斯全集》第1卷，人民出版社1995年版。

[3]《马克思恩格斯全集》第3卷，人民出版社2002年版。

[4]《马克思恩格斯全集》第21卷，人民出版社2001年版。

[5]《马克思恩格斯全集》第25卷，人民出版社2001年版。

[6]《马克思恩格斯全集》第30卷，人民出版社1995年版。

[7]《马克思恩格斯全集》第31卷，人民出版社1998年版。

[8]《马克思恩格斯全集》第32卷，人民出版社1998年版。

[9]《马克思恩格斯全集》第33卷，人民出版社2004年版。

[10]《马克思恩格斯全集》第44卷，人民出版社2001年版。

[11]《马克思恩格斯全集》第45卷，人民出版社2005年版。

[12]《列宁选集》第1—4卷，人民出版社2012年版。

[13]《毛泽东选集》第1—4卷，人民出版社1991年版。

[14]《邓小平文选》第1—3卷，人民出版社1993、1994年版。

[15]《江泽民文选》第1—3卷，人民出版社2006年版。

[16]《胡锦涛文选》第 1—3 卷，人民出版社 2016 年版。

[17]《习近平谈治国理政》第一卷，外文出版社 2018 年版。

[18]《习近平谈治国理政》第二卷，外文出版社 2017 年版。

[19]《习近平谈治国理政》第三卷，外文出版社 2020 年版。

[20]《习近平谈治国理政》第四卷，外文出版社 2022 年版。

[21]《习近平新时代中国特色社会主义思想专题摘编》，党建读物出版社、中央文献出版社 2023 年版。

二、中文专著

[1] 本书编写组：《习近平总书记教育重要论述讲义》，高等教育出版社 2020 年版。

[2] 陈青之：《中国教育史》，东方出版社 2008 年版。

[3] 丰子义：《现代化的理论基础——马克思现代社会发展理论研究》，北京师范大学出版社 2017 年版。

[4] 金一鸣：《教育原理》（第二版），高等教育出版社 2002 年版。

[5] 教育部课题组：《深入学习习近平关于教育的重要论述》，人民出版社 2019 年版。

[6] 雷通群：《西洋教育通史》，东方出版社 2007 年版。

[7] 倪梁康：《胡塞尔现象学概念通释》，生活·读书·新知三联书店 1999 年版。

[8] 倪梁康：《胡塞尔选集》，上海三联书店 1997 年版。

[9] 齐良骥：《康德的知识学》，商务印书馆 2011 年版。

[10] 孙周兴选编：《海德格尔选集》上、下册，上海三联书店 1996 年版。

[11] 涂纪亮编译：《杜威文选》，社会科学文献出版社 2006 年版。

[12] 张栗原：《教育哲学》，福建教育出版社 2008 年版。

三、外文译著

[1] ［法］埃蒂安·巴利巴尔：《马克思的哲学》，王吉会译，中国人民大学出版社 2007 年版。

[2]［法］爱弥尔·涂尔干：《职业伦理与公民道德》，渠东、付德根译，上海人民出版社 2006 年版。

[3]［英］安东尼·吉登斯：《现代性与自我认同》，赵旭东等译，生活·读书·新知三联书店 1998 年版。

[4]［意大利］安东尼奥·葛兰西：《狱中札记》，曹雷雨、姜丽、张跣译，中国社会科学出版社 2000 年版。

[5]［法］奥古斯特·孔德：《论实证精神》，黄建华译，商务印书馆 2001 年版。

[6]［英］阿伦·布洛克：《西方人文主义传统》，董乐山译，生活·读书·新知三联书店 1997 年版。

[7]［古希腊］柏拉图：《理想国》，郭斌和、张竹明译，商务印书馆 1986 年版。

[8]［法］P.布尔迪约、帕斯隆：《再生产———一种教育系统理论的要点》，邢克超译，商务印书馆 2002 年版。

[9]［美］鲍尔斯、金蒂斯：《美国：经济生活与教育》，王佩雄等译，上海教育出版社 1990 年版。

[10]［美］爱德文·阿瑟·伯特：《近代物理科学的形而上学基础》，徐向东译，北京大学出版社 2003 年版。

[11] [法] 让-雅克·卢梭:《论人类不平等的起源和基础》,李常山译,商务印书馆 1962 年版。

[12] [英] 斯图亚特·西姆:《后马克思主义思想史》,吕增奎、陈红译,江苏人民出版社 2011 年版。

[13] [斯洛文尼亚] 斯拉沃热·齐泽克:《意识形态的崇高客体》,季广茂译,中央编译出版社 2001 年版。

[14] [美] 沃尔特·范伯格、乔纳斯·F.索尔蒂斯:《学校与社会》,李奇等译,教育科学出版社 2006 年版。

[15] [奥] 维特根斯坦:《哲学研究》,李步楼译,商务印书馆 1996 年版。

[16] [美] 威廉·巴雷特:《非理性的人——存在主义哲学研究》,杨照明、艾平译,商务印书馆 1995 年版。

[17] [德] 谢林:《对人类自由的本质及其相关对象的哲学研究》,邓安庆译,商务印书馆 2008 年版。

[18] [德] 尤尔根·哈贝马斯:《重建历史唯物主义》,郭官义译,社会科学文献出版社 2000 年版。

[19] [英] 约翰·洛克:《教育漫话》,傅任敢译,教育科学出版社 1999 年版。

[20] [美] 约翰·罗尔斯:《正义论》,何怀宏、何包钢、廖申白译,中国社会科学出版社 2001 年版。

[21] [日] 佐藤学:《课程与教师》,钟启泉译,教育科学出版社 2003 年版。

四、期刊论文

[1] 丰子义、沈湘平、钟明华等：《中国式现代化的人学意蕴及其现实展开（笔谈）》，《江海学刊》2023年第2期。

[2] 丰子义：《马克思视野中的"世界主义"》，《哲学研究》2023年第1期。

[3] 丰子义：《"生产关系"与唯物史观关系的再认识》，《社会科学文摘》2023年第1期。

[4] 韩庆祥、张健：《深化研究习近平新时代中国特色社会主义思想的重要学理性问题》，《中州学刊》2023年第7期。

[5] 韩庆祥、张健：《中国式现代化的深层逻辑——兼论创造人类文明新形态的历史必然性》，《当代世界与社会主义》2023年第1期。

[6] 怀进鹏：《一刻不停推进全面从严治党 为加快建设教育强国提供坚强保障》，《机关党建研究》2023年第4期。

[7] 怀进鹏：《加快建设教育强国》，《河南教育（高等教育）》2023年第2期。

[8] 怀进鹏：《新时代加快建设教育强国的重大战略意义》，《新教育》2023年第4期。

[9] 怀进鹏：《加快建设教育强国 进一步明确总体方向和重点任务》，《上海教育》2023年第1期。

[10] 黄济：《对教育本质的再认识》，《中国教育学刊》2008年第9期。

[11] 贺来：《超越"现实"的"现实关怀"——马克思哲学如何理解和关注现实?》，《哲学研究》2008年第10期。

[12] 刘同舫：《以唯物史观理解中国式现代化理论》，《哲学研究》2023年第3期。

[13] 舒志定：《论马克思教育思想的当代意义》，《河北师范大学学报（教育科学版）》2007 年第 5 期。

[14] 舒志定：《论马克思生产劳动理论赋予教育的当代价值》，《学习论坛》2011 年第 5 期。

[15] 舒志定：《论马克思人的教育思想的旨趣》，《教育学报》2012 年第 3 期。

[16] 于光远：《重视培养人的研究》，《人民教育》1979 年第 1 期。

[17] 杨耕：《胡塞尔：从先验自我转向生活世界——从马克思的观点看》，《吉林大学社会科学学报》2004 年第 5 期。

[18] 于东超：《数字化赋能高等教育发展的新样态、路径选择与价值旨归》，《中国高等教育》2023 年第 7 期。

[19] 于东超：《高等教育助力乡村振兴的时代诠释》，《中国高等教育》2021 年第 22 期。

[20] 于东超：《守正创新：新媒体时代高校思政课建设的核心要义》，《中国高等教育》2020 年第 17 期。

[21] 于东超：《论"以人民为中心"的中国式现代化道路》，《理论探讨》2024 年第 5 期。

结　语

党的二十大擘画了全面建成社会主义现代化强国、以中国式现代化全面推进中华民族伟大复兴的宏伟蓝图，强调深入实施科教兴国战略，强化现代化建设人才支撑，办好人民满意的教育，对加快建设教育强国的总体方向和重点任务提出新的更高要求。

本书是在坚持教育高质量发展，使其更好服务和融入新发展格局的背景下，结合教育哲学对教育强国建设的哲学理路进行阐释。本书试图厘清教育与哲学的关系。一种观点认为，教育哲学是哲学在教育中的应用，教育哲学是以哲学为逻辑，生成哲学知识和理论；另一种观点认为，教育哲学以教育实践为逻辑，为教育实践问题服务。随着学科的发展，教育哲学越来越强调对教育实践的关注，为教育实践服务。本书结合中西方教育哲学思想理论，梳理了中西方教育哲学发展的流派、观点，为构建中国特色的教育哲学提供了有益借鉴。随着我国经济社会的快速发展，党和国家高度重视教育事业发展，教育强国的理论体系逐步完善，为中国教育哲学进一步发展提供了坚实基础。教育哲学作为一种给教育行动赋予意义形式的活动，其基础要从主体论、认识论以及价值论的视角来加以考察，要以唯物史观为基础，从社会发展视角考察人的教育，把教育与现实人类社会历史创造活动融合在一起，把塑造全面发展的社会主体确立为学校的教育目的，并从马克思研究感性活动的关联中阐明生产劳动的本质，明确我们要开展什么样的教育，进而得出教育造就人的全面发展的基本结论。本书将哲学立场、观点、方法用在基本的教育观念上，对教育哲学进行现代性省思，以马克思主义教育思想基本原理与立场为基础，积极回应当代社会教育发展中的重大问题。

建设教育强国是一项复杂的系统工程，学界对教育以及教育强国的研究有很多视角。本书主要从教育哲学视角尝试对教育强国建设进行阐释，为求得研究的系统性与完整性，本书借鉴了相关研究著述及马克思主义理论研究和建设工程重点教材。中国现代教育要找到适合自身发展的基质特色，在建设中国自己的教育哲学进程中推进教育强国建设。

责任编辑：王　淼
封面设计：王欢欢
版式设计：彭小艳

图书在版编目（CIP）数据

教育哲学视域下教育强国的建设理路研究 ／ 于东超著．
北京：人民出版社，2025.5. -- ISBN 978-7-01-027174-3

Ⅰ．G52

中国国家版本馆 CIP 数据核字第 2025JZ3449 号

教育哲学视域下教育强国的建设理路研究
JIAOYU ZHEXUE SHIYU XIA JIAOYU QIANGGUO DE JIANSHE LILU YANJIU

于东超　著

人民出版社 出版发行
（100706　北京市东城区隆福寺街 99 号）

北京建宏印刷有限公司印刷　新华书店经销

2025 年 5 月第 1 版　2025 年 5 月北京第 1 次印刷
开本：710 毫米 ×1000 毫米 1/16　印张：15.75
字数：200 千字

ISBN 978-7-01-027174-3　定价：70.00 元

邮购地址 100706　北京市东城区隆福寺街 99 号
人民东方图书销售中心　电话（010）65250042　65289539